羊城学术文库·岭南研究专题

融合与资本创新
平台型企业实践对广州媒体产业发展的启示

Integration and Capital Innovation
—The Enlightment of Platform-enterprise Practices to the Development of Guangzhou Media

聂 莉 著

社会科学文献出版社
SOCIAL SCIENCES ACADEMIC PRESS (CHINA)

此书是广州市人文社会科学重点研究基地成果。

羊城学术文库学术委员会

主　　　任　曾伟玉
委　　　员　（按姓名笔画排序）
　　　　　　丁旭光　马卫平　马　曙
　　　　　　王志雄　朱名宏　张　强
　　　　　　吴如清　邵国良　周成华
　　　　　　柳宏秋　郭德焱　黄远飞
　　　　　　谢博能　吴　昊
编辑部主任　金迎九　谭晓红

羊城学术文库
总　序

学术文化作为文化的一个门类，是其他文化的核心、灵魂和根基。纵观国际上的知名城市，大多离不开发达的学术文化的支撑——高等院校众多、科研机构林立、学术成果丰厚、学术人才济济，有的还产生了特有的学术派别，对所在城市乃至世界的发展都产生了重要的影响。学术文化的主要价值在于其社会价值、人文价值和精神价值，学术文化对于推动社会进步、提高人的素质、提升社会文明水平具有重要的意义和影响。但是，学术文化难以产生直接的经济效益，因此，发展学术文化主要靠政府的资助和社会的支持。

广州作为岭南文化的中心地，以其得天独厚的地理环境和人文环境，其文化博采众家之长，汲中原之精粹，纳四海之新风，内涵丰富，特色鲜明，独树一帜，在中华文化之林中占有重要的地位。改革开放以来，广州成为我国改革开放的试验区和前沿地，岭南文化也以一种崭新的姿态出现在世人面前，新思想、新观念、新理论层出不穷。我国改革开放的许多理论和经验就出自岭南，特别是广州。

在广州建设国家中心城市、培育世界文化名城的新的历史进程中，在"文化论输赢"的城市未来发展竞争中，需要学术文化发挥应有的重要作用。为推动广州的文化特别是学术文化的繁荣发展，广州市社会科学界联合会组织出版了《羊城学术文库》。

融合与资本创新

  《羊城学术文库》是资助广州地区社会科学工作者的理论性学术著作出版的一个系列出版项目,每年都将通过作者申报和专家评审程序出版若干部优秀学术著作。《羊城学术文库》的著作涵盖整个人文社会科学,将按内容分为经济与管理类,文史哲类,政治、法律、社会、教育及其他等三个系列,要求进入文库的学术著作具有较高的学术品位,以期通过我们持之以恒的组织出版,将《羊城学术文库》打造成既在学界有一定影响力的学术品牌,推动广州地区学术文化的繁荣发展,也能为广州增强文化软实力、培育世界文化名城发挥社会科学界的积极作用。

广州市社会科学界联合会
2018 年 6 月 13 日

资本运作与互联网产业发展
——为聂莉博士《融合与资本创新》序

互联网产业的资本运作之路是否与传统产业不同？所谓"新资本"除了投向新的领域，可否有新的特征与规律？资本与产业发展间到底隐含着怎样的内在关联，遵循着怎样的运行轨迹？当资本运作以不同于以往的速度、强度与方式深深"嵌入"互联网产业领域，将会给媒体产业格局带来怎样的影响与变化？又预示着产业发展怎样的未来？翻开《融合与资本创新——平台型企业实践对广州媒体产业发展的启示》，这些饶有兴味又颇具深意的问题，便赫然摆在我们的面前。作者正是针对上述问题，深入展开理论与现实的双重观照，探寻理论与实证的双重逻辑阐释。

互联网产业资本运作的特征及其演进，首先为论著重点关注。

一个新兴产业的兴起，必然受到资本的垂青。互联网初起之时并未建立起足以支撑其运作发展的成熟的赢利模式，却以其卓越的成长性，造成对资本的巨大诱惑。吸引风险投资，借助外部资本的力量，进行产品的开发与创新，是互联网产业早期资本运作的基本特征。由于互联网双边经济与共享经济的特征，当其进入成长期之后，互联网平台上已开始涌动巨大的资金流，互联网产业转而专注于内生性资本的运作，着力盘活平台上汇聚与流动的巨额资本，从产品开发与创新，进一步走向运作模式与商业模式的建构。互联网产业进入高速成长期之后，情况又有了更大的改变。此时，互联网平台上聚集与流动的资金量之巨大，已非常人可以想见。一方面继续盘活平台上积聚的资金，另一方面强力展开资本市场的资本运作，以其巨大的资本力量，将互联网产业迅速推向高速扩张期。

作者对互联网产业资本运作演进的梳理，清晰而富有逻辑。作者所提出的"内生性资本运作"的概念，尤其值得重视。"宝"类产品的开发，是互联网产业资本运作的伟大创造。正是有赖于此，我们见证了巨额资本在互联网平台上汇聚与涌动的奇妙景观。互联网产业内生性的资本运作，正是建立在"宝"类产品开发的基础上的。而这又无疑极大增强了互联网产业在资本市场的资本吸附能力。"内生"资本与"外生"资本的叠加，成就了互联网产业的"资本帝国"，赋予互联网产业超大规模的资本与超强的资本运作能力。

互联网的资本运作与产业发展的内在关联，是作者关注的又一重心，也是该论著的又一创获。

资本运作与产业发展总是相生相伴的，任何产业都是如此。只是我们从未见过像互联网产业这样如此巨大的资本运作规模，及其所发生的如此巨大的产业发展效应。作者通过对互联网产业的整体发展，以及典型的互联网企业发展的实证分析，充分验证了资本运作绩效与产业发展间的正向关系，论证了互联网产业市场规模与资本市场规模的同步发展，揭示出互联网产业资本运营过程中所蕴含的产业发展轨迹与发展逻辑。

在互联网资本运作与产业发展的内在关联中，作者尤为关注资本运作是如何促进互联网产业发展与网络新媒体的融合发展的。在互联网产业进入高速成长期后，互联网挟其"内生"资本与"外生"资本组合而成的巨额资本，通过超大规模的收购与兼并，以实现互联网平台的无限延展，并在着力打造互联网平台信息流、物流、资金流汇聚的综合体特质的过程中，加速网络新媒体的深度融合。正如作者所言，此时互联网平台上积聚的资本，已非传统意义上的产业资本，平台上的资本运作，亦非传统意义上的资本运营，互联网产业不仅是资本的运营者，更是互联网平台资本市场的构建者、网络资本的操纵者。正是互联网产业的这一最具创造性、最充满活力的资本运作，促使互联网产业与金融产业融合，有力撼动着传统资本市场的运作模式，冲击着传统金融体系的服务方式，并将进一步构建起新的网络金融体系，意义极为重大。

在现代经济发展运行中，资本运作总是一个绕不开的话题。它可以独立运行，也可以与产业相关联。与传统的资本运作相比较，互联网产业的资本运作是最具创造性的，而融合又是未来产业发展的一种必然。资本运作与产业融合无疑是互联网产业为现代经济发展提供的两大可资借鉴的经验，作者将两者结合起来，以互联网资本运作与产业融合发展的范例，进而探讨广州文化、媒体与互联网相关产业发展的当下与未来，既富理论价值，亦卓富现实意义。

作者先是访学于武汉大学，继而又攻读博士学位于武汉大学，我为成为她访学和攻读博士学位的指导教师，而颇感荣幸，她的博士论文，也是以资本运作与网络媒体发展为论题，深获校内外专家的好评。毕业后，她继续就此论题展开深入研究，其于学问之勤勉执着可感，其学问之精进之创获可贺。在此过程中，为不能为其提供更多的指导而深感愧疚，更为有此天资聪慧后生而深感欣慰。

欣为序。

张金海
于武昌珞珈山
2019.1.2

中文摘要

当腾讯与阿里在技术、移动应用、文化娱乐、传媒各领域以每月数家动辄数十亿的并购投资来攻城略地时，我们已很难定义它们的产业属性，更无法预知它们的边界；而乐视的并购与扩张却陷入了资金链断裂的死局；分众传媒从纳斯达克退市重返中国 A 股市场背后又有着怎样的资本考量？……面对近年来伴随着产业融合、媒介融合，全球互联网资本市场风起云涌、令人目不暇接的现象，作者提出以下问题：新产业形态的资本运作之路是否与传统产业不同？所谓"新资本"除了投向新的领域外，可否有新的特征与规律？其中又预示着产业发展怎样的未来？进而资本与产业发展间到底隐含着怎样的内在关联，遵循着怎样的运行轨迹？当资本运作以不同于以往的速度、强度与方式频繁进行时，会给媒体产业格局带来怎样的影响与变化？在传统媒体与新兴媒体融合的深刻产业变革过程中，在当前力量的对比中，具互联网基因的巨型平台型网络新媒体公司毫无疑问处于优势一方，传统媒体转型并参与竞争面临着许多的困境，需要寻求一条切实可行的融合发展之路。在新的竞争模式下，通过资本融合绕过现行的体制壁垒，借助资本运作模式的创新等布局整体商业生态系统，成为一种战略上的可能。而这些资本创新模式与路径是否亦给融合背景下的广州媒体产业发展提供理论支持与实践依据？所有这些疑问构成了本著作的研究点。

技术与资本是新经济发展的两股最重要力量，新技术对网络经济乃至媒体发展的影响机制一直以来都是人们研究关注的热点，而本研究另辟蹊径，从资本创新的角度阐释融合背景下的产业发展规律，并以此来探讨广州文化、媒体与互联网相关产业融合的当下与未来。

本论著正是在上述的伴随着产业融合、媒体融合,竞争向生态化方向发展,全球媒体融合资本市场风起云涌的现实背景下,从理论上探讨资本运营的新形态与趋向,从实践上探讨如何以资本战略支撑与推动广州融合媒体生态系统的构建,以及两者协同的内在机理。广州媒体融合发展模式及其实现路径与策略将是未来一个时期广州新兴产业领域的核心命题,具有很强的现实意义。

专著沿着横向与纵向两条逻辑主线,围绕上述核心问题在四个层面展开研究。

一是融合中的媒体产业资本运营的规律与演进。通过与传统媒体产业比较,阐释融合中新兴媒体资本运营的充分市场化及其特征,揭示资本融合与产业融合、媒介融合的关系;论证新兴融合媒体在网络经济学意义上的特质及其对资本运营动因、效应、模式的影响;描述融合进程中媒体产业资本市场规模并指出资本运营中遭遇的效应问题;对典型平台型融合企业的资本运营战略的绩效进行实证分析;在产业生命周期的理论框架下,分析处于初创、成长、高速扩张的各个产业生命阶段的典型企业的资本运营行为特征,探寻媒体产业资本运营的模式变迁与创新。

二是媒体产业的融合发展。阐释网络经济条件下媒体产业的融合的本质特征,厘清其双边经济、平台经济的效应,结构性融合的组织演变方式与竞争性垄断的市场结构;分析新兴媒体产业的组织扩张、市场规模、生命周期,进而推论媒体产业未来的边界与发展趋势。

三是资本创新与产业发展的关联与相关性。上述研究在此层面发生交汇,从横向的研究角度,透过网络经济条件下媒体产业的本质特征剖析新媒体资本运营的动因,旨在论证新媒体产业组织扩张与资本运营间的互动关系;分析新媒体产业市场规模与资本市场规模现状以及当前资本运营中遭遇的效应问题,旨在探讨媒体产业融合领域的投融资格局变动与产业发展格局变动之间内在的逻辑关系;通过对典型平台型网络新媒体企业资本运营绩效的实证分析,验证资本运作绩效与企业发展间的正向关系,旨在揭示资本与媒体产业融合发展间的相关关系。从纵向的研究角度,通过产业生命周期中各阶段典型企业资本运营模式的演进分析,论证资本运营演进过程中所蕴含的产业发展轨迹,最终透过资本运营模式的创新推论媒体产业融合发展的未来。

四是以资本创新推动广州文化媒体产业的融合发展。针对当下广州的文化媒体产业在运用金融资本、社会资本（包括民间资本、境外资本、PPP模式等）上的现状、短板、问题，借鉴新兴媒体的经验，从政策引导、产业环境、投融资平台、创业扶持等创新层面提出资本创新的产业发展战略。

本论著运用文献研究法，跟踪掌握选题涉及领域的理论成果，建立研究的理论框架；运用案例分析法，在预设的研究假设与分析框架下，对媒体产业融合发展至今的各阶段典型案例进行深入剖析，并对典型案例的资本运营绩效进行实证分析；运用比较分析法，通过比较网络新媒体与传统媒体资本运营，总结融合过程中资本运营的新特征，重构资本运营内涵，通过产业发展进程的纵向比较，发现资本运营演化的规律。

通过深入的研究，得出以下几点结论。

- 网络新媒体的业务与产品创新模式改写了传统资本运营内涵

网络新媒体平台属性中隐含着双边市场、网络外部性的经济学逻辑，具有极大的创新空间与伸展性。充分挖掘平台上聚集起来的巨大资金流，并通过业务或产品创新的方式将其盘活运作起来，这种资本的运作可以视作是内生的，与传统的投融资有着完全不同的内涵，是网络经济条件下资本运营模式的创新。随着网络新媒体产业进入高速扩张期，融合进一步深入，资本运作的逻辑已超出了既定的范畴，发生了根本性的改变，是真正意义上的资本运作模式演进，资本运营的内涵需要改写。

- 资本运营创新使产业发生市场角色的演变

在网络经济条件下，平台化、生态化发展的融合媒体已不仅仅是传统资本市场的参与者，它还将凭借其平台优势创新性地"嵌入"与各种场景相配的商业元素，创造出巨大的商业价值，从而成为新型资本市场的构建者、网络资本的操纵者，甚至网络交互式平台将部分替代原有的资本市场的功能，并且这种替代趋势越来越显著。

- 资本运营演进的过程蕴含着产业发展生命周期的轨迹，同时作用于产业的发展进程

资本运营演进的本身蕴含着产业融合发展的过程，媒体资本运

营模式演进的过程也是新的产业核心竞争力逐步形成、产业的融合格局初现直至平台化发展、完整商业生态系统搭建的过程。资本运营的模式是产业发展生命周期的印证，互为交织，这是两者关系中最本质的内核。

平台之上积聚的网络资本，已不是传统意义上的企业或产业资本；而平台上资本运作的模式也已不是传统意义上的资本运营；更重要的是通过非传统意义的资本运营，加快了媒体与资本的耦合，平台的功能发生质变，进而推动产业融合发展，这个过程是交织在一起的。至此，媒体产业更加显现出我们所定义的汇聚了信息流、物流与资金流的网络媒介平台的综合体的特质。

• 资本创新将进一步推进产业融合并为广州融合产业发展提供了可行的路径

在资本的创新过程中，平台的无限延伸性使原有的产业边界被打破，业务的创新使新旧产业的边界发生改变，我们清晰地看到社交媒体、电子商务与金融已经开始发生融会，这必将进一步推进媒体与金融等产业的更深入融合。或者可以这样来理解，互联网时代的媒体产业是一个正处于结构性融合过程中的产业，其本身就隐含着媒介融合、产业融合的趋势，而且这种持续发展中的融合往往是通过资本运营来完成的。未来最充满活力的创新点都会出现在网络交互式平台之上的资金流领域，融合媒体将撼动传统资本市场的运行模式、冲击传统金融体系的服务方式，进而将构建起新的网络金融体系，实现产业融合。在未来发展的产业新图景中，媒体在资本领域将大有可为。

关键词：产业融合　资本运作　创新　传媒产业发展

Abstract

A surge of global Internet capital market results from converges of the industrial and media, and from the rapidly expanded network media industry, remodeling the Chinese network media industry where the capital operation varies in speed, strength and frequency. However, is there a routine or is there an association suggesting us to foresee the future? These questions constitute the point of this thesis. It's a practical and leading edge subject to operate and develop network media capital.

The academic value of this thesis comes from resurveying the capital operation and development of media industry normally based on the converges of the industrial and media; from theoretically analyzing the expansion for network media industrial organization driven by capital operation; from discovering the evolution rules of capital operation with the theory of industry lifecycle, which refines the connotation of traditional capital operation and fuel the growth for industrial future. A practical value of the thesis embodying the effect problem from network media capital in real life exams performance on operating strategy of network media capital as well as demonstrate collaborative interaction between capital operation and network media industry.

The main body of this thesis along the horizontal and vertical with its focal point problem in three levels: firstly, the rule and evolution of network media capital operation. In comparison to the traditional media industry, this thesis interprets the marketization and characteristics of industrial capital operation in network media, revealing the relation between convergence of the capital and the industry and demonstrate char-

融合与资本创新

acteristics of network medium industry in network economics as well as the influence on capital operation of motivation in network media, effect and model, describe the capital market scale in network media industry and effect problems suffering from capital operation and empirical analysis the strategic performance on capital operation in network media industry. Under the theoretical framework of industry lifecycle, this paper analysis the capital operation behavior characteristics of typical enterprise in all industrial stage of start-up, growth and rapid expansion for exploring the changeable model and innovation of capital operation of network media. Secondly, the development of network media industry means illustrating the essential characteristic of network media industry under the condition of internet economy, clarify the effect on bilateral economy, and platform economy as well as evolution on organization of structural integration and competitive monopoly market structure, analysis organization expansion, the market scale and lifecycle of online media industry for greater inference to future border and future development trend in network media industry. Thirdly, the association between capital operation and network media industry appear convergence from above study. From horizontal study, we dissect the motivation on capital operation of network media through the essential characteristic of network media industry under the condition of internet economy, aiming at the demonstrating on interaction between organization expansion and capital operation. To discuss the logical relations between the investing and financial changes and development changes in the field of network media industry analyzed from market scale in network media industry, current situation of capital market scale and effect problem that capital operation encounters is designed. Trough empirical analysis on performance of capital operation for typical platform network media industry, the way to demonstrate positive relation between capital operative performance and enterprise development is designed to disclose the relation among development between capital and network media industry. From vertical study, through analyzing the evolution on typical enterprise in all stage of lifecycle and its capital operation model, this paper demonstrate the trajectory of industrial devel-

Abstract

opment contained in the evolution processing of capital operation, ending up with deducing the prospect of industrial development in network media from the innovation of capital operation model.

This essay masters the topic involving theoretical achievements and theoretical framework with the methods of literature research. The case study is mainly to analyze the performance on capital operation from typical case in all stages that network media industry develop under the default hypothesis and analyzing framework. The comparative study of capital operation between network media and traditional media means summarizing the characteristics of capital operation in network media and redesigns the connotation of capital operation for discovering the evolution law of capital operation by vertical comparing industrial progress.

Through in-depth investigation, the conclusion of this paper are listed as follows:

• Rewriting the connotation of traditional capital operation by the business of network media and product innovative model.

The economic logic of bilateral market and network externality hidden in the property of network media platform embody numerous creative space and extensibility. It's an innovation of capital operation model to fully tap huge capital flow and operate on the platform by business and product innovation. This internal operation differs from the connotation of traditional in vestment and financing. While entering into high-speed expansion, the logic of capital operation has started to exceed certain category. The fundamental change means that capital operation model truly evolves for rewriting the connotation of capital operation.

• The changing role of industrial market made by capital operation innovation in network media.

Under network economy, as the participant in traditional capital market, network market create numerous commercial value by virtue of advantage of platform innovative "embedding" with the commercial element to match various scenery. Therefore, network media platform becomes a constructer of newly capital market and manipulator of network capital instead of the function of the original capital market. The substitute trend becomes more and more significant.

• The process of revolution on capital operation contains the trajectory of lifecycle on industrial development while acting on industrial development process.

The revolution of capital operation implies the industrial development process. Meanwhile the revolution of capital operation model is a course forming from its core comparatives of industry, developing from industry landscape to platform, completely constructing commercial ecosystem. The model of capital operation of lifecycle on industrial development is confirmed to interleave with each other. This is the essence of the relationship.

The network capital accumulating on the platform has been no longer the traditional enterprise or industrial capital. Meanwhile, the model of capital operation on platform has changed traditional capital operation; What's more important is unconventional capital operation platform has occurred in the quality of function to accelerate the evolution of industrial development and improvement of media coupled with the capital. This process is mingled with each other. Therefore, network media industry has a better manifestation of what we definite the comprehensive characteristics in network media platform aggregating information flow, material flow and fund flow.

• The innovation of capital operation in network media will boost the industry Integration.

In the course of innovation in network media, the infinite platform has broken original industrial boundary, while the boundary of the network media industry is changed by the innovative business. We have a clear realization that integration occurs between e-commerce and finance, further promoting integration between media, finance and other industry. Or it is to be understood that media network industry place in the process of structural integration embodying the trend of media convergence and industrial convergence. However, this integration in sustainable development accomplish by capital operation. In the future, the most dynamic innovation will come from the cash flow field based on the inter-

Abstract

active platform of internet. Network media will impact the operation of traditional capital market and the way traditional financial system works, furthermore, new financial system based on internet and industrial convergence are underway. As a conclusion, network media will play an important role in the capital market given the outlook of development in the future.

Keywords: Industry Convergence; Capital Operation; Innovation; Development of Media Industry

目 录
CONTENTS

1 导论 ·· 001
   1.1 研究背景与研究意义 ·· 001
   1.2 研究对象与主要内容 ·· 007
   1.3 相关研究综述 ··· 011
   1.4 主要理论资源 ··· 020
   1.5 研究假设与目标 ·· 027
   1.6 研究框架与研究方法 ·· 028
   1.7 研究的创新点 ··· 030

2 网络经济下媒体产业的融合属性与发展特征 ·················· 032
   2.1 网络时代融合背景下媒体产业的界定与统计口径 ··· 032
   2.2 基于网络经济的媒体产业双边经济和
       平台经济效应 ··· 036
   2.3 媒体产业新的运行规律与生产组织方式 ················· 041
   2.4 媒体产业新的竞争性垄断市场结构 ························ 046

3 融合中的媒体产业资本运营特征、创新趋势及其启示 ····· 052
   3.1 在融合中走向充分市场化 ······································ 052
   3.2 媒体产业融合与资本市场紧密相连 ························ 060
   3.3 无形资本运营：网络时代 IP 的春天 ······················· 070
   3.4 资本融合与媒体产业发展 ······································ 073

融合与资本创新

4 资本运营动因与媒体产业组织扩张 ················· 082
4.1 基于技术创新的媒体产业投融资 ················· 082
4.2 媒体产业组织平台嵌入式扩张与资本运营 ············ 089
4.3 媒体产业组织的竞争合作与资本运营 ·············· 102
4.4 未来融合媒体产业的边界 ···················· 104

5 资本运营效应与媒体产业融合发展规模 ··············· 107
5.1 融合中的中国媒体产业资本规模与产业
发展规模 ·························· 107
5.2 一个典型平台型融合媒体企业资本运营绩效的
实证分析
——以阿里巴巴公司为例 ················ 126

6 资本创新模式演进与媒体融合发展的产业进程
——一个纵向的视角 ················ 139
6.1 媒体产业发展的生命周期 ·················· 139
6.2 媒体产业融合发展初期的资本运营 ·············· 145
6.3 媒体产业融合发展成长期的资本运营 ············· 149
6.4 媒体产业融合发展高速扩张期的资本运营 ·········· 152

7 融合中资本创新的风险与产业规制重构 ············· 164
7.1 资本市场的新经济泡沫加剧产业风险 ············· 164
7.2 资本推动的技术创新瓶颈制约产业发展 ············ 165
7.3 网络资本的风险控制与体系建设 ··············· 165
7.4 产业边界与产业规制重构的挑战 ··············· 167

8 资本创新经验观照下的广州媒体产业融合发展 ········· 171
8.1 广州媒体产业融合发展现状 ················· 171
8.2 多层次资本市场与广州媒体产业融合发展 ·········· 173

8.3 以投融资资本创新拉动并撬动产业融合发展 ……… 187
8.4 PPP模式在广州媒体产业融合中的应用分析 ……… 197

9 结语
——资本创新预示着媒体产业融合发展的未来 ………… 205

参考文献 ……………………………………………… 208

图目录

图 1-1　2017 年中国传媒产业整体市场结构 …………………… 002
图 1-2　2015 年中国市值排名前二十主要上市互联网公司 … 005
图 1-3　研究框架………………………………………………… 029
图 2-1　互联网产业地图………………………………………… 033
图 2-2　互联网时代传媒产业的构成…………………………… 034
图 2-3　多对多网络传播模式…………………………………… 039
图 2-4　多对多平台传播模式…………………………………… 040
图 2-5　信息平台结构…………………………………………… 040
图 2-6　网络媒体产业中的正反馈机制………………………… 044
图 2-7　规模型垄断的形成机理………………………………… 048
图 2-8　技术型垄断的形成机理………………………………… 048
图 3-1　传媒资本来源…………………………………………… 061
图 3-2　BAT 的生态圈融合……………………………………… 079
图 4-1　BAT 三家企业新技术专利总申请量的年度
　　　　变化趋势………………………………………………… 084
图 4-2　BAT 三家企业新技术应用领域的专利数量
　　　　年代分布………………………………………………… 084
图 4-3　2011—2015 年 BAT 对美国科技创新公司的
　　　　投资分布………………………………………………… 085
图 4-4　规模经济与范围经济…………………………………… 091
图 4-5　平台企业的产品与服务模块化………………………… 095
图 4-6　腾讯价值系统分析逻辑………………………………… 097
图 4-7　平台上的模块嵌入式扩张……………………………… 097
图 4-8　百度的商业生态系统…………………………………… 099

图 4-9　腾讯的商业生态系统 …………………………………… 100
图 4-10　阿里巴巴的商业生态系统 …………………………… 101
图 5-1　2014 年十大涨幅中概股 ……………………………… 110
图 5-2　国内互联网领域投融资构成 …………………………… 114
图 5-3　2017 年中国传媒产业细分行业市场规模及
　　　　年增长率 ………………………………………………… 117
图 5-4　2011—2017 年中国手机网民人数与总体
　　　　网民人数的年增长率对比 ……………………………… 117
图 5-5　中国在线视频网站月度覆盖人数 ……………………… 120
图 5-6　2013—2017 年中国网络视频行业收入规模 ………… 120
图 5-7　2011—2018 年中国在线视频行业收入构成 ………… 121
图 5-8　中国网络游戏市场规模 ………………………………… 122
图 5-9　中国网络游戏市场规模构成 …………………………… 122
图 5-10　中国搜索引擎企业收入规模现状与预测 …………… 123
图 5-11　2013—2020 年中国网络广告、移动广告
　　　　 市场规模及预测 ………………………………………… 124
图 5-12　2013—2020 年中国不同形式网络广告
　　　　 市场份额及预测 ………………………………………… 124
图 5-13　中国移动互联网市场规模 …………………………… 125
图 5-14　2016Q1—2017Q3 中国移动互联网细分
　　　　 市场规模占比 …………………………………………… 125
图 5-15　阿里巴巴公司股权结构 ……………………………… 127
图 5-16　阿里巴巴商业生态系统的演化与资本战略的协同 … 131
图 5-17　2007—2014 年阿里巴巴资本市场运作过程 ……… 132
图 5-18　阿里巴巴公司退市——再上市前后营收对比 ……… 135
图 5-19　阿里巴巴公司退市——再上市前后净利润对比 …… 135
图 6-1　产业生命周期 …………………………………………… 140
图 6-2　产业生命周期与产品生命周期的区别 ………………… 140
图 8-1　迪士尼经典产业链下的品牌与产业融合 ……………… 184
图 8-2　上海迪士尼投资结构 …………………………………… 192
图 8-3　上海迪士尼融资结构 …………………………………… 193

表目录

表 1-1	资本运营方式的理论梳理	024
表 2-1	四种类型的市场结构	047
表 3-1	2015年百度文化传媒领域的投资/收购盘点	077
表 3-2	2015年阿里巴巴文化传媒领域的投资/收购盘点	077
表 3-3	2015年腾讯文化传媒领域的投资/收购盘点	078
表 4-1	百度公司涉及的主要业务种类	086
表 4-2	阿里巴巴公司涉及的主要业务种类	087
表 4-3	腾讯公司涉及的主要业务种类	088
表 5-1	2018年Q3境外上市互联网文化传媒类公司营收排行（TOP29）	107
表 5-2	网络媒体国内上市公司情况	112
表 5-3	2015年11月中国网民移动端网络服务月度覆盖人数TOP10	119
表 5-4	阿里巴巴的企业发展及其商业生态系统的演化过程	128
表 5-5	阿里巴巴公司发展各阶段的投融资战略	129
表 6-1	网络媒体业务创新模式与网络金融的融汇	161
表 8-1	3P模型及其指标体系定义	176
表 8-2	文化传媒企业发展阶段形态及其资本策略	196

1

导 论

1.1 研究背景与研究意义

1.1.1 研究背景及问题的提出

1.1.1.1 全球与互联网相关媒体产业的快速发展与扩张

近20年来数字技术迅猛发展，从门户网站、电子杂志到网络视频，从搜索引擎到电子商务，从网络游戏到网络社区，以互联网为平台的各类网络媒体形态爆炸式发展。互联网的发展，在世界范围掀起了一场基于互联网、无线网络、数字广播电视网络的众多产业变革、转型和融合的多产业革命，互联网产业的企业种类已经从最初传统意义上的互联网公司，发展到现在的无线互联网公司、户外媒介公司、互动性更强的以 Web2.0 为核心技术的新概念互联网公司以及涵盖以上各种类型业务的航母式的网络新媒体公司。

近年来，互联网相关产业无论是增长速度还是品牌价值，在全球产业中均处于领先地位。2006—2010年，全球互联网的年综合增长速度持续超过了20%，其中网络广告增长了37.9%，网络接入等服务增长了18.8%。[1] 著名全球市场调查机构 Millward Brown（明略行公司）发布的 2018 年度"全球最有价值品牌排行榜"显示：[2] 科技类新媒体公司品牌价值不仅名列前茅，其增长幅度也是最大的。互联网品牌在全球100强中占据了29个名额，占43%，前10

---

[1] 数据来源：PriceWaterhouse Coopers, "Global Entertainment and Media Outlook 2011 - 2015", http://www.Marketingcharts.com/。

[2] 数据来源：Millward Brown Optimor, "World Press Trends 2018", http://c3232792.r92.cf0.rackcdn.com/WPP_BrandZ_report_FINAL.pdf。

中互联网公司占了八成。2018年Google公司居"百名顶级品牌"排行榜的首位,品牌价值达3020.63亿美元;苹果公司位居第二,品牌价值达3005.95亿美元;Amazon则以2075.94亿美元的品牌价值位居第三。特别值得一提的是,中国腾讯公司以拥有8亿有效用户的规模实现了65%的价值增长,比2017年上升3位,以1789.90亿美元列第5位;阿里巴巴首次进入前十,增速达92%,以1134.01亿美元列第9位;百度以268.61亿美元列第41位;京东亦以94%的增速、209.33亿美元的品牌价值列第59位。

与此同时,新兴网络媒体产业已成为中国传媒产业的发展引擎。

根据清华大学传媒经济与管理研究中心发布的《2018年:中国传媒产业发展报告》(传媒蓝皮书)的统计数据,自2014年传媒产业总值首次超越万亿元大关,至2017年已达18966.7亿元,同比增长16.6%。① 从传媒产业细分市场状况看,互联网保持了良好态势,传统媒体继续下滑,2017年中国网络广告市场规模达3800亿元,网络游戏收入首次突破2000亿元,网络视频也将近1000亿元,这三项成为拉动整个传媒产业的三大动力。移动互联网则已经超过传统互联网的规模,其中移动广告占网络广告市场规模比例达69.2%,甚至超过了传统媒体广告市场总和。当前中国传媒产业的整体市场格局,如图1-1所示。

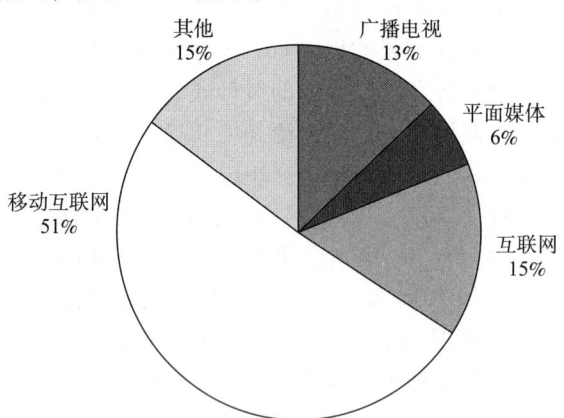

图1-1　2017年中国传媒产业整体市场结构

---

① 崔保国. 中国传媒产业发展报告(2018)[M]. 北京:社会科学文献出版社,2018:5.

1 导论

中国互联网络信息中心（CNNIC）2018年最新发布的第42次《中国互联网络发展状况统计报告》显示，截至2018年6月30日，中国网民规模达8.02亿，互联网普及率达到57.7%，近六成中国人已接入互联网；而我国手机网民规模达7.88亿，有98.3%的网民通过手机上网。[①] 我们可以深刻地体会到，中国网络媒体产业在快速发展的同时，出现了新的产业形态的变革，传统的PC端网络正在向以智能手机、平板电脑为终端的移动互联网转移。

相对于传统媒体而言，网络媒体是开放的，它给传统媒体留下了足够的发展空间，使之变成"内容提供商"；同时，网络媒体具有极强的消解能力，消解着社群之间、国家之间、媒介之间、产业之间的边界。网络媒体产业的发展已成为传媒业新的增长点和重要引擎，改变着传媒业的格局，同时也成为资本市场最受关注与青睐的产业之一。

1.1.1.2 伴随产业快速发展而异常频繁与活跃的媒体资本运营

媒介融合、产业融合的背景下，在世界范围内全球资本市场上针对传媒的并购日趋活跃，为打造跨领域、跨行业的综合信息产业集团，传媒、计算机、通信行业公司之间的相互兼并频繁。根据美国权威市场研究公司JEGI（The Jordan Edmiston Group）的跟踪调查：全球传媒并购即使遭遇了2008年金融危机，并购的规模数量仍然居于高位，其中，网络媒体领域是并购的重点与亮点。JEGI的数据显示，在近年来传媒并购事件中金额最大的均发生在网络媒体产业，并购金额前三位分别属于在线传媒技术业（包括在线新闻供稿系统、在线多媒体数据库、在线金融交易服务平台等）、数据信息服务业和营销互动服务业（营销互动服务是指以移动类终端为载体，以传播商家出版咨询和接收顾客反馈信息为内容，为媒体提供营销与互动服务的商业模式），[②] 而这三个子产业莫不归属于网络媒体产业的范畴，新旧媒体的资源整合将成为未来数年传媒并购的重要趋势。

同时，这些并购通常存在溢价，即收购方往往愿意以明显高于

[①] 资料来源：中国互联网络信息中心（CNNIC）2018年8月20日发布的第42次《中国互联网络发展状况统计报告》。

[②] 数据来源：根据JEGI交易数据库整理。

市场估值的价格来购买被并购方。投资学通常以溢价乘数与收入乘数来判断溢价的程度，所谓溢价乘数即并购股价与息税折旧摊销前利润（EBITDA）的比值，所谓收入乘数则是并购价格与收入的比值。传统传媒各子产业的溢价乘数通常是 8 到 8.5 之间，收入乘数通常在 1.5 到 2.4 之间。而近年来对新兴网络媒体并购的溢价乘数却远远超过这个比值：消费在线媒体、B2B 等子行业的溢价乘数位于 13.5 到 21.3 之间，收入乘数位于 3.4 到 4.5 之间，这充分说明市场对网络媒体公司未来价值创造能力的高预期。①

而在融资领域，在我国的网络媒体产业发展中表现得尤为突出。阻碍传统媒体资本运营的非市场化因素、体制因素、政策限制，在网络媒体产业领域相对较少。前期通过风险投资迅速壮大，而后在境外资本市场成功上市几乎是早期中国网络媒体公司发展的标准路径。经过产业发展初期，当前中国网络媒体产业的资本运作更加成为常态，以 BAT（百度、阿里巴巴、腾讯）为代表的互联网巨头，伴随着近年的快速扩张，在网络媒体产业领域的资本运作达到前所未有的高峰。而更多的 IPO 和并购市场复苏强劲得益于国家政策的推动，政府文化产业振兴规划、媒体融合发展计划等的出台也为整体中国传媒业的发展提供了新的契机，带动国内传媒业掀起了几轮 IPO 和并购热潮。随着近年来中国国内资本市场的市场化改革的深化，机制不断完善，多层次资本市场逐步建立起来，加之产业政策的利好、传统产业转型升级的趋势等多重因素，开始有更多的网络媒体企业选择在国内 A 股市场上市，特别是背后有"传媒国家队"背景的新组建的网络媒体公司。

2015 年我国排名前二十的上市互联网传媒公司的总市值还在 20 亿美元至 2000 亿美元区间（如图 1 - 2 所示）。而短短两年，到了 2017 年底，排名前二十的上市互联网传媒公司市值增速惊人：腾讯控股（36837 亿港元，约合 4723 亿美元）、阿里巴巴（4678 亿美元）、百度（828 亿美元）、京东（564 亿美元）、网易（407 亿美元）、微博（241 亿美元）、携程（238 亿美元）、巨人网络（885 亿元，约合 133 亿美元）、阅文（946 亿港元，约合 121 亿美元）、58 同城（98 亿美元）、乐视网（612 亿元，约合 92 亿美元）、趣店

---

① 苏朝勃，石莉萍. 传媒并购加速动因的经济学思考 [J]. 财务与金融，2012，(5).

（85亿美元）、新浪（77亿美元）、三七互娱（502亿元，约合76亿美元）、汽车之家（73亿美元）、美图（532亿港元，约合68亿美元）、陌陌（57亿美元）、欢聚时代（56亿美元）、搜狗（50亿美元）、唯品会（49亿美元）。① 市值基本在50亿美元以上。

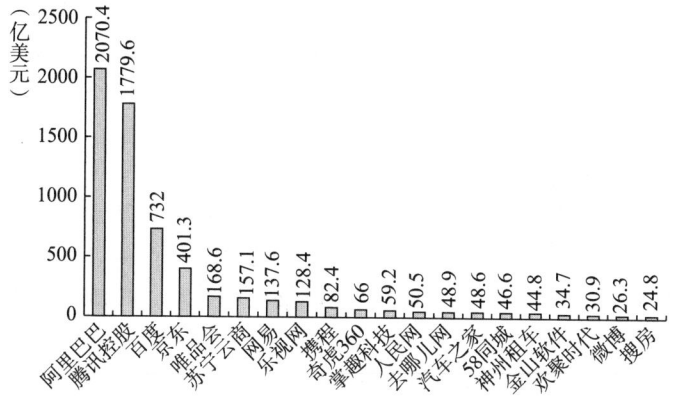

图1-2 2015年中国市值排名前二十主要上市互联网公司②

在媒介融合、产业融合的背景下，伴随着网络媒体产业的扩张，资本运作越来越频繁与常态化，且发生在更深层的跨界融合领域。同时，从网络媒体近年来投融资的资本趋向来看，我们至少可以发现：移动互联网时代的到来打破了原有PC互联网时代巨头掌控主要流量入口的垄断格局，加上产业的全球布局，网络媒体产业的资本运作不断向新领域转移；在产业发展过程中，相较于传统媒体，网络媒体在资本运营的方式、手段上更为娴熟与专业化；网络媒体近年来逐步向平台模式演化，以社交为基础的综合网络媒体平台不仅具有传统的即时通信功能，还拥有更为强大而丰富的社交类应用功能，并通过提供支付、转账、理财等金融综合服务，使媒体与资本的耦合最大限度地增强了用户黏性，激活了资金流，除了我们所熟知的诸如风险投资、股市融资、并购重组、合作联盟等资本运营模式外，网络媒体开拓了新的资本运作创新模式。

由此，我们提出研究的问题：在产业融合、媒介融合的背景

---

① 数据引自：http://tech.qq.com/a/20171110/001139.htm。
② 图表直接引自：艾瑞咨询，2015年网络经济核心数据发布。

下，网络媒体的资本运营无论是条件、动因乃至效应都呈现不同于传统媒体资本运作的新的特征与规律，这些新的特征与规律是什么？在媒体产业融合发展进程中，各个阶段有代表性的企业发展与资本运营模式间有何逻辑关联？资本运营是如何推动媒体产业发展的？资本运营与产业融合之间的关系又是什么？资本运营的创新蕴含着怎样的产业发展趋势？以上问题构成了本书的研究主线。

1.1.2 研究意义

在产业融合背景下，新的传媒相关产业的结构呈现交叉渗透和多极延伸的趋势，传统产业界限发生模糊或收缩，基于技术融合之上的媒介融合成为必然趋势，新的产业竞争格局产生，新兴企业通过并购来寻求组织扩张、资源互动以及市场共享，传统企业通过资本融合谋求转型与变革，产业间开放式的协同带来更多的效率与收益。基于此，网络媒体的兼并收购、重组、上市融资等资本运营行为，在对象的选择、动因的发掘、策略的实施、行为的影响等方面，均与以往的传统媒体行为大为不同。其中已形成了怎样的规律，遵循着怎样的运行轨迹，隐含着怎样的内在关联，又预示着怎样的未来？这是所有人都很好奇与期待了解的问题，也是本书想要探索的领域，是非常有现实意义与前沿价值的研究课题。

本书将在产业融合的大背景下，基于媒体产业融合的本质特征，阐释新媒体产业组织扩张与资本运营动因、新媒体产业规模与资本运营效应，探讨在媒体融合发展的产业进程中，新生初创、成长、高速扩张的各个生命阶段资本创新模式演进，寻找产业融合、媒介融合背景下资本运营与媒体产业发展的关联性，以此来拓展传统资本运营的内涵，指出媒体资本运营实践与未来产业发展的方向。因此，本书的研究既有一定的理论意义，也有极强的现实价值。

在产业融合、媒介融合背景下重新审视资本运营行为与产业的发展，在资本运营动因的框架下对新的媒体产业组织扩张进行理论分析，在产业生命周期理论的框架下发现产业发展中资本运营的演进规律，并重新定义传统资本运营的内涵，预测产业发展的未来，这是本书的学术价值；指出现实情况下融合中资本创新的风险与产业规制重构，检验平台型企业资本运营战略的绩效，论证资本运营战略与媒体产业融合发展间的协同互动关系，这是本书的现实价值。

1.2 研究对象与主要内容

1.2.1 研究对象

● 融合中的媒体产业

从产业角度来研究媒体这个仍在持续扩展、不断变化的概念，需要有非常明确的界定范畴，这是本研究的基本前提，之后所有的研究都是基于这个界定范畴展开的。

目前比较多的研究将传统媒体与网络媒体界限分明地割裂开来，其中把网络媒体狭义地理解为网络的新闻、信息生产传播网站，把电子商务、网络游戏、搜索引擎、社交媒体等均剔除；而有些研究直接把网络媒体产业等同于互联网产业，要么太过狭窄，要么太过宽泛与模糊。

时至今日，所谓"媒体"早已超出原有的发展范畴与讨论框架，当下内部融合之深、相关产业联系之紧密、变化速度之快，都对过往的研究边界提出很大挑战，对"媒体"需要用更开阔、更高远的视野考量，应将其纳入跨产业、跨领域的融合新格局，去把握其形态、业态与生态。因此，本书对媒体的研究基于一个更为开放的前提，相对于传统的只涉及内容的媒体视角，本书更为关注当下平台化媒介综合体的发展现实，力图重新定义一个更符合产业未来发展方向与趋势的全新的"融合中的媒体产业"。

同时，历经几个阶段的发展之后，网络经济的范畴实际上已经远远超越了媒体的层面，以几大门户网站为代表的媒体互联、以阿里电商为代表的消费互联以及以"互联网+"为主要表征的产业互联时代渐次到来，网络的媒体属性不断弱化而经济社会属性不断增强，媒体属性与其他的经济社会属性相互附着。而当下的大数据技术提供了全新的社会征信机制、信用体系和风控机制，媒体的核心价值从过往的信息中介、关系中介转向为更为深化的互动平台、信任平台及信用平台，并通过数据挖掘推动C2B（Customer to Business）模式再造生产流程，从而实现对社群用户的个性化、定制化服务。在此过程中，媒体的传播环节与生产、分销乃至最终消费环节紧密相连，内容的传播成为新的更大商业生态系统的重要入口，与其他入口一起重建对消费者和消费行为的连接关系，生态化竞争成为未来主流的竞争模式。也正是基于此，对融合中的媒体产业的研究必须放在一个非传统的、结构性融合进程中新的生态图景视野来考量。

因此，本研究的融合中的媒体不是互联网产业与传媒产业视角下所界定的狭义的只涉及网络内容生产的产业部门，而是汇聚了所有信息流、物流与资金流的网络媒介平台的综合体，既包括早期发展阶段产生的门户网站、搜索引擎，也涵盖了后来的视频网站、维基百科、各类网络和移动互联网络社交应用，更包括了当前发展最为迅猛的真正将三流合一的电子商务媒介平台、移动互联领域的各类应用服务平台。

因此，本书认为融合中的媒体产业是指以数字技术、计算机网络技术和移动通信技术等为重要依托，以 PC、手机为主要载体的产业化部门，既是互联网产业中最核心的内容与服务提供部分，同时也包括了传媒产业中剔除传统媒体板块之外的 PC 与移动互联网部分，包含了网络以及移动媒体板块。[①]

● 典型融合媒体企业

产业是个企业集群的概念，产业研究必然涉及具体的企业，本研究除了以中观层面的产业作为整体研究对象，更多将着力点落在产业内的代表企业上，基于上述对融合媒体产业的界定，本书主要研究分别代表融合媒体产业发展进程的几种典型企业：门户网站、搜索引擎与平台型企业，特别是像 BAT（百度、阿里巴巴、腾讯）这样的最具代表性的反映媒体融合产业发展现阶段状况的网络媒介平台综合体。而像人民网、百视通这类以传统媒体为母体，融合发展的新媒体机构，其运作机制、市值、用户规模增长率、收入规模等，与上述的 IT 背景网络媒体公司有着很大的差别，因此，这类企业本书虽然有所涉及，但不是研究的重点。本研究的重点对象是真正具有互联网基因，从产生之日起就充分市场化的，承载着信息流、物流或资金流的网络媒介平台综合体式的企业。因为这类企业

---

① 国务院第二次全国经济普查领导小组办公室，中国互联网信息中心（CNNIC）. 中国互联网产业发展研究报告 [M]. 北京：中国统计出版社，2012.

的资本创新更具有示范性与借鉴意义。

1.2.2 研究的主要内容

研究主要从以下四个层面展开。

- 融合中的媒体资本运营规律与演进

首先,必须界定资本运营的概念与本书的研究视角。书中涉及的媒体资本运营是指经营者对其可支配的资本进行运筹、策划和管理,以最大限度地谋求资本增值。具体来讲,既包括传统熟知的通过资产重组、产权交易等投融资手段,有效配置优化和使用资本,实现利益最大化的经营活动,[①] 也涵盖随着网络媒体产业的发展,资本运营的创新行为。因此本书将所有以实现资本的优化配置、获取利润最大化、实现资本增值为目标的行为均视作资本运营行为。

同时,因为资本运营涉及非常复杂的内容,管理学、投资学维度侧重于金融投资、价值发现、资本市场分析等技巧性、操作性策略,经济学维度关注企业发展过程中资本运作的内在机理及其经济学效应。本研究主要是从宏观的理论层面探讨媒体资本运营的功能、动因、效应与模式,更多地基于经济学的维度。

基于此,本书将通过与传统媒体产业比较,研究融合中新兴媒体产业资本运营的充分市场化及其特征,揭示资本融合与产业融合、媒介融合的关系;研究新兴融合媒体在网络经济学意义上的特质及其对资本运营动因、效应、模式的影响;研究融合媒体产业资本市场与资本运营规模以及资本运营中遭遇的效应问题;对融合媒体资本运营战略绩效进行实证研究;在产业生命周期的理论框架下,研究处于初创、成长、高速扩张的各个产业生命阶段中的典型融合媒体企业的资本运营行为特征,探寻融合发展中媒体产业资本运营的模式变迁与创新。

- 媒体产业融合发展

要明确媒体产业发展研究的内容与层次,同样需要首先界定产业发展的内涵、厘清切入的角度。在以往的产业经济学相关研究中,产业发展的字眼使用非常频繁,但它不是一个严格的学术术

---

① 金燕. 对资本运营与生产经营的辩证认识 [J]. 北方经济,2004,(9).

语。对于产业发展的清晰概念,学界并没有达成共识,产业发展往往与产业演化、产业趋势等通用,比较含糊,本书把产业发展理解为提供相同或相似产品和服务的企业集群,受外部环境和内在特征影响而在技术、生产形态、组织形式与结构上的共同演化过程。把产业发展区分为三个递进的层次:一是基于技术创新的产业生产组织形态发展的微观层面;二是基于组织变迁的产业结构发展的中观层面;三是产业生命周期发展的宏观层面。[1]

基于此,本书将研究网络经济条件下媒体产业的融合本质特征,厘清其双边经济、平台经济的效应及结构融合性的组织演变方式与竞争性垄断的市场结构。研究新兴媒体产业的组织扩张、市场规模、生命周期,进而探寻媒体产业未来的边界与发展趋势。

● 资本创新与产业发展的关联与相关性

这是本书的研究交汇点,更是研究的重点内容。一方面,从横向的研究角度,透过网络经济条件下媒体产业的本质特征,剖析新媒体资本运营的动因,旨在论证新媒体产业组织扩张与资本运营间的互动关系;研究新媒体产业市场规模与资本市场规模现状以及当前资本运营中遭遇的效应问题,旨在探讨媒体产业融合领域的投融资格局变动与产业发展格局变动之间内在的逻辑关系;通过对典型平台型网络媒体企业资本运营绩效的实证研究,推论资本运作绩效与企业发展间的正向关系,旨在揭示资本与媒体产业融合发展间的相关关系。另一方面,从纵向的研究角度,研究处于初创、成长、高速扩张各阶段的典型企业及其资本运营模式的演进,旨在发现资本运营演进过程中所蕴含的产业发展轨迹,最终通过资本运营模式的创新推论媒体产业融合发展的未来。

● 如何以资本创新推动广州文化媒体产业的融合发展

针对当下广州的文化媒体产业在运用金融资本、社会资本(包括民间资本、境外资本、PPP 模式等)上的现状、短板、问题,借鉴新兴媒体的经验,从政策引导、产业环境、投融资平台、创业扶持等层面提出资本创新的产业发展战略。

本论著运用文献研究法,跟踪选题涉及领域的理论成果,建立研究的理论框架;运用案例分析法,在预设的研究假设与分析框架

---

[1] 胡建绩. 产业发展学 [M]. 上海:上海财经大学出版社,2008:5.

下,对媒体产业融合发展至今的各阶段典型案例进行深入剖析,并对典型案例的资本运营绩效进行实证分析;运用比较分析法,通过比较网络新兴媒体与传统媒体资本运营,总结融合过程中资本运营的特征,重构资本运营内涵,通过产业发展进程的纵向比较,发现资本运营演化的规律。

1.3 相关研究综述

1.3.1 传统媒体的资本运营研究

1.3.1.1 国外研究

国外学者对于传媒资本运营的相关研究比较侧重于资产投资与财务管理,多见于传媒经济或企业战略研究论著中。

以美国为代表的西方传媒产业的发展历程,本身就是一部传媒扩张与并购史,围绕传媒领域所有权的集中、市场结构与垄断、政府规制等问题的研究一直是西方学者关注与讨论的重心。国外研究将传媒市场当作资本市场的重要组成部分,关注传媒与资本市场的结合,并认为完善的市场机制为此创造了动因和可能。实际上,如果追溯的话,从20世纪50年代起,经济学家便开始涉足传媒领域的产权问题。最著名的莫过于科斯(1959)对美国广播业的垄断研究,特别是对当时美国广播业的频率执照制度的批评,认为财产权才是最有效率的频率分配方案[1],奠定了经济学视角研究传媒市场、产业问题的理论渊源。

之后的大多数国外主流研究都是基于完全市场化的西方发达国家,特别是针对美国与欧洲传媒产业现实的研究成果。

罗伯特·G. 皮卡德(Robert G. Picard)(2003)从经济学的视角剖析了一系列推动传媒市场发展的力量,包括生产者、消费者、政府市场等经济行为主体;他通过深入系统分析美国报业所面临的问题,指出越来越多的媒体正在经历并购,西方少数传媒帝国控制着全球大多数的传媒资源,传媒所有权集中已成为显著

---

[1] Ronald H. Coase. The Federal Communications Commission [J]. *Journal of Law and Economics.* 2 (October 1959): 1-40.

的国际现象。①

吉莉安·道尔（Gillian Doyle）（2005）研究媒介产业发展过程中所面临的问题，其中涉及了很多与传媒资本运营相关的内容。以美国、英国及欧洲的传媒市场为例，指出传媒的垂直供应链、变化中的市场结构和界限、传媒公司的战略反应、横向和纵向扩张的优势等是传媒公司的新战略，也是新媒体的发展方向。②

戴维德·高夫（David H. Goff）（2005）提出，传媒经济的全球化使越来越多的国家逐步放松对传媒的管制，以达到刺激投资、推进创新、增强竞争力的效果，进而保证本国或本民族传媒产业在国际竞争中处于有利或优势地位，而2003年美国新《通讯法》的颁布正是媒介产业进行新一轮集中融合的前兆。③

艾莉森·亚历山大（Alison Alexander）（2008）的《传媒经济学：理论与实务》是一套比较系统的传媒经济学专论。书中对包括媒介所有权、媒介资产评估、媒介企业并购及媒介产业相关法规等在内的产业资本运作相关概念进行了阐释；并对美国的几个传媒子产业（包括报纸、广播电视、有线电视、影视娱乐、音乐、国际传媒以及在线媒体）的经营实践情况进行了详细的分析。④

哈罗德·沃格尔（Harold Vogel）（2013）立足于美国传媒产业的发展现实，对娱乐传媒产业的经济、融资、产值和营销进行了详细的研究，特别是对美国娱乐产业的房地产行业持股进行了非常深入的研究。⑤

1.3.1.2 国内研究

国内传统媒体资本运营的相关研究还是非常丰富的，且资本运营研究与我国传媒产业的发展与实践密切相连，随着1994年东方明珠上市，各报业、广电集团拉开资本运营的大幕，新闻出版业传

---

① 〔美〕罗伯特·G. 皮卡德. 媒介经济学（Media Economics）[M]. 台北：台湾出版社，2003：81-86.
② 〔美〕吉莉安·道尔. 传媒所有权 [M]. 北京：中国传媒大学出版社，2005：60-64.
③ 参见第6届世界传媒经济学术会议报告。
④ 〔美〕艾莉森·亚历山大等. 传媒经济学：理论与实务 [M]. 北京：中国人民大学出版社，2008：38-46.
⑤ 〔美〕哈罗德·沃格尔. 娱乐产业经济学：财务分析指南（第8版）[M]. 北京：中国人民大学出版社，2013：23-30.

媒公司相继触市，时至今日，与之相关的研究也越来越深入。

早在1999年，喻国明就很有预见性地提出，在巨额闲置资本的增值冲动和媒介产业对资本进入的高度饥渴的双向作用下，资本将与媒介结缘。他对资本市场与传媒产业结缘的基础与条件、传媒产业的赢利分析、资本市场涉足传媒产业的操作方式以及有关的风险规避问题进行了初步的探讨。① 当然，对资本运营问题的充分讨论，是之后才真正展开的。

喻国明认为，资本运营是媒介产业化进行到一定阶段所采取的必然策略，"由资本的大小所带来的规模大小就已经是决定媒介生存废退的一个基本标志"。② 谢耘耕认为，资本运营将"建立适应市场发展要求的、高效的现代企业制度，并形成更加有利于传媒发展的运行机制和企业文化"。③

曹鹏、王小伟（2001）撰写的《媒介资本市场透视》，是当时比较全面的传媒资本运营方面的专著，该书对媒介资本市场的宏观概况进行了描述，对政策进行了剖析，并对报业、广电等媒介板块进行了分析，还对国际市场影响与关系进行了深入探讨。④

随着中国传媒产业资本运作行为的日渐复杂与深入，传媒产业资本运营的方式成为国内学者研究的重点。

孙正一等（2001）认为，传媒产业资本运营方式包括合作经营、子公司上市、自公司控股和以商业模式吸纳社会资金。⑤

周鸿铎（2003）将传媒资本运营方式分为微观资本运营方式与宏观资本运营方式：前者指对版面资本、栏目资本等某一具体形态资本进行运作的方式；后者则是包括兼并、收购、重组、联合等整体传媒资本运作方式。⑥

张春强、戴钧（2006）认为，传媒产业资本运营方式可以概括为三大类，除了从国内银行金融机构贷款直接获取资金与从海外机

---

① 喻国明. 略论资本市场与传媒产业结缘的机遇、操作方式与风险规避 [J]. 新闻与传播研究, 1999, (12).
② 喻国明. 传媒产业与资本市场"两情相悦"[J]. 新闻记者, 1999, (12).
③ 谢耘耕. 中国传媒资本运营若干问题研究 [J]. 新闻界, 2006, (3).
④ 曹鹏, 王小伟. 媒介资本市场透视 [M]. 北京：光明日报出版社, 2001：89-90.
⑤ 孙正一, 农秋蓓, 柳婷婷. 我国新闻媒体资本运营初探 [J]. 现代传播, 2002, (1).
⑥ 周鸿铎等. 传媒产业资本运营 [M]. 北京：经济管理出版社, 2003：59-72.

构获取资金外,通过市场运作获得业外资金是较常用的一种方式,具体途径包括合作经营、子公司直接上市、子公司控股上市公司、新闻媒体网站以商业模式吸纳社会资金等。①

也有学者从投融资角度对传媒产业资本运营进行了较深入的研究。张燕在其博士论文中,从融资成本和投资效率两个层面分析了中国大陆传媒上市公司的融资和再融资现状、投资效率,并以此为基础,从产业经济和媒介经济的视角指出了传媒上市公司在融资时存在股权融资的偏好,在投资时存在结构偏向性和投资低效率。②

面对中国传媒产业在既有体制下遭遇的市场化困境,有学者认为,应"将传媒业的经营性资产和核心采编业务分开对待,业外资本可以投向广告、发行等经营领域,媒体也可以将经营性领域拿出来吸引外部资本。但是关系到舆论导向的核心采编业务必须牢牢掌握在媒体手中"。③ 有学者提出,要充分认识由此带来的负效应,通过制度规范对媒介资本运作的主体与客体进行框定。④

针对中国传媒上市公司在不断摸索实践中面临着诸多问题,如公司内部治理结构不完善,外围体制、法律体系不健全,股权结构不合理,关联交易,负债率高,资金流动性差等问题,学者也予以了高度的关注,提出了相应的建议。⑤⑥ 有些对传媒上市公司的经营现状与绩效进行了分析。⑦

基于相关财务指标,以文化传媒上市公司为研究样本,也形成了一些传媒产业资本运营实证研究的成果:赵曙光、耿强(2003)通过对 26 家具代表性的传媒上市公司的资本运作财务数据的分析,提出打造大型媒介集团必须进行资源重新整合和提高自身竞争力,

---

① 张春强,戴钧. 传媒业资本运营的方式与思路 [J]. 武汉科技大学学报(社会科学版),2006,(10).
② 张燕. 中国传媒上市公司投融资问题研究 [D]. 武汉:武汉大学,2009.
③ 赵曙光. 浅析我国媒介产业的资本运营 [J]. 传媒观察,2002,(2).
④ 段永刚. 我国媒介产业的资本运作 [J]. 新闻与传播研究,2001,(6).
⑤ 叶文,李伟剑. 传媒上市公司经营状况分析 [J]. 青年记者,2007,(6).
⑥ 张金海,张燕. 传媒上市公司的关联交易及其对公司价值的影响 [J]. 新闻界,2008,(8).
⑦ 姚德权,陈晓霞. 传媒上市公司资本结构与绩效相关性研究 [J]. 国际经贸探索,2008,(12).

亟须通过并购等多种方式的资本运营来实现。① 胡志勇、王首程、李向伟（2007）通过统计分析我国文化传媒上市公司5年的发展状况，发现传媒上市公司的获利能力、成长性和偿债能力都强于非上市传媒公司。② 庞万红、赵勋（2009）则研究传媒上市公司在2008年金融危机中的经营状况，发现除了少数传媒上市公司财务结构偏向保守，资产负债率较低以外，大多数传媒上市企业都表现为资金流动性良好，偿债能力较强，相比其他产业金融危机给传媒上市公司带来的消极影响是较小的。③ 邓建商（2009）分析了2008年文化传媒上市公司年报中的相关财务数据，总结出我国传媒产业上市公司经营业绩存在分化现象，且表现为一般的正态分布。④

近年来，特别是2014年8月中央全面深化改革领导小组出台《关于推动传统媒体和新兴媒体融合发展的指导意见》，传统媒体与新兴互联网媒体融合发展成为热点，业界在资本运营领域进行了许多突破与创新，再次掀起学界对传统媒体产业互联网转型的研究热潮。

于正凯（2015）指出，东方明珠与百事通合并推进SMG（上海文广）的改革是一个突出案例，表明了把兼具意识形态与产业属性的传媒更加完全地推向市场是当下媒体融合的发展趋势与显性目标。⑤ 郭全中（2015）则直接以SMG的百视通合并东方明珠为典型案例，探讨媒体融合转型中资本运作的创新路径，认为从互联网发展的角度出发，媒体融合转型中可以使用资本运作的手段，对已有的资源、媒体、机制、人员、盈收能力等进行整合，形成符合市场竞争特性的新的业务生态圈。⑥ 同时，他也对浙报集团的融合创新

---

① 赵曙光，耿强．媒介资本市场——应用导向的分析［M］．长沙：湖南人民出版社，2003：131-14．
② 胡志勇，王首程，李向伟．我国传媒上市公司经营绩效剖析［J］．广州大学学报，2007，(8)．
③ 庞万红，赵勋．传媒上市公司运营绩效分析［J］．中国报业，2009，(2)．
④ 邓建商．中国传播与文化产业上市公司经营绩效实证研究［J］．现代商贸工业，2009，(4)．
⑤ 于正凯．技术、资本、市场、政策——理解中国媒体融合发展的进路［J］．新闻大学，2015，(5)．
⑥ 郭全中．媒体融合转型中的资本运作——从SMG的百视通吸收合并东方明珠的案例谈起［J］．新闻与写作，2015，(4)．

实践进行了分析，认为其资本、技术和创投三位一体的融合道路为传统媒体的融合转型提供了良好的范本。[1]

1.3.2 新媒体资本运营与媒体产业融合发展研究

1.3.2.1 新媒体企业的上市、并购、投融资研究

近年来，网络新媒体企业在资本市场上的行为相当亮眼，引起学界的关注，许多研究针对相关领域具体的 IPO、并购或投资融资事件进行分析，特别是对网络新媒体的上市公司予以了充分的探讨。

梁智勇（2013）通过剖析中国五大类新媒体上市公司的股权结构，进而论述了中国新媒体上市公司资本运作的新动向：国有控股的新媒体公司作为市场追随者，由于缺乏赢利冲动，其资本运作尚不活跃，赢利模式仍在不断创新；外资控股的新媒体公司资本运作动作频频，它们全面扩张、纵向延伸，试图垄断整个上下游产业链；民营资本控股的新媒体公司，股权和核心技术掌握在创业者手中，机制灵活。[2] 闻学等（2013）以 2005—2011 年为时间窗口，研究了境外资本进入我国网络媒体市场的方式、机制、规模和分布情况。[3] 刘学文（2014）构建了一个上市公司竞争力综合评价指标体系，该研究对于新媒体产业上市公司提升综合竞争力具有较好的借鉴作用。[4] 于正凯（2012）以人民网上市事件为例，认为国家力量与政策导向、网络技术与用户是网络媒体的三种产业驱动力。[5]

另外，支庭荣、赵曙光、谢新洲等学者从不同角度对网络媒体的赢利模式、资本运作、发展方向进行了研究阐述。近五年来，四川大学詹恂等的一些博士学位论文也对中国网络媒体资本运营进行了一些现状分析与投融资策略研究。

---

[1] 郭全中. 资本、技术和创投三位一体的融合道路——对浙报集团融合创新实践的分析 [J]. 新闻与写作, 2015, (8).

[2] 梁智勇. 中国新媒体上市公司股权结构分析及其资本运作新动向 [J]. 新闻大学, 2013, (3).

[3] 闻学, 肖海林, 史楷绩. 境外资本进入中国网络媒体市场：方式、机制、规模和分布 [J]. 中央财经大学学报, 2013, (9).

[4] 刘学文, 王铁军. 我国新媒体产业上市公司竞争力评价研究 [J]. 出版研究, 2014, (2).

[5] 于正凯. 网络媒体的三种产业驱动力——由人民网上市引发的思考 [J]. 新闻传播, 2012, (6).

1.3.2.2 新媒体产业发展与资本运营研究

尽管研究者都意识到资本运营对于网络媒体产业发展的重要性，也有相关的论述，但没有严格意义上对此层面的关联研究，只是在许多关于新媒体模式创新的研究中部分提及。宫承波、翁立伟（2011）认为，在网络媒体产业规模迅速扩张的过程中，资本运营已经成为我国网络媒体产业进行市场竞争的重要手段，目前风险投资、股市融资、并购重组、合作经营等四种方式构成了我国网络媒体产业相对多元的资本运营模式。① 周笑（2011）则在论述新媒体的产业格局，展望其发展趋势时，提出新媒体产业通过战略联盟和资产并购，形成一个庞大的战略联合体或一个巨型的独立企业，一系列的资产并购正发生在各个版图的领军企业和先锋企业之间，这些新媒体巨头仍将不断通过资产并购拓展领地。② 殷俊等（2009）在其专著中对新媒体产业资本运营的内涵、动因、策略进行了简略的分析。③ 石本秀、蔡郎与等编著的《新媒体经营管理》一书中对新媒体资本运营的特点，中国的现实进路、投资热点与风险进行了较详尽的描述。④

1.3.2.3 对 BAT 资本运营的案例研究

近年来，网络媒体的整个产业格局发生急剧变化，以 BAT（百度、阿里巴巴、腾讯）为代表的互联网巨头，随着近年的快速扩张，在网络媒体产业领域的资本运作达到前所未有的高峰，引起业界、学界的高度关注，特别是近三年来，关于巨头企业资本运营的具体案例研究成果非常多。

对 BAT 近年来快速扩张现象的观察与分析方面的研究最丰富。张丹、高丛（2014）探讨了腾讯、阿里集团、百度三家互联网企业并购热潮的动因和特点，认为抢占移动互联网入口的战略布局、弥补企业资源的短缺、"马太效应" 及网络经济与传统经济的互相渗

---

① 宫承波，翁立伟. 网络媒体产业的中国模式审视 [J]. 中国广播电视学刊, 2011, (4).
② 周笑. 新媒体产业格局及发展趋势解析 [J]. 电视研究, 2011, (1).
③ 殷俊等. 新媒体产业导论——基于数字时代的媒体产业 [M]. 成都: 四川大学出版社, 2009: 40-43.
④ 石本秀，蔡郎与等. 新媒体经营管理 [M]. 北京: 中国传媒大学出版社, 2012: 68-80.

透是 BAT 并购的主要动因;① 乐婷（2015）以阿里巴巴并购行为为例，对互联网企业的并购动因和并购战略进行了分析和研究，提出阿里巴巴的并购战略是成本领先战略、差异化战略和国际化发展战略;② 翁静飞（2015）分析阿里巴巴的收购狂潮，总结出可以从被收购企业的业务类型、竞争优势分析出大数据时代企业的并购战略，采取相关多元化战略弥补经营短板，对大数据进行分析处理，利用信息技术及互联网、移动通信等可以促进企业创新及产业升级。③

也有学者从企业战略的层面，以 BAT 为案例，对公司资本战略进行相关研究。张永安、吴屹然（2015）对腾讯公司不同时期商业模式创新的路径和特征进行分析，指出商业模式模块化创新对企业价值创造的作用，可以实现企业资源的优化配置和整合，为我国互联网企业成长过程中商业模式的创新提供借鉴;④ 王心蕊（2015）认为，阿里巴巴在纽交所成功上市与其公司的财务管理包括财务管理目标优化，成功激励员工，成功的融资、投资运作及资本运作等因素息息相关，阿里的经验给理论和实务界带来了宝贵经验与启示。⑤

更有学者进一步探讨 BAT 投融资战略与企业发展间的互动关系。陈禹、高丛（2012）以腾讯公司为例，认为进行战略投资、整合资源以建设自身业务平台可以成功解决进入新的市场领域所面临的高门槛、高成本、强竞争的难题，战略投资对互联网公司开展新业务起到了有力的补充与促进作用;⑥ 李华军（2015）分析了阿里巴巴公司的企业生命周期，认为阿里巴巴公司各阶段的投融资行为都是与公司搭建商业生态系统的发展战略协同的，在企业生命周期

---

① 张丹，高丛. 腾讯、阿里巴巴、百度三巨头并购热潮动因分析［J］，财会研究，2014，(9).

② 乐婷. 互联网企业并购动因与战略研究——基于阿里巴巴并购行为绿色财会［J］. 2015，(10).

③ 翁静飞. 从阿里巴巴并购狂潮看大数据时代下企业的购战略［J］. 财经界，2015，(15).

④ 张永安，吴屹然. 基于新视角的商业模式创新路径研究——以腾讯公司为例［J］. 经济体制改革，2015，(5).

⑤ 王心蕊. 阿里巴巴成功的财务管理与资本运作案例剖析［J］. 科技创业月刊，2015，(8).

⑥ 陈禹，高丛. 互联网公司战略投资与业务发展的关系——以腾讯公司为例［J］. 电脑与电信，2012，(2).

的不同阶段，投融资支持体系支撑与推动商业生态系统的演化。[①]

进而有学者和业界观察者对网络媒体企业未来的发展方向做出一些简单预判：姜奇平（2015）认为，"互联网+"是一个不亚于BAT规模的机遇，下一代的BAT将会出现在如今还没有被互联网占据的行业领域；[②] 分期乐的创始人与CEO肖文杰（2016）认为，中国的互联网产业领域，真正有能量再出现一个BAT体量的，只有互联网金融领域，金融领域的互联网公司市值想象空间非常大。[③]

以上对BAT资本运营与企业发展的相关案例研究为本书提供了非常好的研究视角与案例研究思路。

通过对传统传媒产业与新媒体产业资本运营相关研究文献的全面梳理，我们有以下发现。

一方面，对资本运营最丰富的相关研究成果还是集中在传统媒体领域。早年的研究停留在梳理概念、厘清必要性、达成资本运营现代市场理念的阶段，近年来随着中国传媒产业化的发展、文化传媒体制改革的深入、传统媒体的转型，国内学者对资本运营问题予以了足够的关注，对传统媒体资本运营现状、问题与对策均进行了全方位的充分讨论。延续过往的研究传统，学界更加关心体制内传统媒体产业的发展问题，对新兴网络媒体产业的发展还处于一个介绍现状、观察趋势的研究层次。且因为网络媒体产业的主体是真正市场化的非体制内企业，往往不是国内学界研究的重点，对于其资本运营的研究就更加不足，且理论研究相对滞后于产业的实践。

当然，随着近年来媒介融合发展的趋势越来越明显，新媒体发展逐渐成为国内的研究热点与重点，学界也认识到资本运营在新经济条件下，特别是在互联网新媒体发展壮大中非常重要，资本是媒体产业发展不可回避的重要因素，但深入揭示其变化、探讨其规律的研究仍然缺乏，更鲜有从产业融合发展层面来进行全面深入探讨的研究成果。对新媒体产业的资本运作的研究以微观层面的描述性研究为主，散见在一些具体的案例、企业战略策略研究中，对新媒体产业资本运营整体性的、系统的、深入的学理性研究仍然非常缺乏。

---

① 李华军. 阿里巴巴商业生态系统演化及其投融资战略协同［J］. 财会月刊，2015，(21).
② 姜奇平. 哪种平台将超越现在的BAT［J］. 互联网周刊，2015，(7).
③ 肖文杰. 只有互联网金融有可能诞生下一家BAT［J］. 中国企业家，2016，(6).

融合与资本创新

另一方面,虽然传统资本运营研究已有成熟的理论框架,形成了相对完备的体系,传媒资本运营方面的研究也非常多,但以往对传媒企业上市、并购、重组等资本运营行为的研究基本是从企业经营管理层面展开的,将资本运营仅仅视为企业经营的手段与策略,极少将其放在产业发展的宏观视角来探讨,目前也尚未有较深入的资本运营与网络媒体产业发展的关联性的理论研究。

同时,一直以来,产业分立是传统资本运营研究的逻辑起点,随着媒介融合与产业融合成为现实,原有的资本运营行为的前提与根基发生了极大的改变,我们需要对新背景下的产业发展趋势特征及其资本运营行为进行重新审视。特别是近年来,平台型互联网企业的发展进入了一个高速扩张的阶段,其本身也在不断发展演进中,有太多的新的规律需要发现与总结,无论是资本运营还是产业发展,对其认知与理解均需要进一步拓展,这些特别值得探索的前沿领域还有待挖掘。

正是之前研究的不足为本研究提供了极大的空间与可能。如果把文献搜索的视野再进一步扩大,我们会发现,在产业经济学科的框架下,倒是有经济学领域的学者开始关注互联网产业资本运营的特殊性,特别是对网络公司的上市、并购行为有较为系统的研究,并有研究者开始关注产业融合背景下的互联网公司的并购行为[1][2]。这些研究成果也为本研究提供了极好的启发与参照。

1.4 主要理论资源

1.4.1 资本运营研究的两个理论维度

西方关于资本运作的相关研究已经形成了比较成熟的理论框架与体系。一般有两个研究维度:一是经济学的维度,从宏观的理论层面探讨资本运营的功能、动因、模式与效应,关注企业发展过程中资本运作的内在机理及其经济学效应,比如规模收益、范围经济、外部性对企业资本运营的作用,是建立在企业性质的经济学解释之上的;二是管理学、投资金融学的维度,将资本运营视为现代

---

[1] 王丹. 产业融合背景下的企业并购研究 [D]. 上海:上海社会科学院, 2008.
[2] 郑明高. 产业融合发展研究 [D]. 北京:北京交通大学, 2010.

企业经营手段,从微观层面研究其具体的种类、方式、策略、技巧等,关注的是操作层面的规律,比如收购重组过程中的估价技巧、股权投资(VC、PC等)行为的策略、投资回报等,建立在企业扩张内部管理的基础之上,更加侧重于金融投资、价值发现、资本市场的分析。两个维度一宏一微,一个是纵向的寻根问源,另一个是横向的现象剖析,两个维度,互相补充,构建起资本运营的理论体系。

本书关于媒体资本运营的研究主要是在上述第一个维度的理论框架下展开的,即从宏观的理论层面探讨融合中媒体资本运营的功能、动因、效应与模式,关注媒体产业融合发展过程中资本运作的内在机理及其经济学效应。

1.4.2 资本运营与产业扩张理论

可以说,无论是上述的哪一种理论维度,西方资本运营理论研究一直是与产业发展相勾连的,其源头要从企业并购理论追溯。

企业并购研究的理论渊源主要来自马克思的观点和新制度学派的分析,两者在不同的时代背景,以其独特的视角对企业并购理论产生映射效应,并成为之后资本运营理论的逻辑起点。在马克思分析企业扩张的原始动机和目的时,企业被视为一个整体,其扩张只是为了追求资本规模,以获取剩余价值。而新制度学派分析企业扩张的动因和目的时,企业"暗合"被打开,其扩张是为了节省交易成本,为了实现企业组织与市场组织的替代。

企业并购的理论最早可以追溯到马克思在《资本论》第一卷第七篇《资本积累过程》中对个别资本增长的资本积累和资本集中的理论阐述,文中马克思论述了资本积累是剩余价值资本化的过程,是企业内生性增长。[1] 企业在资本积累中获得进一步扩大再生产的能力,但依靠资本积累的资本集聚过程是缓慢的,在一定程度上并不能适应企业快速发展或成长的需要。[2] 在此背景下,资本集中就成为弥补资本积累局限的有力工具。许多分散的单个资本通过互相吸引实现资本集中,迅速改变既有社会资本在组成部分间的数量组合。与资本积累的内生性相比,资本集中更具有外在的强制性,可

---

[1] 〔德〕马克思. 资本论(第一卷)[M]. 北京:人民出版社,1979:636-637.
[2] 〔德〕马克思. 资本论(第一卷)[M]. 北京:人民出版社,1979:649-650.

以快速实现巨额资本的集聚。尽管当时全球性并购浪潮并未到来,因为时代的局限,马克思关于资本集中与资本积累的理论并不是论述企业并购本身,但它隐含并预示着并购是企业成长的必然趋势,成为并购理论的源头之一,为并购理论后来在实践中的发展奠定了基础。

以1937年科斯发表著名的《企业的性质》为标志,西方新制度经济学的产生使企业扩张的经济学阐释更符合现实。科斯提出了交易成本的概念,认为企业与市场是不同的交易机制,市场机制以价格杠杆配置资源,而企业机制以行政手段配置资源,不同的交易成本使两者存在替代关系。① 由此,当市场交易成本高于企业内部交易成本(即管理成本)时,为减少交易成本,企业可以"内化"市场交易,此时企业比市场更有效率;反之则选择市场交易。可见交易成本是决定企业存在和扩张的根本经济学原因。

随后,威廉姆森、朗格劳易斯、霍奇森等新制度经济学派代表人物对交易成本理论进一步深入研究,交易成本理论的适用范围被延伸,用以充分地解释企业的纵向、混合与横向并购行为:对于企业的纵向并购行为,认为边际市场交易成本与边际组织交易成本的权衡决定了企业纵向并购的行为选择;对于企业混合并购行为,认为从交易成本来看,混合并购所形成的不相关多部门组织形式可以克服过高的行政管理费用这个传统弊病;而对于企业横向并购行为,认为同质企业间因竞争关系采取的机会主义行为会增加交易双方的交易成本,因此横向并购可以使原本同业间的竞争内部化,从而节约交易成本。②

20世纪七八十年代以来,组织经济理论、福利经济学、企业行为理论、信息经济学、博弈论等的长足发展,为资本运营理论的进一步推进提供了丰富的理论资源,以并购理论为核心的资本运营相关理论有了重大进展,形成了这个领域各种庞杂的理论假说,不一一赘述。与本研究相关的一些重要理论资源主要有以下几点。

从市场竞争角度分析的资本运营理论。

• 市场势力假说(Stigler,1950)认为,并购可以使并购公司

---

① 〔美〕科斯. 企业的性质 [M]. 上海:上海三联书店,上海人民出版社,1990:4.
② 胡峰,程新章. 马克思和新制度经济学关于企业并购动因的解释:分析与比较 [J]. 学习论坛,2003,(4).

获得市场优势,并购后竞争对手减少,对市场的控制力增强,行业的集中度提高,并获得更多对供应商和买主议价的能力,抬高市场的进入壁垒,形成市场势力甚至垄断。

● 行业生命周期假说(Stigler,1951)认为,成熟行业或衰退行业中的大型企业的并购目标通常是新创企业或中小企业。

从企业微观层面分析的资本运营理论。

● 微观经济学的"规模经济效应假说"认为,企业的生产成本是一条U型曲线,在其他条件不变的前提下,随着生产投入的增加,企业的边际产量递增,边际成本逐渐降低,当企业产品的市场价格等于边际成本时,此时生产就达到了最佳规模点,即实现了企业利润最大化的产量,这个企业规模就是投入产出的最佳规模。而并购重组就是企业为达到最佳的规模点、效率最优,实现最大化利润而采取的经济行为。而这同时也隐含着:企业的规模是有限度的,当超出最佳限度时,规模不经济。

● 制度经济学产权理论的"剩余控制权假说"(青木昌彦,1999)认为,企业的并购行为源于对产权的争夺,企业为了获得更大的企业剩余控制权(即在契约中未标明的因公司的控制权所带来的额外收益),通常以并购的方式来完成。

● 管理学理论的"协同效应假说"(Ansoff,1965)认为,同时生产多元化产品的成本比分别生产这些产品的成本之和要少,因为生产渠道、市场、客户、商誉等资源可以协同共享,产生管理协同效应、经营协同效应与财务协调效应,因此,企业并购是实现企业价值最大化而进行优势资源共享互补的经济行为。

● 金融财务理论中的"价值低估假说"认为,在一个有效的竞争充分的市场中,企业通过并购"价值被低估"的公司,可以使自身权益的价值增值。

J. 弗雷德·威斯通被看作西方经济学企业并购理论研究的集大成者,他最终将上述庞杂的资本运营理论归结为两大类:第一类是并购赞成论,包括效率理论、代理成本理论等;第二类是并购怀疑论,包括管理主义、市场势力理论等。[1]

---

[1] 〔美〕J. 弗雷德·威斯通等. 并购、重组与公司控制[M]. 北京:经济科学出版社,1998:76-102.

在上述理论的基础上,各学派从资本运营对公司规模和企业产权变动交易的角度,将企业资本运作行为进行了各种具体分类,每一类中都有不同的资本运作方式。如表1-1所示。

表1-1 资本运营方式的理论梳理

学者	类型	具体方式
J. 弗雷德·威斯通等（1998）	扩张型	收缩型、分立、资产剥离
	公司控制型	溢价购回、停滞协议、反接管条款修订、代表权争夺
	所有权结构变动型	股票回购、交换发盘、转为非上市公司、杠杆收购
范恒山等（2001）	扩张型资本运营	兼并、收购、公司合并、联营及上市
	收缩性资本运营	资产剥离、资产置换、资产出售、公司分立
	内变型资本运营	企业租赁、承包、托管
陈瑶（2001）	资本扩张形式	兼并与收购、买壳上市、造壳上市
	资产收缩形式	剥离与分立
郑小平（2002）	所有权结构改变	股份回购
	扩张型	并购、合资和联营子公司、合并
	调整型	置换、分立、破产、资产剥离
徐艳（2005）	所有权及控制权变更型	租赁、买壳上市、托管
	资本扩张的资本运营方式	并购、托管、企业租赁、买壳上市
	资本收缩的资本运营方式	资产剥离、分立、分拆上市、资产证券化
王德萍等（2010）	治理型资本运营方式	杠杆收购、管理层收购、职工持股计划、经理股票期权、股份制
	资本扩张方式	并购、托管、企业租赁、买壳上市
	资本收缩方式	资产剥离、公司分立、分拆上市、股份回购

资料来源：根据相关文献整理。①②

由上可见,无论是兼并、收购、公司合并、上市,还是回购、分拆、分立、资产剥离等,资本运营方式只是企业进行资本扩张、

---

① 汤文仙,朱才斌. 国内外企业并购理论比较研究 [J]. 经济经纬, 2004, (5).
② 张维等. 企业并购理论研究评述 [J]. 南开管理评论, 2002, (2).

收缩或调整公司治理结构的工具。①② 实质上，无论基于哪一种类型或目的，所对应的方式都大同小异。根据网络媒体产业的特征，本书主要针对产业资本扩张与资本治理这两种类型下的资本运营方式来进行研究与分析。

毫无疑问，上述理论作为所有行业进行资本运营研究的普适性理论，很好地解释了发生在传统媒体产业领域的企业扩张、组织结构变迁等现实，同时也是本书研究新兴融合媒体资本运营及其产业组织发展的重要理论基础与工具。

综上所述，从上述有关资本运营理论的梳理中，我们可以看到，在经济学、金融学、管理学领域，关于资本运营的理论研究实际上已有成熟的体系，特别是关于兼并收购资本运营行为的基础理论研究。但正如前文所述，这些理论是基于产业分立的传统经济前提下的研究成果，资本运营是动态发展的，呈现阶段性的特征，在融合背景下，网络经济、双边经济、平台经济的新的环境条件下，资本运营及其产业发展理论需要新的补充与完善。

1.4.3 网络效应理论、双边市场理论以及平台经济理论

讨论融合发展中媒体产业的相关问题，必须建立在网络经济学的理论基础之上，网络效应是互联网相关产业最重要最核心的经济学特征，它也是双边市场理论与平台经济理论的基础。

网络效应经济理论分为三个层面：第一个层面是对网络效应概念的界定、产生的原因、性质等几个基本问题的探讨；第二个层面是研究具有网络效应特征产业的用户基础、转换成本、产品兼容性和互操作性、预期和协调等基础理论问题；第三个层面则是研究网络效应下产业所呈现的特殊运行机制、企业行为与组织特征，如网络效应对市场结构的影响、对技术创新的影响；等等。网络效应通过影响企业行为进而改变企业关系和产业组织形态，使产业分工从线性演变为立体的或者网络功能分工，即所谓"模块化"，并与此相适应形成网状产业结构。③

---

① 汤文仙，朱才斌. 国内外企业并购理论比较研究 [J]. 经济经纬，2004，(5).
② 张维等. 企业并购理论研究评述 [J]. 南开管理评论，2002，(2).
③ 朱彤. 网络效应经济理论——ICT 产业的市场结构、企业行为与公共政策 [M]. 北京：中国人民大学出版社，2004：86-89.

双边市场理论是在网络效应理论基础上发展而来的，在相关的理论研究中，通常又通过对双边市场的解析来阐释平台的概念。可以说，双边经济理论与平台经济理论在研究框架及应用领域有着许多共同之处，只是研究对象的侧重点不同。前者聚焦在市场特征和产业运行规律层面，后者则关注作为产业主体的平台企业的竞争战略选择。

普遍存在于网络经济中的平台企业，同时向由买方参与方和卖方参与方组成的两边用户提供产品或服务，并分别向它们制定不同的价格，这些产品或服务促使了两边用户在平台上达成交易，我们把具有这种市场结构形态的产业市场称为"双边市场"（two-sided markets）[1]。学者 Evans（2003）提出，"有两组不同的异质客户；两组客户存在某种方式协调起来或联系的外部性；存在一个平台企业，可以将一组客户为另一组客户所产生的外部性内部化，作为中间机构能够有效的促进双边市场的协同"，是判断是否存在双边市场的三个必要条件。[2] 与传统经济中由企业供给方与用户需求方所构成的单边市场不同，网络经济中具有双边市场特征的产业，是由一类企业运营商搭建平台服务，两类或者多类用户通过平台实现交换行为的双边或多边市场。[3]

无论国内还是国外，网络效应理论、双边市场理论以及平台经济理论都是进入 21 世纪后才兴起的前沿理论，尽管双边市场并不是新生事物，传统经济中的信用卡系统、报纸杂志、房屋中介等实际上都属于双边市场范畴。但与传统经济不同的是，双边市场不是个案，是网络经济的常态。基于网络经济的双边市场理论在一定程度上颠覆了传统产业经济理论，对企业管理、竞争策略和公共政策产生了重大而深远的影响。这也是本书对融合媒体产业特征及其资本运营进行具体分析的重要理论基础与依据。

---

[1] 程贵孙，陈宏民，孙武军. 双边市场视角下的平台企业研究 [J]. 经济理论与经济管理，2006，(9).

[2] Evans D. S. The antitrust economics of multi-sidedplatform industries [J]. *Yale Journal on Regulation*. 2003, 20：237 – 294.

[3] 余晓阳，张金海. 传统媒体的数字化转型与新媒体的平台化发展——基于双边市场理论的经济学分析 [J]. 新闻界，2012，(3).

1.5 研究假设与目标

1.5.1 关于资本运营与媒体产业融合发展的基本研究假设

假设一：网络经济条件下，资本是产业发展的最重要内生变量。

这是本研究展开的最基本前提。影响与推动产业发展的内生外生因素非常复杂，包括技术进步、资本、制度等，本书将技术进步、制度等因素作为网络经济条件下的既定要素，仅将资本因素作为研究的变量，探讨资本单一要素变化条件下的媒体产业融合发展。

假设二：融合中的新兴媒体的资本运营与传统经济条件下的媒体资本运营虽然有很大差异，但原有的资本运营相关理论分析框架仍是适用的。

本书将在已有的资本运营理论研究框架下，比较网络媒体资本运营与传统媒体资本运营间的差异，推论融合发展中媒体资本运营的新的特征与规律，进而对资本运营理论提出新的补充。

假设三：资本运营能够为媒体产业创造价值。当前频繁、大规模的资本运作行为与媒体产业融合发展间存在关联性，且会带来比较显著的正效应。

本书将在此假设前提下，探讨这种关联发生的原因、方式、机理，并通过融合媒体企业的实证分析进行效应验证。

假设四：媒体产业是一个正处于结构性融合过程中的产业，其本身就隐含着媒介融合、产业融合的趋势，而且这种持续发展中的融合往往是通过资本运营来完成的。发生在融合中的媒体产业的资本运营不是简单孤立的，而是有着更为深刻与长远的产业发展内涵。

过往的传统企业并购更多地发生在同一行业间，但在近20年间，全球范围的大规模投资并购开始发生在不同行业间，全球资本运作行为最集中、最活跃的就是发生在传媒、电信、计算机技术领域。可以说，资本运营与媒介融合、产业融合的浪潮是相生相伴的。

因此，本书不是在产业分立前提下的孤立研究，而是将研究放在媒介融合、产业融合的大背景之下，对发生在媒体产业的资本运营的本质做进一步延伸性的解读与分析。将其延伸到资本融合的范畴，看作媒介融合、产业融合的重要模式之一。

1.5.2 研究的目标

- 厘清融合媒体产业网络经济学意义上的本质特征
- 揭示新的媒体资本运营动因、效应所呈现的不同于传统媒体资本运作的新的特征与趋势
- 论证资本运营与媒体产业融合发展间的互动关系
- 实证检验融合媒体企业资本运营战略的绩效
- 阐释媒体融合发展中的产业进程及其资本创新模式的演变，进而重新定义传统资本运营的内涵，推论产业发展的未来

1.6 研究框架与研究方法

1.6.1 研究思路与框架

本书研究的主要设计思路如下。

有两条逻辑主线：一是资本创新，二是产业融合发展。两条主线在论述的过程中交织在一起，构成资本运营与产业发展相关性研究的交汇点。在对媒体产业融合性质与特征进行分析，对融合中资本运营基本特征与创新趋势进行分析的基础上，以资本运营的动因、效应、模式分析为整体理论框架，阐释资本运营动因与媒体产业的组织扩张、资本运营效应与新的媒体产业规模，并对网络新媒体资本运营与产业发展的关联性进行实证检验，分析媒体产业融合发展进程中资本运营模式的演进，最终得出结论：重新定义资本运营的内涵、揭示媒体产业融合发展的未来。

研究共分九章：第一章导论部分阐释研究的缘起意义，对理论基础、相关文献进行梳理，对研究假设、框架、方法进行说明；第二章与第三章是研究的基础，对媒体产业及其资本运营的新特征进行深入分析；第四、五、六章是主体部分，论述新的媒体产业的资本运营动因、效应、模式与媒体产业融合发展间的互动关系，并实证检验资本运营对新兴媒体产业发展的正效应；第七章对融合中资本创新可能遭遇的风险与产业规制重构挑战提出思考；第八章是应

用研究，在前面对于资本创新的理论建构下，针对广州地区文化、传媒、互联网领域的产业融合发展现状，提出几个层面的资本创新建议；最后第九章结语，阐述结论。

具体研究框架如图1-3所示。

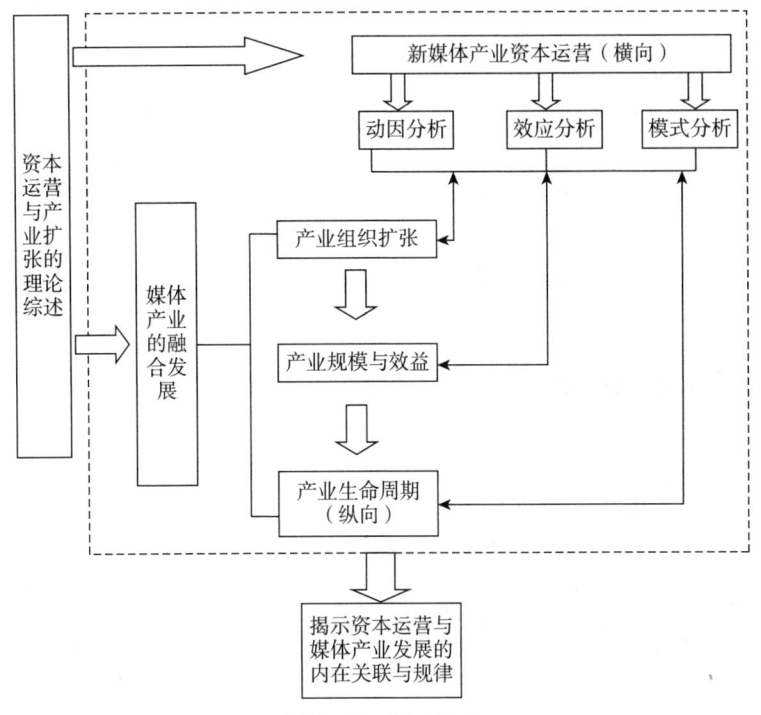

图1-3 研究框架

1.6.2 研究方法

综合运用文献研究法、比较分析法、案例研究法等多种研究手段展开研究。运用文献研究法，跟踪掌握选题涉及领域的最新理论成果，建立研究的理论框架；运用案例分析法，在预设的研究假设与分析框架下，对媒体融合发展至今的各阶段典型案例进行深入剖析，并对典型案例的资本运营效应进行实证分析；运用比较分析法，通过比较网络新媒体与传统媒体资本运营的区别，总结媒体发展中资本运营的新特征，进而探讨资本创新与媒体产业融合发展的内在逻辑关联，与传统资本运营理论进行比较分析，以此对资本运营理论进行补充与发展。

在资本运营动因、效应、模式分析的整体理论框架下，以案例分析为基础，对典型媒体企业案例进行分析，特别是分别对媒体融合发展中的三个不同阶段的典型企业的资本运营行为进行分析。资本运营本身非常复杂，至少包括上市、并购、重组等主要的投融资行为，因此，在案例的选取上尽量具有代表性和价值性。

总体上讲，本书的论述保证了分析框架的完整性，既有案例分析，又有理论提升，将资本运营与产业扩张的经典理论与当下的实践经验相结合，以经典理论为经验研究的基石，又在经验对比研究中拓展经典理论的外延与内涵。

1.7 研究的创新点

1.7.1 学术思想上的主要特色

不是在产业分立前提下的孤立研究，而是将研究放在媒介融合、产业融合的大背景之下，对发生在媒体产业的资本运营的本质做进一步延伸性的解读与分析，将其延伸到资本融合的范畴，看作媒介融合、产业融合的重要模式之一，从理论的高度来审视媒体产业融合背景下的未来发展之路。基于此，本书用一种开放性的媒体观重新界定了融合中的媒体产业，认为融合媒体不是互联网产业与传媒产业视角下所界定的狭义的只涉及网络内容生产的产业部门，而是所有汇聚了信息流、物流与资金流的网络媒介平台的综合体，既包括早期发展阶段产生的门户网站、搜索引擎，也涵盖了后来的视频网站、维基百科、各类网络和移动互联网络社交应用，更包括了当前发展最为迅猛的真正将三流合一的电子商务媒介平台、移动互联领域的各类应用服务平台。

1.7.2 学术观点上的创新

本书认为，媒体产业融合发展与资本运营间存在互动关系：产业的网络经济本质特征决定了媒体产业组织扩张的动因，进而决定了其资本运营的路径与方式，融合中的媒体资本运营是由产业技术创新推动的，投融资战略遵循平台扩张的路径，通过模块嵌入的方式来实现。融合媒体产业组织的扩张与资本运营是有效协同与互动的关系；资本运营的效应决定了新的媒体产业的规模。

本书认为，伴随着新兴媒体产业自身生命周期的演进，资本运营也发生了从风险投资模式到战略性投融资模式，再到基于网络交互式平台之上三流合一的资本创新模式的演进，资本运营演进的过程蕴含着产业发展生命周期的轨迹，同时作用于产业的发展进程，资本运营模式演进的过程也是产业核心竞争力逐步形成、产业的格局初现直至平台化发展、完整商业生态系统搭建的过程。

本书首次提出，融合中的平台型企业不仅仅是传统资本市场的参与者，它还将凭借其平台优势创新性地"嵌入"与各种场景相配的商业元素，从而成为新型资本市场的构建者、网络资本的操纵者的观点。大胆预测未来最充满活力的创新点都会出现在网络交互式平台之上的资金流领域，融合媒体产业将撼动传统资本市场的运行模式、冲击传统金融体系的服务方式，进而将构建起新的网络金融体系，实现产业融合。

1.7.3 研究方法上的一点突破

尝试运用经济学的研究分析方法对融合媒体企业资本运营的绩效进行实证分析：结合事件研究法与经营业绩对比研究法对阿里巴巴2007—2014年的典型资本运作战略进行了实证分析，以图进一步推论资本运作绩效与企业发展间的正向关系，从而揭示资本与媒体产业融合发展间的关系。

2

网络经济下媒体产业的融合属性与发展特征

2.1 网络时代融合背景下媒体产业的界定与统计口径

2.1.1 厘清当前媒体产业的内涵

在当前的相关研究中,对互联网产业、媒体产业、新媒体产业、网络媒体产业等概念及其内涵的界定是比较模糊的,许多研究直接把新媒体产业与网络媒体产业混用,或者直接将网络媒体产业等同于互联网产业,现实中这些概念有着极强的相关与交叉性,但又各不相同。概念的模糊会使研究的对象不明确,因此从产业角度来研究融合媒体,尤其需要有相对明确的界定范畴,否则将不利于开展进一步的统计分析。因此,我们首先需要非常清晰地厘清媒体产业的内涵。

除传统媒体的界定比较清晰外,目前比较多的研究将新媒体/网络媒体狭义地理解为网络的新闻、信息生产传播网站,把电子商务、网络游戏、搜索引擎、社交媒体等均剔除;而有些研究直接把新媒体产业/网络媒体产业等同于互联网产业,要么太过狭窄,要么太过宽泛与模糊。本书对这几个相关产业概念的内涵进行分析,以此梳理融合中的媒体产业的合理内涵。

- 互联网产业

又称 IT(Information Technology)产业,即通过互联网技术和计算机技术,收集、生产、处理、传递、存储信息,并对信息资源进行研究、开发和应用等相关经营活动的企业组织的集合。产业主体包括信息技术提供商（IT 基础技术的研发创新，如 Intel、Microsoft）、信息技术设备制造商（IT 技术的产品化、集成化与商品化，如计算机及其外围设备制造、流通等）、信息系统提供商（IT 解决方案、信息系统研发，如 HP、华为等）、信息内容提供商和应用服务运营商（IT 类媒体、IT 应用服务研发与运营，如新浪、百度、腾讯、阿里巴巴等）。① 如图 2-1 所示。

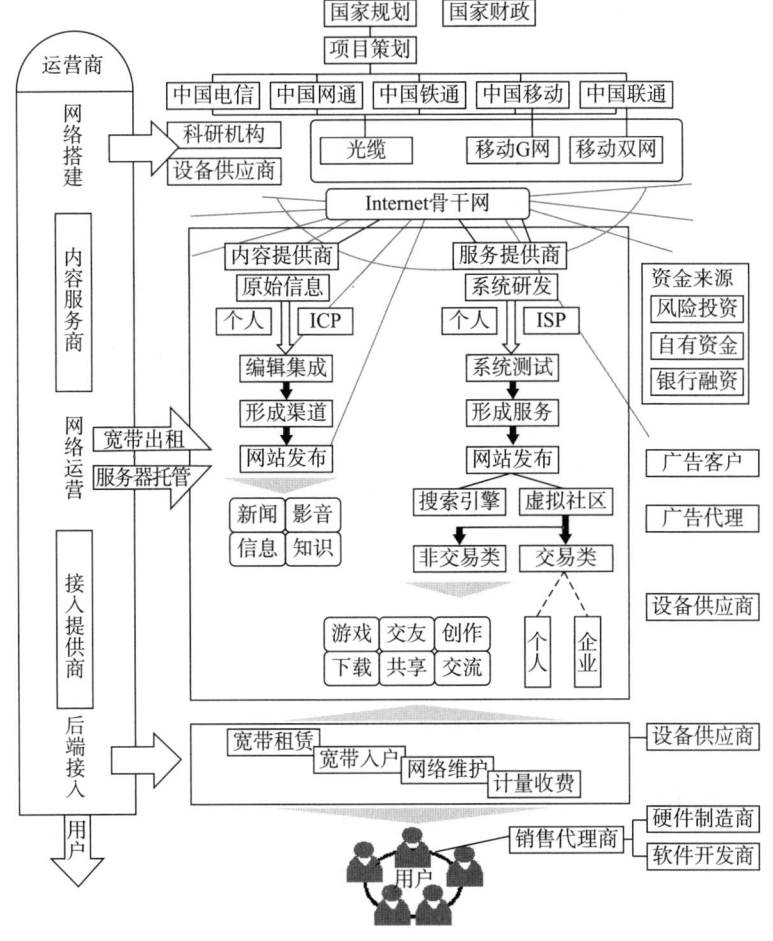

图 2-1 互联网产业地图

---

① 崔保国. 2011 年中国传媒产业发展报告 [M]. 北京：社会科学文献出版社，2011：179.

• 传媒产业

随着媒介融合、产业融合的不断推进,传统意义上的传媒产业版图已发生了极大的变化,传统媒体、网络媒体、移动媒体三大板块构成了当前的传媒产业,三者在相互交叉融合的过程中不断衍生出新的媒体形态,进而推动新的传媒产业的形成。因此,传媒产业并不是单纯指传统媒体产业,而是涵盖了新兴媒体的新的传媒产业。如图 2-2 所示。

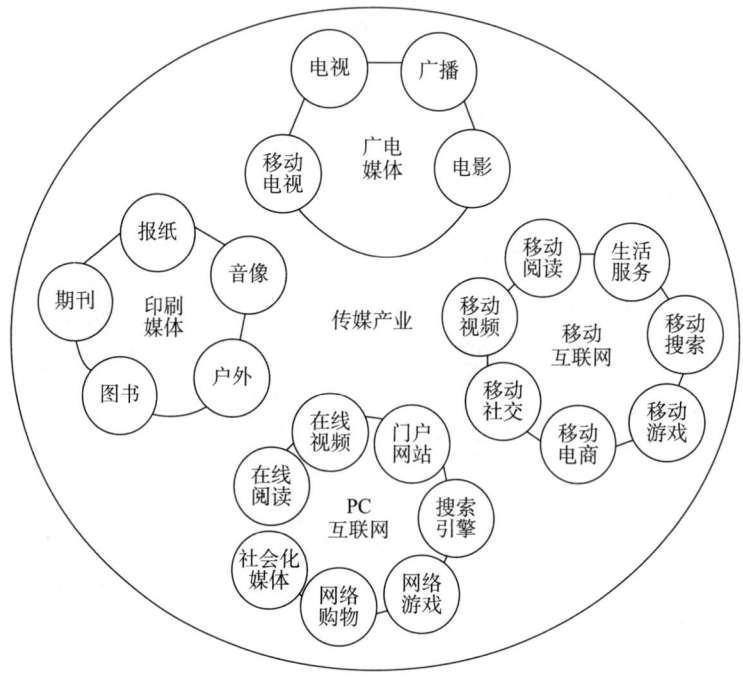

图 2-2　互联网时代传媒产业的构成①

• 网络媒体产业

根据上述的互联网产业与传媒产业（隐含了新兴媒体产业）的构成与内涵梳理,我们发现,从不同的角度出发,对网络媒体产业的理解是不同的,互联网产业地图中的网络媒体产业仅指信息内容的提供,而传媒产业地图中将网络与移动网络区分开来,这样的理

---

① 崔保国. 2013 年中国传媒产业发展报告 [M]. 北京:社会科学文献出版社,2013:12.

解与划分有一定的合理性。但本书认为，前者过于狭窄，忽视了当前新型互联网企业媒体化的现实与趋势；而后者尽管更为清晰，但网络的概念应该涵盖移动互联网络，忽略了两者很难完全割裂的现实。

● 融合中的媒体产业

本书将媒体的研究放在一个更为开放的前提下，相对于传统的只涉及内容的媒体视角，本书更为关注反映了当下平台化媒介发展现实中的一个更为全新的"融合媒体"。

基于此，本书认为，融合中的媒体产业是指以数字技术、计算机网络技术和移动通信技术等为重要依托，以PC、手机为主要载体的产业化部门，其既是互联网产业中最核心的内容与服务提供部分，同时也包括了传媒产业中剔除传统媒体板块之外的PC与移动互联网部分，包含了网络以及移动媒体板块。[①] 或者这样说，本书研究的媒体不是互联网产业与传媒产业视角下所界定的狭义的只涉及内容生产的产业部门，而是所有汇聚了信息流、物流与资金流的网络媒介平台的综合体，既包括早期发展阶段产生的门户网站、搜索引擎，也涵盖了后来的视频网站、维基百科、各类网络和移动互联网络社交应用，更包括了当前发展最为迅猛的真正将三流合一的电子商务媒介平台、移动互联领域的各类应用服务平台。而像人民网、百视通这类以传统媒体为母体，融合发展的新媒体机构，属于融合媒体的范畴，但因其运作机制、市值、用户规模增长率、收入规模等，与上述的IT背景网络媒体公司有着很大的差距，因此，这类企业不是本研究的重点案例。本书重点研究的典型融合媒体企业是真正具有互联网基因，从产生之日起就是充分市场化的，承载着信息流、物流或资金流的更具融合性的媒介平台综合体，其资本创新更具引领与借鉴价值。

2.1.2 统计口径与研究重心

由此，我们在收集数据时深刻地体会到，获取涉及融合媒体产业的宏观统计数据是非常困难的，需要从互联网产业与传媒产业统计的相关数据来推算。根据研究所需，产业产值等数据主要集中在

---

① 参见中国互联网产业发展研究报告 [M].北京：中国统计出版社，2012.

网络广告、网络游戏、搜索引擎、电子商务、移动增值等领域,分别从相关官方统计数据中获取并进行综合整理;企业数据主要从上述领域中具市场领导地位的上市公司公布的年报中获取。研究重心主要是基于多对多平台传播模式(2.2.2.2中具体阐释)的承载信息流、物流或资金流的媒介平台综合体。

2.2 基于网络经济的媒体产业双边经济和平台经济效应

2.2.1 网络经济条件

从1993年开始,互联网在世界范围内得到逐步的商业应用,此后,网络经济蓬勃发展。网络经济是以现代计算机技术为基础、以现代信息技术为核心的新经济形态。由多个结点与联系结点的连接构成的系统是网络经济的基础平台,这种网状的、双向的系统要比过往环状的、单向的结构具有更高的网络效应或功能。① 因此,网络经济是信息经济、知识经济和数字经济,智能化信息网络是网络经济形态最重要的生产力。从中观层面看,与电子商务紧密相连的网络经济,既包括网络基础设施建设、网络设备和产品以及各种网络服务的生产与提供,又包括网络贸易、网络金融以及其他商业性网络活动;如果从微观层面看,网络经济则是一个巨型消费与投资虚拟市场,在这个网络的虚拟大市场中汇聚了海量的信息、线下实物产品与服务、资金,交易额几乎每百天增加一倍。②

网络经济条件是媒体产业融合发生、发展的基础,其特征决定了产业的形成与演变。作为新经济的网络经济,有着不同于以往的传统经济的显著特征。

一是知识、信息、技术等无形要素成为经济的核心资源要素,在网络经济时代,无形要素对整个经济增长的贡献已大大超过劳动力、资本和自然资源等核心要素对传统经济的贡献,是新经济的最重要的驱动力;二是快速的技术更新促使竞争与合作并存,创新是

---

① 罗仲伟.网络特性与网络产业公共政策[J].中国工业经济,2000,(10).
② 乌家培.网络经济及其对经济理论的影响[J].学术研究,2000,(1).

网络经济的本质，网络经济时代产品的生命周期越来越短，技术更新换代的频率越来越快，市场竞争更为激烈，而技术研发往往具有高度的风险性与不确定性，企业通常采取联合合作的形式共担成本、风险，共享收益；三是打破了空间时间限制，全球一体化经济成为现实，网络的开放性和渗透性使原本制约经济活动的时间、空间因素作用大大弱化，一方面网络上的经济活动可以连续不间断地进行，另一方面空间上的距离也开始变得无关紧要，克服了经济交易中的时间空间差问题，全球经济相互高度依存；四是借助网络的媒介平台，买卖双方可以实现直接互动，时空压缩效应使网络经济成为直接互动的交换经济，生产者与消费者信息的交换、契约的签订、交易行为的进行均可随时随地完成，中介组织作用弱化，传统的中间组织部门受到网络经济的巨大冲击。[①]

由上述特征，我们可以看到，网络经济条件下，隐含着几个非常重要的关键词：无形要素（资产）、竞争性合作、打破时空边界的一体化、基于网络的双边经济与平台经济。这也将是本书在对媒体产业融合进行研究论述过程中反复阐释与使用的基本概念，是媒体产业融合研究的本质基础。

2.2.2 双边经济与平台经济效应

2.2.2.1 新兴媒体的网络外部性

网络外部性（Network Externality）是指"随着使用同一产品或服务的用户数量的变化，每个用户从消费此产品或服务中获得的效用变化"。[②] 其中直接网络外部性反映了产品内消费者需求之间的依赖性，如即时通信软件使用的用户间；间接网络外部性则反映了因基础产品与辅助产品的互补性而导致的相关产品需求之间的依赖性，如网络平台的基础服务与增值服务之间的互补与依赖等。

Rochet 和 Tirole（2003）在研究双边市场时，进一步提出了交

---

① 陶爱萍. 网络产业的结构、行为与绩效研究 [M]. 合肥：合肥工业大学出版社，2010：78-79.

② Katz M, Shapiro C. Network externalities, competition and compatibility [J]. *American Economic Review*. 1985, 75（3）：424-440.

叉网络外部性（two-sided networkexternality）的概念。[①] 他发现，在双边市场中存在一种显著而特有的现象，即一边的用户效用与另一边的用户规模之间存在相关关系，如电子商务中的买家规模和卖家效用或者买家效用与卖家规模之间的交叉关系，而且这种广泛存在于 TMT（IT、Media、Technology）产业中的交叉网络外部性通常是强正外部性的。

上述的网络外部效应，是网络经济最重要的特征，同时也是企业商业模式创新的重要依据。以腾讯的即时通信为例，随着共同使用 QQ 产品的用户人数增加，该产品用户所获得的效用增加，这就是其直接网络外部性；那么当腾讯即时通信平台上搭载的其他应用服务越丰富，对于用户选择该平台产生的价值就越大，这便是其间接网络外部性。也正是基于此，腾讯在开发了聊天工具后，不断开发如 QQ 游戏、QQ 音乐、QQ 交友等增值功能，形成其"免费基础平台+增值服务"的商业模式，可以说，这些应用服务与腾讯即时通信平台之间是功能互补的关系，极大地增加了平台产品的价值与效用。而交叉网络外部性则可以理解为 QQ 用户的增加给广告商带来了价值，坐拥庞大用户群的腾讯平台极具网络营销与社区化营销的价值，广告商的增加又为 QQ 平台用户服务和体验提供了潜在的保障，使 QQ 用户也更为受益。

同样，再以 Google 的搜索引擎为例，作为典型的双边市场理论应用的例子，使用搜索引擎的普通用户、Google 与广告主之间构成了两个具网络外部性的市场，在这两个市场中的企业 Google 即是平台企业。用户每次免费搜索，海量的关键字为 Google 提供了源源不断的有机搜索数据库来源，成为 Google 搜索引擎平台的数据基础；Google 为广告主提供利用关键字搜索精确接近潜在目标客户的机会；而广告商则为 Google 的工作支付费用。这个商业模式中隐含着重要的理论依据：随着使用 Google 进行搜索的用户的增加，Google 的数据库更为庞大，用户的效用增加，这是直接网络外部性；Google 在搜索引擎的功能之外，持续开发其包括维基、娱乐、存储、浏览器、社交、移动甚至电子商务、金融服务等几乎无所不包

[①] Rochet, J. C. and J. Tirole. Platform Competition in Two-Sided Markets [J]. *Journal of the European Economic Association*, 2003, 1: 990 – 1029.

的功能产品,增值服务极大地增加了基础产品与辅助产品之间的互补性价值,这与腾讯的商业模式实际上是如出一辙的,这是间接网络外部性;而在这个平台上,一边的用户规模越庞大,另一边的广告主用户效用就越强大,需求方越能够产生规模效应。交叉网络外部性的存在机理这也正解释了为什么在双边市场中普遍存在"不对称定价"的现象。每当我们新输入一个搜索词,新增的搜索行为除了增加 Google 服务器的运行次数外,几乎不会造成 Google 的其他成本支出,反而为其数据库提供新的数据来源,相应的这一边的用户定价为零;另一边用户广告主则因为平台的交叉网络外部性所带来的效用,愿意付费来投放广告。结果就是:具有更强需求的一方支撑了双边市场的"不对称"费用。

2.2.2.2 媒体产业平台化

学者谷虹从传播模式的角度建构了平台的概念。她认为,信息在网络传播模式下,多次的传递与扩散带有不确定性(如图 2-3)。

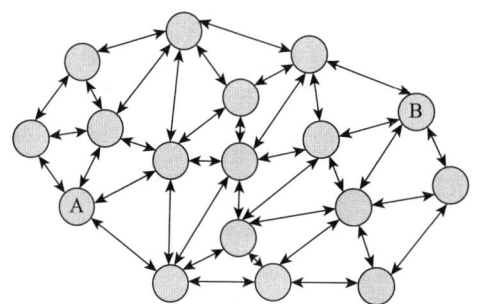

图 2-3 多对多网络传播模式

而在平台传播模式下,从一个端点到另一个端点只需要经过中心点的中转就可以实现交互(如图 2-4)。

而且这种交互是直接与实时无缝对接的,因此,通常感觉不到平台的存在,无形的平台中心为"多对多"的交互实现提供了可能。所以,平台传播是真正解决了海量端点之间的效率匹配和交互问题的互联网最真实的存在和运行模式。①

可以这样理解,互联网本身就是最大的基础平台,在这个平台

---

① 谷虹. 信息平台论——三网融合背景下信息平台的构建、运营、竞争与规制研究 [M]. 北京:清华大学出版社,2012:63.

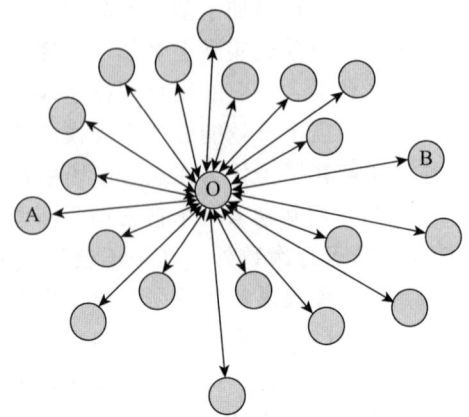

图2-4　多对多平台传播模式

之上聚合了海量的用户，汇聚了像腾讯QQ、淘宝、百度、新浪等等各类交互式信息平台，基于上述的多对多平台传播模式，这些平台作为海量端点间的一个个交互中心，为高效率的交互信息的分析、重组、匹配与定向传送提供支持。这就是互联网的运行模式（如图2-5）。

在平台信息传播模式的内在逻辑支配下，以平台方式聚合的互联网组织方式成为网络时代媒体产业组织的发展方向——平台化。媒体产业崭新的经济运行模式显示出强大的适应性和无穷的生命力，Google、百度、腾讯、阿里巴巴的迅速成长不是偶然的，其背后正是隐含着上述平台化的网络经济运行规律与逻辑。

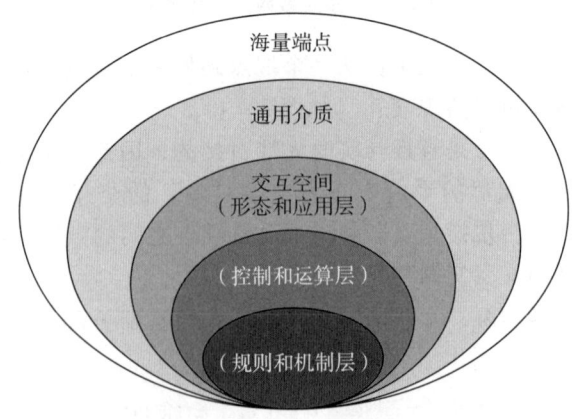

图2-5　信息平台结构

所谓平台化,是指在以信息为运作对象的产业中,由原来依托资源禀赋和市场环境变迁的传统经济运行模式向平台经济运行模式转变的过程。"在这个过程中,市场结构和企业关系从垂直的、线性的产业链向产业价值网络转变,竞争思维从封闭、控制、垄断向以开放来获取成长、以合作来获得竞争优势转变,产业组织从金字塔式层级结构向基于平台的对等协作转变。"[①]

按照应用领域来划分,在网络经济下,媒体相关产业包含工具类、资讯类、娱乐类、社交类、生活类……诸多的应用平台。但在现实中我们看到,大多数平台不仅仅运营一种单一业务,而是由两个以上的平台业务领域相互支撑,从而联结尽可能多的多边市场,开发尽可能多的业务和应用类别,利用多种交叉网络效应来构建更为丰富的赢利模式和更为稳固的平台系统。如工具类平台Google捆绑了地图、邮箱、音乐、购物、问答等多个平台,叠加和捆绑的平台越多,联结的市场就越多,组合也更丰富,由此产生的交叉利益溢出的机会也就越多,而这正是平台持续创新和发展的根本动力源泉。因此,我们看到大多数平台型网络媒体企业不会在单一平台上运作,而是通过联合、扩张、延伸、收购等构建庞大的平台系统。平台化涉及企业生产管理、商业策略、竞争优势、竞争机制、组织结构等方方面面的转变,平台化可以说不仅仅是一种新的企业组织形态、一种新的产业结构形态,更是一种新的商业思维模式和一种新的经济哲学。因此,平台化是影响媒体产业发展的非常重要的因素之一,这种影响包括产业组织、产业扩张、竞争策略等等,在第四章将就此展开进一步的论述。

2.3 媒体产业新的运行规律与生产组织方式

2.3.1 媒体产业新的运行规律

2.3.1.1 媒体产业生产过程中的成本递减和收益递增

正如前文所述,与农业经济社会和工业经济社会不同,知识、技术、信息等无形要素是网络经济社会的主要生产要素,由此决定

[①] 谷虹. 信息平台论——三网融合背景下信息平台的构建、运营、竞争与规制研究 [M]. 北京:清华大学出版社,2012:73.

了以无形要素为主要投入的媒体产业与以有形要素为主要投入的传统产业不同的成本收益规律。

众所周知,由于有形资源是稀缺的,随着要素的持续投入,生产的边际成本递增而边际收益递减是传统经济中具普遍性的规律。与此相对应的,信息、知识等无形生产要素是可共享、可低成本复制、可循环使用的,以无形要素为主要投入要素的产业及产品生产呈现与传统产业不同的边际收益递增的特征,而且强外部经济效应使收益递增的特性进一步强化。

上述规律可以通过推导证明。

假设,企业的总收益函数式是:总收益函数 $R(m, n) = r_1(m) + r_2(n)$。

其中,m代表劳动力、资本、土地等有形生产要素,n代表知识、信息、技术、人力资本等无形生产要素。

$r_1(m)$代表有形生产要素的收益函数,满足边际收益递减规律,即,$\frac{\partial r_1(m)}{\partial m} < 0$;而$r_2(n)$代表无形生产要素的收益函数,满足边际收益递增规律,即,$\frac{\partial r_2(n)}{\partial n} > 0$。

那么对于总收益函数来讲,$dR(m, n) = \frac{\partial r_1(m)}{\partial m}dm + \frac{\partial r_2(n)}{\partial n}dn$ 的正负,即有形生产要素决定的边际收益的递减量和无形生产要素决定的边际收益递增量之间的比较决定了总边际收益的效应是增大还是减小。若$\frac{\partial r_1(m)}{\partial m} < 0$ 和 $\frac{\partial r_2(n)}{\partial n} > 0$,当 $\left|\frac{\partial r_1(m)}{\partial m}\right| > \left|\frac{\partial r_2(n)}{\partial n}\right|$ 时,$dR(m, n) < 0$,即总边际收益是递减的,也就是说随着要素投入的增加,报酬是递减的;而当 $\left|\frac{\partial r_1(m)}{\partial m}\right| < \left|\frac{\partial r_2(n)}{\partial n}\right|$ 时,$dR(m, n) > 0$,即总边际收益是递增的,即随着要素投入的增加,报酬是增加的。

网络媒体产业的投入要素中,无形的信息、知识、技术和人力资本超过了有形的土地、劳动力等生产要素,通常情况下 $\left|\frac{\partial r_1(m)}{\partial m}\right| < \left|\frac{\partial r_2(n)}{\partial n}\right|$,因此 $dR(m, n) > 0$。所以,对于网络媒体产业而言,

成本递减与收益递增是其普遍的经济规律。①

2.3.1.2 媒体产业运行中的强网络互补与网络外部性

具有网络特性的产品与服务往往需要多种组件的同时参与（如硬件与软件），组件之间的互补性衍生了网络产品的协同价值。网络经济下媒体产品的价值是自有价值与协同价值之和，自有价值是网络媒体产品或服务给消费者带来的基本效用，与用户数量无关；而因为网络外部效应，协同价值随网络媒体产品用户人数的增加而增加。作为网络时代媒体产业最为显著的特征与规律，强网络互补与网络外部效应对产业的市场结构、企业行为和经济效率影响很大。前文已做阐释，此处不再赘述。

2.3.1.3 媒体产业中消费者的高转移成本和锁定规律

网络经济社会的消费者一旦选择了某一网络产品或技术，就很难转移到其他的产品与技术上去。这是因为，从当前的产品或技术上退出而选择新的产品技术将支付巨额的转移成本，包括私人转移成本和社会转移成本。当消费者有新的产品或技术可供选择却受高昂的转移成本阻碍而不能选择时，锁定便发生了，因此网络经济社会中锁定往往与转移成本相关联。

2011年，即时通信QQ因与360的纠纷而瘫痪时，极少用户愿意转换成同等功能的其他即时通信工具就是锁定规律的典型案例。当转移成本足够高，更换到新的产品或技术意味着用户在旧产品或技术及其互补资产上的投资极有可能会沦为沉没成本，特别是当新旧产品与技术不兼容时。这也正可以在一定程度上解释，为什么在新兴的媒体产业领域，先发优势与迅速占领市场是至关重要的，这是网络外部性与高转移成本、锁定规律共同作用的结果。

2.3.1.4 媒体产业的临界容量和正反馈规律

在新兴的媒体产业中，临界容量是维持均衡的最小网络规模，是企业赢利和亏损的分水岭。在新产品或新技术的推出中，随着用户规模的扩大，产品或技术价值上升，吸引更多的用户使用该产品或技术，价值便进一步上升……这就是用户人数超过临界容量时不断自我增强的正反馈机制。与传统产业的正负反馈相互抵消不同，

---

① 石涛，陶爱萍. 报酬递增：特殊性向普遍性转化的分析. 中国工业经济 [J]. 2007，(4).

网络经济下的媒体产业在供方规模经济和需方规模经济的共同作用下会形成超强的正反馈效应。这种正反馈作用更强烈与更迅速的是基于需方规模经济，即使市场足够大时也不会分散。

如图 2-6 所示，拥有大量兼容用户的普及产品会带来良性循环；而随着用户人数的减少，产品失去对用户的价值，带来恶性循环。

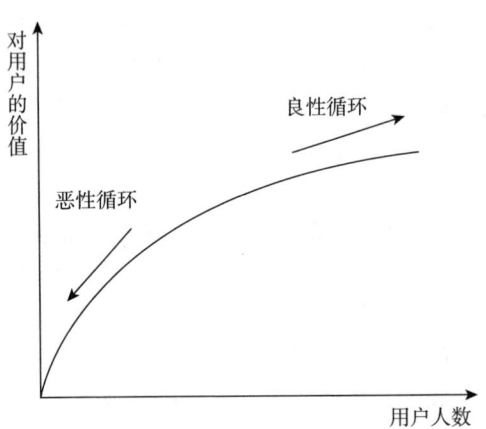

图 2-6　网络媒体产业中的正反馈机制

正因为网络经济下媒体产业极强的正反馈效应，具互联网基因的网络媒体企业的成长和失败都远远快于其他企业，同时这也意味着这是强者愈强的市场。因此，标准化是决定企业命运的关键，同样反映了快速占领市场，成为行业标准对网络时代的媒体产业而言至关重要。

新兴网络媒体产业运行中的这些规律，无论是成本递减、收益递增规律，网络互补、网络外部性也好，还是高转移成本和锁定规律、临界容量和正反馈规律也罢，无不说明了在网络时代，媒体产业规模扩张、迅速占领市场、抢占先机的必要性与重要性。

2.3.2　媒体产业生产组织方式的演变

新技术对原有的传统产业系统产生了很大冲击，竞争的加剧与不确定性，商品市场越来越不稳定，而大规模生产方式采用的科层组织所固有的僵化、反应滞后、内部协调成本高等弊端使其在新的网络经济环境下失去效率、稳定性与调控能力。派恩认为，20世纪 90 年代以来，竞争的范式发生了变化，已由大规模生产演变为大规模定制。① 大规模定制模式采用通用性设备与高技能劳动力，产品和技术不断改进与更新可以满足客户需求分化、产品需求个性化与多样化。大规模定制对原有产业组织的冲击是显而易见的：在传统经济时代广泛讨论的是 M 型组织、垂直一体化、专业化等等，但新的网络经济时代，网络型组织、平台化、虚拟一体化、研发联盟、制造外包、特许权安排、分包制等新的产业组织模式不断涌现。这种变化反映在：企业内部层面变化来自科层组织的扁平化、流程再造、以过程为中心、项目制和团队方式的流行；产业层面变化则来自对纵向一体化与横向一体化的解构，更多地用合约和市场方式取代，生产组织形式呈现出市场、合约、产权多种方式相结合的趋势。

数字化的互联网生产方式催生了人们对信息产品更加多元的个性化追求，大规模定制的产品生产模式尤其适合满足需求碎片化状态并具有不确定性的变动市场，适合那些初始成本巨大而边际成本很小的产品，适合可以通过技术进行协同生产、持续创新的网络媒体产业。而模块化是实现大规模定制的生产基础，也是平台化产品最突出的特征。实现大规模定制的最好方法是在模块化设计中建立能配置成多种最终产品和服务的模块化构件。在构件的大规模生产中实现规模经济，而在不同产品反复使用构件时实现范围经济，通过构件的不同组合配置成多样化产品来完成定制。

由此，新的媒体产业生产组织的模式、组织管理乃至组织扩张的模式都相应地发生了变化。本书将在第四章中结合资本运作详细展开分析。

2.3.3 媒体产业处于结构性融合过程中

而运行规律与生产组织方式的转变隐含着媒介融合、产业融合的过程，在当前的产业融合进程中，相关产业正向着平台化方向发展，这是趋势，同时也是一个漫长的演变过程。几个相关产业之间裂变融合的过程，更是重新结构化的过程，新的产业运行模式正在逐步形成。

---

① 派恩.大规模定制：企业竞争的新前沿［M］.北京：中国人民大学出版社，2000：33.

融合与资本创新

"所谓结构化产业是指那些已经发育成熟、产品概念非常清晰、产业界定已经固化的产业。"① 显然，在当前的现实图景下，产业融合是进行时，媒体产业同样仍处于一个逐步成型或者说正在结构化的过程中。相关产业间的边界在消融，竞争正从产业内部发展到几个产业的多个产业环节的交叉竞争，产业结构正发生着急剧的变化。而产业融合带来的业务渗透，使任何一个企业都不可能固守原有的业务领域，必须进行多元化的尝试，同时，在这个融合裂变的过程中，会涌现出众多的崭新的业务市场。② 新融合的媒体产业中的企业集合是通过数字网络聚集在一起的，这些企业涉及的相关业务可能属于不同产业范畴。此时，原有的线性产业价值链的束缚被打破，而企业价值网络开始替代产业价值链的视角，一个新的相互依存且具有多样性的商业生态系统的形成过程正在进行。

历经几个阶段的发展之后，网络经济的范畴实际上已经远远超越了媒体的层面，以几大门户网站为代表的媒体互联、以阿里电商为代表的消费互联以及以"互联网+"为主要表征的产业互联时代渐次到来，网络的媒体属性不断弱化而经济社会属性不断增强，媒体属性与其他的经济社会属性相互附着。而当下的大数据技术提供了全新的社会征信机制、信用体系和风控机制，媒体的核心价值从过往的信息中介、关系中介转为更为深化的互动平台、信任平台及信用平台，并通过数据挖掘推动 C2B（Customer to Business）模式再造生产流程，从而实现对社群用户的个性化、定制化服务。在此过程中，媒体的传播环节与生产、分销乃至最终消费环节紧密相连，内容的传播成为新的更大商业生态系统的重要入口，与其他入口一起重建对消费者和消费行为的连接关系，生态化竞争成为未来主流的竞争模式。也正是基于此，对媒体产业的研究必须放在一个非传统的、以结构性融合进程中新的生态图景视野来考量。

2.4 媒体产业新的竞争性垄断市场结构

正如上文所述，与传统产业比较，新兴的融合中的媒体产业运

---

① 王斌. 链与网：媒介竞争和媒介视角的转换 [J]. 国际新闻界，2009，(8).
② 王斌. 链与网：媒介竞争和媒介视角的转换 [J]. 国际新闻界，2009，(8).

行的经济规律发生了巨大变化。因此,其市场结构必然呈现与传统经济规律下的市场结构不同的特征。把握与深刻理解这些特征,是我们研究媒体产业融合发展的至关重要的前提。

众所周知,传统产业组织理论将市场结构分为完全竞争、垄断竞争、寡头竞争与完全垄断四种基本形态,它们的特征见表2-1。

表 2-1 四种类型的市场结构

市场形态	厂商数量	厂商规模	产品差异化	市场集中度	进入与退出
完全竞争	很多	很小	无	很低	容易
垄断竞争	较多	较小	有	较低	较容易
寡头竞争	几个	较大	有或无	较高	较难
完全垄断	唯一	很大	唯一产品	很高	很难

对照这四种基本形态的特征,我们会非常清晰地发现,上述市场结构基本类型中的任何一种都不能完全涵盖网络经济条件下融合中的媒体产业的现实,新的媒体产业的市场结构呈现新的形态。无论是垄断还是竞争,乃至两者之间的关系,都与传统形态有所不同。

2.4.1 媒体产业垄断的形成机理和垄断的新特征

2.4.1.1 新兴网络媒体垄断形成机理分析

垄断是新兴网络媒体产业市场结构的常态,但它与传统产业的垄断不同,有着特殊的形成机理,体现在以下三个方面。

首先,这是供给方和需求方双重规模经济作用下形成的规模型垄断。

与供给方规模经济相关的传统经济情形下的垄断市场结构,由于边际成本递增和边际报酬递减的特性,传统企业扩大生产规模是有限度的,当超出规模经济的要素投入区间时,进一步扩张是无效率的,即所谓规模不经济,且垄断会使市场机制失灵。

而网络经济时代,在上文所述的成本递减、收益递增与网络外部性、网络正反馈等网络效应下,规模型垄断是必然的。网络经济下,媒体产业受供给方规模经济和需求方规模经济的双重作用,具有极强的正反馈效应,使强者愈强、弱者愈弱,甚至出现赢者通吃的最极端的结果——巨无霸的垄断企业。媒体产业市场必然会趋向某一产品或技术集中,从而形成垄断,网络媒体企业规模经济的最佳点从理论上说可以趋向于无限。[①] 这种形成机制如图2-7所示。

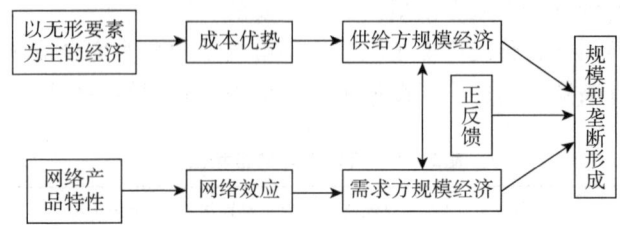

图2-7 规模型垄断的形成机理

其次,网络媒体垄断是产权保护和标准竞争下形成的技术型垄断。网络经济时代技术进步和创新是企业生存和发展的最重要因素,而且技术的更新换代越来越快,拥有领先的核心专利技术的企业具有知识、技术市场势力,在一段时间内占据绝对的支配地位,由此产生技术型的垄断,这种垄断往往随着技术与创新的进一步更新而发生改变。其形成机制如图2-8所示。

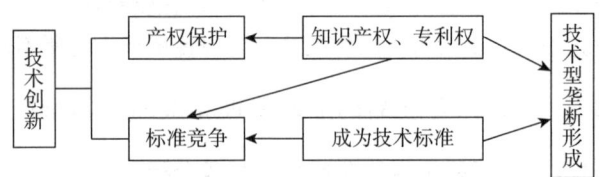

图2-8 技术型垄断的形成机理

从形成机理中我们看到,技术创新带来产权保护与标准竞争,企业要获得市场垄断地位,必须掌握制定游戏规则的主动权,技术控制权就意味着市场势力的获得权。

2.4.1.2 网络时代媒体产业垄断的新特征

上文阐释的网络经济条件下垄断的形成原因和形成过程实际上已经隐含了网络时代媒体产业垄断的独特性质。

一是在网络媒体发展中,垄断是必然的,网络媒体具有天然的扩展性。

一方面,网络经济下,理性的厂商必然是不断扩大生产规模和

---

① 李太勇.网络效应与进入壁垒:以微软反垄断诉讼案为例 [J].财经研究,2000,(8).

市场份额才能实现规模经济。另一方面，网络经济中的临界容量和正反馈、锁定机制会进一步加剧各厂商初始的优势或劣势，产生马太效应，厂商必然会做出不断扩张的选择。

二是在媒体融合发展中，垄断是不稳定和暂时的。

网络经济下的技术更新与新产品的开发周期越来越短，技术型垄断成为阶段性的、暂时性的，新兴企业迅速崛起，但同时优势地位也稍纵即逝。媒体产业融合发展中，无论是企业的生命周期还是产业的生命周期都变得更为快速，一旦新技术或新技术标准出现，现有垄断就自然会被新的技术垄断所代替。

三是在媒体融合发展中，垄断具有合理性，且是有效率的。

与传统经济下的垄断会造成市场失灵、缺乏效率不同，对于依靠自身优势和强学习效应在竞争中形成的垄断，并不会造成市场失灵，相反受产权保护的技术型垄断对市场具有激励作用，是合理、必需的，产权激励的创新活动符合帕累托最优，垄断反而是具有经济效率的。

2.4.2 媒体产业融合发展中的竞争新特征

与产业市场垄断相对应的，我们同样可以深刻地感受到，网络时代的竞争异常激烈甚至残酷，在垄断的同时，媒体产业市场竞争的程度与速度也是空前的，并体现出新的特征。

2.4.2.1 "赢者近乎通吃"是网络媒体企业竞争的重要动力

如前所述，"赢者近乎通吃"是网络经济中存在的普遍现象。现实中，像腾讯、阿里巴巴、百度等"赢家"在即时通信领域、电子商务领域、国内搜索引擎领域控制了几乎整个的市场，得到了巨大的收益，"赢家近乎通吃"成为参与竞争的网络媒体企业最强大的驱动力，要确保持有领先于对手的竞争优势，必须占领尽可能多的市场份额，保有足够多的用户规模，锁定现有用户，实施降低用户转移率的基本策略，设置市场进入壁垒。

2.4.2.2 技术标准的竞争是网络媒体企业竞争的核心

技术创新与技术进步是产业发展中的核心因素，争夺技术标准的话语权也成为网络媒体企业竞争的核心，为了争夺市场份额，通过规定技术创新的路径来影响与控制技术的未来发展方向，从而确保自己在激烈的市场竞争中能够具备持续的竞争优势，技术标准竞

争成为企业竞争的核心方式。

2.4.2.3 协作型竞争成为市场竞争的新形态

因为间接网络外部效应,媒体产业中基础产品与辅助产品具有互补性,基础产品厂商的竞争优势与互补产品厂商的市场潜力互为因果,基础产品的*市场规模和竞争力强弱取决于互补产品的种类与质量*,反之亦然。因此,两者协作开发系统产品,才能实现"双赢",结成联盟发挥协同效应是其合理的选择。基于此,联盟和兼容是网络企业获得竞争优势的重要途径,协作型竞争成为网络时代媒体产业竞争的重要形态。

2.4.3 媒体产业新的市场结构形态——竞争性垄断

传统经济中垄断和竞争通常是相互对立、此消彼长的关系,竞争活力和规模经济往往不能兼得,网络经济时代尽管垄断和竞争之间仍然存在相克和互斥的一面,但更多地表现为一种相伴相容、相互强化的关系。网络经济条件下的*市场竞争具有神奇的内在驱动力*:竞争中自然形成垄断势力,同时又在竞争中瓦解垄断势力。残酷的竞争使企业争夺垄断地位的竞争尤为激烈;科技的日新月异和市场的瞬息万变使市场竞争中垄断地位充满变数,是动态变化的,当下的垄断者随时面临来自技术进步与创新的压力,只有不间断地超越自己进行技术创新升级,才能战胜竞争对手维持现有的垄断地位。因此,网络时代媒体产业的垄断不仅没有降低经济效率,反而可能比完全竞争市场更有效率。这种新的市场形态克服了传统经济中垄断市场结构缺乏竞争的缺陷,一方面垄断可以激发市场竞争的活力,另一方面又避免了完全竞争市场中因过度竞争而带来的市场损失。

显然,网络经济下这种竞争越充分,垄断的程度就越高;垄断的程度越高,竞争就越激烈的垄断与竞争双双被强化的新型关系,传统四大市场结构基本形态的划分已经无法准确进行描述。学者李怀和高良谋(2001)在《新经济的冲击与竞争性垄断市场结构的出现》一文中提出了四大市场结构形态以外的第五种市场结构类型,即竞争性垄断市场结构,[①] 与呈现新特征的市场结构的特质更

---

① 李怀,高良谋.新经济的冲击与竞争性垄断市场结构的出现——观察微软案例的一个理论框架 [J].经济研究,2001,(10).

为相符。

所谓竞争性垄断市场结构，即把垄断视作渗透到市场竞争中的一种机制，随着激烈的竞争，垄断产生，同时在垄断中，竞争不断强化，新一轮更激烈的竞争开始，于是在竞争——垄断——竞争——再垄断……的不断循环反复中，垄断和竞争进入新的高度与新的层次，竞争和垄断相互包容、相互促进、共同发展。

对媒体产业而言，这种"竞争性垄断"的市场结构决定了其产业发展的方向，影响着产业组织扩张的轨迹乃至资本运作的战略，是决定产业运行的非常重要的网络经济学内在机制。

本章小结 在网络经济条件下，新的媒体产业呈现显著的双边市场与平台经济效应，在新数字技术推动下其运行规律与生产组织方式发生了根本的改变，网络媒体具有生产过程中的成本递减和收益递增、极强的网络互补与网络外部性、消费者的高转移成本和锁定、临界容量和正反馈等运行规律。由此，媒体产业生产组织的模式、组织管理乃至组织扩张的模式都相应地发生了新的变化。向平台化发展是趋势，同时也是一个漫长的演变过程，媒体产业处于结构性的产业融合进程中，几个相关产业之间裂变融合的过程，更是重新结构化的过程，相关产业间的边界在消融，竞争正从产业内部发展到几个产业的多个产业环节的交叉竞争，产业结构正发生着急剧的变化。其市场结构则呈现与传统经济规律下的市场结构不同的竞争性垄断的特征：是供给方和需求方双重规模经济作用下形成的规模型垄断，是产权保护和标准竞争下形成的技术型垄断，同时又是基于自身优势和强学习效应的内生型垄断。因此，在媒体产业融合发展中，垄断是必然的，媒体产业具有天然的扩展性，同时垄断也是不稳定的和暂时的，垄断具有合理性，甚至是有效率的。"赢者通吃"是网络时代媒体企业竞争的重要动力，市场份额成为决定网络媒体企业竞争胜负的关键，协作型竞争成为市场竞争的新形态，而且垄断和竞争更多地表现为相伴相容、相互强化的关系。这一切正在发生并将进一步深化，推动这些变化与发展的因素很多，而资本是其中重要的条件，本书将在下章开始详细论述。

3
融合中的媒体产业资本运营特征、创新趋势及其启示

3.1 在融合中走向充分市场化

3.1.1 我国传统媒体产业资本运营非充分市场化的体制困境

3.1.1.1 传统媒体资本运营历程的简要回顾

我国传媒产业真正意义上的资本运营之路已走了二十多年，这二十多年来，伴随着传媒产业的发展壮大、中国文化体制改革不断推进，资本市场的改革也在不断深化。虽然，目前按营收能力计算，中国规模最大的互联网与文化传媒企业多数在境外上市，主要集中在美国和中国香港，但国内传媒资本市场也已具备一定的规模，截至2018年8月30日，中国传媒产业资本市场已形成由99家上市企业组成的重要板块，其中上交所挂牌36家，深交所63家。业务涉及传统的报纸出版、广电、有线运营、广告、影视，同时也涉及网络、动漫等新媒体领域。数据显示，2016年底，中国传媒资本市场市值前五十名上市公司的总市值达到了12578.43亿元，平均市值达251.57亿元，[①]是券商投行重点关注的领域。

融资方面，自1994年初，上海广电局下属的东方明珠股份有限公司上市，拉开中国传媒进入资本市场的序幕；1997年，中视传媒在沪市挂牌，成为国内影视传媒第一股；2000年，成都商报

---

① 数据来源：综合东方财富网、证券之星网站数据，www.eastmoney.com，www.stockstar.com。

旗下博瑞投资借壳四川电器上市，被称为内地报业 A 股上市第一股；2004 年，北青传媒在香港 H 股挂牌上市，成为中国报业香港上市第一股；2007 年，新华文轩、凤凰出版等新闻出版传媒公司上市……2009 年，华谊兄弟在内地创业板上市，成为娱乐第一股；2012 年，人民网在上交所成功上市，是第一家在内地 A 股整体上市的新闻网站。与此同时，网络新媒体在境外上市的步伐一直没有停歇。关于网络媒体的资本运营是后文研究的重点，此处仅针对传统媒体产业的资本运营进行讨论。

投资并购重组方面，随着国家 2000 年以来相关产业政策的逐步出台，传媒并购也因此日趋活跃。先是框架传媒对朗媒传播、信诚四海等九家电梯平面媒体进行并购整合，成为占有全国主要城市 90% 以上资源的国内最大的电梯平面媒体，然后是 2005 年分众斥资超过 1 亿美元收购了框架传媒；2009 年，华视传媒以 1.6 亿美元价格收购数码媒体集团 DMG；华谊兄弟并购中乾隆德成为国内娱乐公司最大并购案；2010 年，香港上市公司现代传播收购了《i weekly》……传媒产业并购事件可谓层出不穷。

而其他方式的资本运营，合作合资经营是比较常用的方式。早在 20 世纪 90 年代，《三联生活周刊》就通过转让广告经营权、发行权获取投资，之后南方日报集团、上海文广新闻传媒集团、辽宁出版传媒、《证券时报》、羊城晚报集团等都曾与媒体或非媒体公司通过合作合资经营来吸收社会资金。

从中国传统媒体产业资本运营历程的简要梳理中我们可以看到，传统媒体的资本运营大致经历了以下三个比较大的阶段。

试水阶段。从 20 世纪八九十年代到文化体制改革之前，随着传媒领域市场化的发端、中国资本市场的兴起，传统媒体产业开始资本运营的初步尝试，特别是国有传媒企业通过市场手段自发地掀起了两次多元化产业投资浪潮。特别是 1994—1998 年，这是中国传媒企业上市的试水阶段，伴随着传媒的市场化过程，中国传统媒体开始进入资本市场。

改革阶段。从 2003 年开始进行文化体制改革试点到 2008 年间，资本运作成为传媒集团新一轮扩张的主要形式，涌现了一大批传媒上市公司，传媒集团力图通过资本运作做大做强。随着全球科技网络股的兴旺及国内文化体制改革的推进，报业与广电的采编与

融合与资本创新

经营业务"两分开"模式逐渐被推广,经营性业务被剥离出来,塑造市场主体,单独上市。此阶段,借壳模式成为传媒企业上市的重要策略。在此过程中,传统媒体资本运营遭遇的种种产权困境与问题也不断凸显。

深化推进阶段。2008年文化产业振兴规划出台至今,传媒产业的资本运营进入更加成熟与深化的阶段。"上市热"伴随着新一轮文化体制改革的全面推进与深化,IPO上市渐成主流,借壳模式不断创新,且融资额大幅增加,出版发行企业在整体转制、上市方面呈现良好态势,资本市场上的"传媒股板块"渐成规模,获得投资者的追捧与关注。

可以说,传统传媒产业的资本运营行为一直是与国家传媒产业政策走向紧密相关的,体制框架下,传统媒体产业的资本运营之路也是中国传媒产业逐步走向市场化的缩影。几个重要的政策节点直接推动了传媒产业体制改革的进程,成为推动传统媒体产业资本运营的重要驱动力。

其中2002年中国证监会颁布的《上市公司行业分类指引》,第一次在统计上将"传播与文化产业"纳入中国上市公司的13个基本产业门类中,尽管此时传媒上市公司的体量还很小,对整个宏观经济的贡献甚微,但至少在统计上改变了忽略不计的地位,是重大的突破。

2003年至2010年,为加快传媒体制改革进程,充分利用资本市场做大做强传媒产业,国家陆续颁发了包括《文化体制改革试点中支持文化产业发展规定》在内的一系列推动性文件。随后,2012年文化部出台文件支持民营文化企业通过并购重组、上市等方式融资,直接推动了传统传媒产业的改革进程与整个传媒产业的大发展。

2013年十八大召开,新闻出版与广电进行了机构职能整合,大部制改革大大释放了原有的条块分割带来的约束,也成为跨行业、跨媒体重组的重要驱动力。

2014年以来,政府对文化产业支持力度继续加大,中央全面深化改革领导小组先后审议通过了包括《深化文化体制改革实施方案》《关于推动传统媒体和新兴媒体融合发展的指导意见》等在内的方案,将媒体融合与中国社会转型要求相结合,正式成为国家战略。未来几年，传媒业发展动力将面临深层的调整与转换，在源自顶层规划的力量与市场化力量的共同驱动下，我国传统媒体与新兴媒体融合的探索与实践正在不断推进与深化。

3.1.1.2 我国传统媒体产业资本运营的非市场化困境

尽管经过了二十多年的实践与摸索，传统媒体资本市场不断发展与壮大，并在新一轮的以推动传统媒体与新兴媒体融合发展的国家战略的红利下继续前行。但从目前的状况来看，横亘在传统媒体产业面前的体制机制问题、风险问题等一些根本性问题是很难解决与逾越的。

首先是传媒产业本身的特殊性。

这是摆在全世界面前的产业难题：传媒企业的主要资产通常是以无形资产的形式表现出来的，无形资产的价值评估极具难度与复杂性。传媒生产的是内容与精神产品，无法进行标准化的价值估算，也很难用传统意义上的会计方式进行成本估算。传媒企业最重要、最典型的无形资产——素材创意、版权、明星品牌等，均带有非物质化的特征，甚至在非传媒企业属于有形资产概念的库存，在传媒企业也更偏向于无形资产，比如有版权的手稿、影视内容，其生命周期远远超过其他行业的物质产品，可以源源不断地产生价值，由此其价值变化更加充满了流动性与不确定性。

库存、版权的估值困难直接影响传媒企业在资本市场上的价值，其估值的偏差往往会带来收购溢价，存在较高的风险。因此，传媒产业在资本市场上的运作需要更强的市场预见性、更深刻的专业知识和更复杂的价值换算能力，甚至更好的运气。即使是在传媒产业发展成熟的美国，传媒并购中的超高溢价及其带来的资金风险也不是个案。

而我国传媒产业发展尚属于初级阶段，资本运营的经验与能力也远远不能与欧美传媒巨头相比，加上资本市场的不完善，参与评估的各方的不规范，带来更高的风险与不确定性。同时，除了会导致直接融资、上市、并购等过程中遭遇问题，无形资产评估的困难也一直以来是传媒产业间接融资不足的重要原因之一，传统体系下的金融机构不愿承担无实物抵押借贷的高风险。

其次是中国传媒体制的限制。

尽管近年来，我国传统媒体在资本市场上进行运作的活动越来

越频繁，但整个传媒产业的市场化程度与多元化发展水平，与世界发达国家和地区比仍有很大的差距，这与我国传统媒体产业的体制硬伤密切相关。

体制的限制主要体现在以下方面。

● 资本市场融资受限。国家政策对传媒产业产权的严格控制造成传媒企业上市或上市后再融资的难度很大，尤其是报刊与广电企业的采编业务不能上市，拆分上市必然会造成拟上市公司经营性业务与控股集团间千丝万缕的联系，因存在大量关联交易而达不到证监会上市审核的要求。证监会作为证券市场的监管者，对传媒企业的上市审核与其他企业一样，要求资产完整、人员与财务独立、机构与业务独立，在"两分开"的上市模式下，报业与广电只允许经营性资产上市，人为地割裂了报业、广电业的产业链，往往在"业务流程完整"上无法达标，难以通过证监会的上市审核。即使是通过技术手段上市成功，在上市后的经营运作中仍然会在资产完整性、业务完整性上出问题，同业竞争难以规避，关联交易居高不下，上市后的增股扩容、再融资会很困难，特别是报业一般很难达到证监会要求的关联交易比例不超过30%的标准。

同时，由于政策的限制，一直以来传媒业的业外资本注入也是非常困难的。尽管近年来对民营与外资的进入有新的规定，但涉及的范围很窄，最根本性的产权管控问题解决不了，那么对资源的使用、转让、收益也就无从谈起，真正意义上市场化的资本运作很难完成。也正因如此，加上传媒政策的敏感性与不确定性，像西方传媒产业的成熟资本市场上的股权交易、资本运作几乎不可行。

● 上市后经营受限。从传统媒体的整体情况来看，近年来图书出版加快了转企改制和上市融资的步伐，先后有新华传媒等一大批出版发行企业上市，但报业与广电业的企业法人治理结构不健全，围绕产权问题的制度建设明显滞后。特别是上述的关联交易问题，采编很难与广告经营性业务拆分的问题，加上现代企业制度缺位、运行不良，缺乏股权激励，传统传媒上市公司普遍赢利能力不强，业绩表现不尽如人意，甚至达不到监管部门对上市公司的经营要求。

● 跨地区跨领域发展受限。一般而言，海外大的传媒集团基本都是通过在资本市场上并购等形式快速发展壮大起来的，而且基本上是横跨多个领域甚至全媒体的全球化公司,除了本身主营的优势业务,几乎涵盖了传媒类的所有业务范围。而在我国,传媒行业尤其是报刊与广电媒体受国家管控非常严格,相对独立,壁垒森严,仍旧是分级行政化的管理,区域分割严重。尽管各省市都纷纷组建了广电集团、报业集团,但很多集团并未实现资源的有效配置,集而不团,许多国有传媒集团的资本运营实质上是政府干预的结果,而非充分市场化的产业行为。特别是早期的集团组建,更是如此。

一直以来跨地区、跨媒体经营的限制没有解除,行业壁垒给传统媒体的资本运作带来很大的障碍,同质化、规模小且封闭,无法发挥媒介经济的规模经济与范围经济效应,很难达到上市要求,即使上市后也很难通过资本市场实现跨媒体收购与兼并重组等资本运作。

同时,中国资本市场本身的不健全与不健康也影响了传媒上市公司的经营与发展。这包括上市企业、股价与实际经营的偏差;股权人与投资者目标不一致,企业上市的动机不纯,以国有为主的传媒企业有着强烈的公募股本融资偏好,仅考虑上市融资,不考虑融资的成本及风险,把融资当作资本运营的最高目标;境内 A 股证券市场尚不够成熟,融资规模受限,上市条件苛刻;上市公司关联交易、大股东占股严重等种种复杂的问题。

近年来,国家推动传媒文化产业发展,中国资本市场本身也在加快改革的步伐,传媒政策虽有松绑,但根本性的制度问题很难解决,归根结底是因为传统媒体产业受政策束缚太多,始终不能实现充分的市场化。

3.1.2　新兴媒体产业资本运营的天然优势

与非充分市场化的传统媒体产业举步维艰形成鲜明对比的是,以网络媒体为代表的新兴产业在资本市场上如鱼得水、游刃有余,网络新兴媒体产业在资本运营上有其天然的优势。

3.1.2.1　新经济条件带来互联网产业领域的规制重构与放松规制

世界范围内,各国对网络产业的规制相对放松,特别是随着经济时代的变迁及经济理论的发展,顺应网络经济呈现的新特征与新型竞争关系,西方国家对包括反垄断在内的规制机制进行了重构。

无论是规制的指标体系、价值取向，还是规制的目标、内容，在网络经济时代都发生了变化。

传统经济条件下，价格、超额利润、掠夺式定价等是政府衡量一个市场垄断程度与效率的重要指标。但在网络经济条件下，这些指标却变得不适用了。首先是价格，网络经济中，生产的成本结构呈现不同于传统经济的特征，前期的生产投入往往较大，固定成本很高，但后阶段的复制成本很低，边际成本趋于零可以忽略不计，因此网络数字产品的价格看上去似乎与边际成本有偏离，这实质上是厂商为收回前期投入的高额固定成本而做的价格补偿；而且高价格也不一定意味着消费者剩余被侵食，有时它是消费者对新技术产品消费意愿的真实反映；网络产业中盛行的免费和渗透定价的低定价策略也不能简单地与低垄断势力画等号；有超额利润的存在同样不意味着必然就是市场垄断，即使是小规模的网络企业，因为处于持续创新的动态竞争环境下，学习效应、技术创新也可以使其获得超额利润。

正因为在互联网相关产业领域这种新型竞争与动态垄断，基于传统产业组织理论的政府产业规制面临着理论上的困惑，学术界开始重新思考传统规制理论。芝加哥学派对原有的以梅森、贝恩为代表的哈佛学派产业组织理论进行了修正，认为在网络经济中，垄断只是暂时的，通过市场的自我调节，垄断结构能够实现竞争市场的经济绩效，而对大企业采取分割政策，是破坏了效率增长的源泉。[①]

基于此，顺应网络经济时代的现实及其经济运行规律的变化，传统规制发生转向：政府的垄断规制转为效率优先，反垄断法的目标不再是实现完全竞争，而是实现经济效率目标，经济效率而非垄断成为判断市场结构或企业行为的合法性的依据。[②] 从 20 世纪 70 年代开始，"放松规制"与"规制重构"便成为西方政府规制改革的两大趋势。20 世纪 90 年代计算机与互联网技术的快速发展进一步强化了这两大趋势，对互联网产业的规制重点已不是市场结构，而是市场行为，尤其是那些给经济效率带来损失的市场行为。

---

① 夏大慰. 面对新经济时代的产业经济研究 [C]. 上海：上海财经大学出版社，2001.
② 张小强. 网络经济的反垄断规制 [M]. 北京：法律出版社，2007：72 – 73.

从传播内容的角度来看，互联网自产生之日起，自由开放、共享互惠便是其基本的特征，因此在内容的管控上、意识形态的控制上也是相对宽松的，互联网一向被视作中性的。因此，在中国的既有体制下，网络媒体资本运营有着传统媒体无法比拟的天然优势，甚至可以说，中国网络媒体产业发展实际上就是从资本市场起步的。与传统媒体对社会资本、境外资本的封闭不同，中国网络媒体产业一直是开放的，民间资本与境外资本早以润物细无声的方式悄然进入了中国网络媒体领域，早在中国网络媒体产业发展之初，世界传媒大鳄们如时代华纳、迪士尼、路透社等均以不同形式通过新媒体技术概念的渠道介入中国的传媒市场；香港 Tom. com 当时收购了许多内地的新兴网络传媒公司，如美亚在线、风驰广告、《亚洲周刊》及 163.net 等；许多专业媒体，如《计算机世界》《IT 经理世界》《财富中国》等都有海外媒体公司背景。中国网络媒体产业早期的跑马圈地、资源扩张基本上是借助于市场化的资本运作完成的，在中国网络媒体产业发展过程中基本没有太多来自政府层面的规制束缚，资本在整个网络媒体产业领域发挥着极为重要的作用。

3.1.2.2 新兴网络媒体资本运营的充分市场化

资本是逐利的，新兴网络媒体产业如雨后春笋般快速成长，随着规模用户的增长而呈现的收入价值平方式增长，平均成本迅速下降，网络经济独特的规模报酬递增性具有无穷的价值增值潜力。特别是 Web2.0 时代，网络的共享互动形成的黏稠度带来更大的用户价值，不断涌现的网络应用模式进一步为网络媒体的黏稠价值的形成提供动力，中国基数巨大的网络用户的潜在商业价值必然受到逐利性资本的追捧，被国际风险投资机构与其他大的投资机构所青睐。

1999 年 7 月，中华网在美国纳斯达克上市，成为在此上市的第一个中国概念网络公司股，以此为标志，纳斯达克成为中国网络媒体产业发展的晴雨表。从 2000 年开始，新浪、网易、搜狐、百度、携程、盛大、分众传媒、航美传媒、华视传媒等网络公司先后上市。风险资本的巨额投入使网络公司的股票不断上涨，股市的财富效应带动了一轮又一轮风险投资的热潮，尽管其间曾经历了两年的"互联网泡沫"破裂的低谷，中国网络公司遭受重创，大量网站倒

闭，重新洗牌，但随后很快进入理性增长的阶段，从低迷中走出。新浪、搜狐、网易、百度、携程、盛大等公司成为各阶段新媒介资本运营的典型代表，为未来发展融合了足够的资本，纳斯达克上市之路也成为中国网络媒体产业发展的缩影。如今在国内具潜力或技术优势的网络媒体企业，基本上都相继获得了国内外风险投资、在境外上市，并在资本市场上收购兼并，不断攻城略地。

最近几年，在完成了早期跑马圈地的快速发展后，随着网络媒体进入新的发展阶段，资本运营的步伐更快、规模更大、力度更强。我们可以深切地感受到，2011年至今，发生在互联网、移动互联网领域乃至传统内容领域的资本运作频度、广度、深度，前所未有，已积蓄了足够体量、占领了巨大市场的平台型网络媒体公司早已不是当年急需资金注入的初创型企业，俨然成为资本市场最为积极与活跃的参与者，甚至是操纵者。巨大的产业资本为新的产业融合发展注入血液与活力，资本的触角深入触及几乎所有的相关领域，资本运营战略成为打造融合媒体产业新格局的最重要路径与方式。2014年阿里巴巴公司在美国纽交所成功上市，此后在国际资本市场上受到热捧，再一次证明了新兴网络媒体产业发展中充分的市场化运作，尤其是真正意义上市场化的资本运营的巨大力量。

3.2 媒体产业融合与资本市场紧密相连

3.2.1 传统媒体产业资本运营

媒体的资本运营包括投融资，投资融资是互为关联对应的，通常同时进行，并非泾渭分明。其中，融资主要包括内源融资和外源融资两大方面，内源融资主要是指使用经营利润与存量资金；外源融资指通过资本市场，以直接融资与间接融资方式进行。间接融资是资金的供给方与需求方通过金融信用中介来进行资金的有效配置，主要方式是银行贷款；直接融资是资金的供给方与需求方在资本市场上直接筹资，主要方式是上市、发行股票和债券等。发行债券与银行贷款同属债权融资方式。通过股权方式进行融资，则包括资本的兼并、重组、参股、控股、交易、转让、租赁等形式。如图3-1所示。

3 融合中的媒体产业资本运营特征、创新趋势及其启示

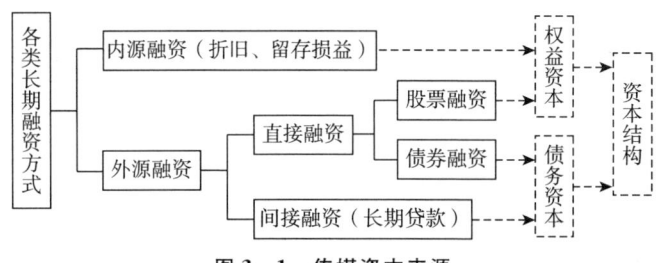

图 3–1 传媒资本来源

而对于传媒资本运营,我们更为关注资本市场上的运作,无论投资还是融资,在资本市场的运作方式具体分析如下。

● 资本市场上筹集资金。随着国家对传媒产业管制的放松与资本市场的逐步完善,越来越多的传统传媒企业选择上市融资。一般来说,上市融资原不是企业的第一选择,但由于中国资本市场多年来的特殊国情,比如上市融资不涉及所有权的转移,传媒企业50%以上的股票为不流通的国家股与法人股;上市融资基本上属于不用还本付息的融资方式,甚至几乎没有退市风险,融资成本极低;之前的中国 A 股市场基本上是供不应求,股票通常会溢价发行。基于此,传统媒体企业通常有很强的上市偏好。

一般来说,传统媒体企业有以下几种 IPO 模式。子公司直接上市,即母公司剥离出来部分优质资产,注册成立具有独立法人的股份制子公司,然后申请上市。买壳或借壳上市,由于我国 A 股上市条件较为严格,加上复杂的审批制度,很多企业采取了买壳或借壳的变通方式。所谓买壳上市即是"逆向收购",指非上市公司通过购买上市公司的"壳资源"(一般是购买一定比例股权),获取上市资格后,将自己的业务与优质资产注入壳公司,这种方式实质上就是迂回的间接上市,但前提是,壳公司已经营不善,难以为继,收购人成功购入了壳公司的控股权;所谓借壳上市即通过收购、资产置换等方式取得已上市公司的控股权,然后以上市公司增发股票等方式进行再融资,从而使母公司的资产得以上市。通常壳公司会在"洗壳"后更名。无论买壳还是借壳,都是对上市公司壳资源进行重新配置的行为,目的就是间接上市,要么通过现金收购,要么通过资产置换或股权置换,实现壳的清理和重组合并。还有一种分拆上市的模式,即未上市母公司将优质资产注入子公司,然后申请

子公司上市。

尽管近年来，中国资本市场改革步伐加大，规模扩容，越来越趋于市场化，包括创业板、新三板等多层次资本市场日趋完善，但毕竟离西方成熟市场有很大的距离，上述的IPO模式仍是当前传统媒体融资的主要路径选择。

• 企业并购。即兼并与收购。兼并一般包括横向、纵向、混合兼并三种类型，通过产权的有偿转让，将其他公司并入自身企业中，被兼并后的企业便失去了法人资格。而收购则是通过产权交易取得其他公司一定比例的控制权，对其他企业的控制权取决于控股比例。

• 股权的资本运营与股权增值。企业通常以参股的方式将自身处于劣势的项目拆分，通过控股（纯粹控股或混合控股）的方式将优势项目集中。企业利用资产剥离的运作将那些无效或低效的资产、非经营性闲置资产从公司资产中分离出来，只选择适合资产经营的高效资本。提取不善于经营的资本，可以大大提高公司资本运作的效率，取得现金或有价证券的回报。

• 企业的债权债务重组。企业可以通过债权与债务的重组将显著改变企业组织形式、经营范围或经营方式的计划实施行为（包括股份分拆、合并，资本缩减/部分偿还）以及名称进行变更。如果企业经营过程中现金流量不足，无法如期支付到期债务，便陷入了财务困境，这对企业而言是致命的，一旦无法扭转，企业往往只有两个选择：清偿或重组。尽管两者都是通过破产来实现的，但清偿意味着有序经营的终止，而重组却意味着维持有序经营，有质的差别。

• 风险投资。社会闲散资金被集中到专业机构，由专门的风险投资专业人员管理，投资家寻找潜在的有可能成功的项目，一般为10个左右的项目群，投资后介入该企业的经营管理、提供专业咨询、参与重大问题的决策，投资成功后出售股份，推出企业，再寻找下一个目标群。即由专业机构或职业投资者投入处于快速发展中的新兴产业领域的、高风险但也高潜在收益的、具有巨大市场竞争潜力的企业的一种权益资本。

正因为风险投资往往青睐具高潜在收益的成长性企业与产业领域，因此传统媒体较少能够吸引到风险投资。但近年来随着传统媒体的数字化转型，传统媒体与新兴媒体的融合步伐加速，融合媒体领域开始吸引风险投资的介入。

3.2.2 新兴媒体产业资本运营的方式与模式突破

3.2.2.1 中国网络新媒体资本运营从纳斯达克之路启程

阻碍传统媒体资本运营的非市场化因素、体制因素、政策限制等，在网络媒体产业领域相对较少。相较于传统媒体而言，网络媒体无论是其媒体业务，还是对社会资本与国际资本的开放程度均更高。自1994年中国全功能接入互联网，由此兴起的网络经济一开始就与国际资本市场紧密相连，在公司治理结构和运行机制上其本身就是高度市场化的。

中国网络媒体之所以一开始就与国际资本市场结缘，这是历史机缘。在网络媒体崛起的2000年之前，国内上市难于上青天，当时尚处于产业初创期的网络媒体公司基本无法达到中国证监会所要求的净资产不少于4亿元人民币、连续三年保持赢利等严苛的上市标准。[①] 而美国纳斯达克主要是针对新兴高科技企业特别是互联网企业的，它的上市门槛远远低于美国证券交易所和纽约证券交易所，于是，到美国纳斯达克上市融资成为中国网络媒体企业的唯一选择。前期通过风险投资迅速发展壮大，在境外资本市场成功上市几乎是早期中国网络媒体公司发展的标准路径。

1999年7月中华网成为在美纳斯达克第一个上市的中国概念网络公司股。以此为标志，从此，中国网络媒体产业发展有了一个股市晴雨表，同时中国互联网投资热潮也掀起。从2000年开始，先后在纳斯达克上市的中国网络公司有新浪、搜狐、网易、分众传媒、航美传媒、华视传媒、百度、携程、e龙、前程无忧、盛大等，风险资本等巨额投入使网络媒体的股票不断上涨，带动了一轮又一轮的风险资金涌入网络领域。尽管在2000—2002年，互联网泡沫破灭，网络公司遭遇了一场大洗牌，全球网络经济陷入低谷，但从2003年起，互联网产业日趋回暖，纳斯达克也开始走出低迷。2005年是中国网络媒体与产业服务结合的起点，无论是门户网站（新浪、网易、搜狐、中华网、TOM在线、金融界）、广告公司（分众传媒）、搜索引擎（百度）、无限增值服务（空中网、灵通、华友世纪），还是网络游戏公司（盛大、第九城市）、电子商务

---

① 余亚仕. 网络股上市但梦想与现实[N]. 北京日报, 2000-8-8.

(携程、e龙、前程无忧),这些在纳斯达克上市的新媒体公司都是资本运营的典范,它们的发展道路也是中国网络媒体产业的缩影。外资因看好中国经济的成长及网络公司的前景,以网络媒体上市公司为代表的中国概念股一度被国际资本追捧,特别是 2007 年后,实力越来越强大的中国网络媒体公司资本运营的业绩斐然、引人瞩目。2014 年阿里巴巴在纽交所成功上市,成为 IPO 历史上最大的一笔交易。部分中概股在 2015 年进一步得到华尔街的认可,百度、携程、阿里巴巴等十几支中概股在 2015 年 11 月中旬被纳入 MSCI 指数,阿里巴巴在 2015 年走出了"深 V"型反转,而携程则在 11 月创下了每股 114.72 美元的多年来新高。

走过产业发展初期,当前的中国网络媒体产业的资本运作更加成为常态,以 BAT(百度、阿里巴巴、腾讯)为代表的互联网巨头,随着近年来的快速扩张,在媒体领域的资本运作达到前所未有的高峰。

在新的发展阶段,网络媒体产业的资本运营不再局限于境外资本市场。当然,国内更大规模的 IPO 和并购市场的强劲复苏得益于国家政策的推动,近年来政府关于文化产业振兴规划、媒体融合发展计划等的出台,为整体中国传媒业的发展提供了新的契机,已带动了国内传媒业掀起了几轮 IPO 和并购热潮。而中国国内资本市场随着市场化改革的深化,机制不断完善,多层次资本市场逐步建立起来,加之产业政策的利好、传统产业转型升级的趋势等多重因素,开始有更多的网络媒体企业做出在国内 A 股市场上市的新选择。

随着 2014 年底到 2015 年间中国 A 股市场的强劲复苏,一股境外上市网络公司回归 A 股市场的热潮开始呈现,一些回归的网络高科技公司在 A 股二级市场上被爆炒。从 2014 年初至今,完美世界、中国手游、360 等宣布实施私有化退市的中概股总数已超过 30 家,创近年来的新高。正因为"A 股市场创业板、中小盘股等动辄就会出现几十倍上百倍的市盈率,再加上许多外国投资者对中概股公司本身并不熟悉,给予的估值偏低,造成了中概股私有化浪潮的出现"。①

当然,通过风险资本运作在境外上市的公司回归之路并不简

---

① 慕丽洁. 中概股去年总体回报 17%,今年将延续私有化浪潮[N]. 21 世纪经济报道,2016 - 1 - 6.

单,在政策、技术层面会遭遇许多难题,私有化退市再A股上市的过程不会一帆风顺。但至少向我们揭示了一个趋势:网络媒体当年的纳斯达克淘金之路是无奈之举,当网络媒体产业发展到一定阶段、国内的投融资环境不断成熟与完善时,境外融资的道路即将不是唯一的选择了。

3.2.2.2 新兴网络媒体资本运营的新特征与发展趋势

互联网发展到今天,历经Web1.0、Web2.0时代,直至当下的"大智移云"(大数据、智能化、移动互联、云计算)时代,整个网络经济的产业格局与兴起之初相比早已发生了巨大的变化,而网络媒体本身的发展也已进入了新的阶段,与早期资本运营重心在吸引外部资金实现快速跑马圈地不同,新的发展阶段的网络媒体资本运营在技术不断进步、产业融合的背景下,继续呈现新的特征与发展态势。

一是产业内资本以产业投资基金的形式实现高速有效运转。

如上文所述,中国网络新媒体从纳斯达克启航,早期的网络媒体主要是通过吸引海外风险投资基金注入血液,在门槛较低的境外新兴产业资本市场上市融资而逐步发展壮大的,但产业发展到一定阶段,积蓄了足够的体量与实力,产业内资金的盘活与运作便成为资本运营的非常重要的一部分。企业在发展的不同阶段,其投融资的规模会呈现不同的规律性变化,步入成长期之后的企业,经营活动产生的现金流开始高速增长,企业净资产为正,为支撑更快速的发展,会将经营活动产生的现金流与筹资活动产生的现金流一同投入新的投资活动中,因此我们常常会发现,在网络媒体发展的当前阶段,公司并购、重组密集,上市公司投资活动产生的现金流呈现高速的增长,企业纷纷加大投入,不愿放过任何一个有价值的投资机会,投资频繁而常态。

产业资本的有效运转推动着像BAT这样的巨型企业更为高速地发展扩张,同时也为众多产业内初创小型企业注入活力。有实力的企业成立诸如阿里资本、腾讯产业共赢基金这样的产业投资基金,全方位地充分利用产业资本。仅2014年一年国内就新增了51支文化产业投资基金,据部分基金透露,2014年全年募集总资金额高达1196.85亿元,且资金的投向主要集中在移动互联网、云计算、智能终端等新兴领域,投资标的都是新媒体内容生产、消费转

融合与资本创新

型及技术支撑环节等潜力型、成长型的项目。①

二是资本运营与产业融合发展的战略协同。

媒体产业融合发展的方向越来越清晰明朗，产业发展战略需要依托配套的资本运营战略来完成，因此资本运营发挥着越来越重要的战略作用。从当前的现实来看，这种完美的有效协同主要表现在两个领域：通过投资并购实现产业在移动互联网的战略布局以及通过投资并购实现产业的全球化战略。

先分析网络媒体围绕移动互联网入口布局的资本运营战略：移动互联与 PC 相比最大的优势就是引入了真实社交关系与位置关系，移动互联中真实世界和虚拟世界进行了线上线下的顺畅交融，由此催生出各种近景消费的可能。对企业而言，移动互联网的入口意味着连接用户的第一触点，掌握了移动互联网的入口，就可以将内容与服务的产品优势转变为流量优势与用户规模优势，进一步可以将虚拟社会资本或文化资本转化为巨大的商业价值，因此，"得入口者得天下"。网络媒体企业在移动互联网领域展开了激烈的布局竞争，毫无疑问，目前移动应用生态的话语权已被 BAT 等巨头牢牢把控，所积累的入口优势愈发显著，而这正是借助有效的并购、参股投资、VC 等资本手段来完成的。据粗略统计，仅 2014 年一年，移动互联领域，阿里巴巴为收购 UC 优视与高德就付出了 54 亿美元；腾讯虽然有微信在手，但在投资布局上丝毫不放松，积极投资收购四维图新、迈外迪等底层基础服务板块。

再讨论围绕全球化战略的网络媒体的投融资战略：网络媒体产业近年来开始从国内市场转向关注海外市场机会，发挥境外上市公司的优势，充分利用国际化的基础，开始对市场、核心技术和产业链进行全球布局，通过投资并购实现全球化战略。同样是 2014 年，阿里巴巴投资了美国移动安全支付公司 V-Key（B 轮融资）、美国拼车公司 Lyft（D 轮融资），战略投资了新加坡邮政等；腾讯 13 起国外投资涉及金额近 13 亿美元，其中 8 起是与游戏相关的投资；而百度 2014 年在国际市场上全面开花，包括亚洲、欧洲、北美洲，李彦宏在随习近平主席出访巴西期间，收购了巴西电子商务公司

---

① 郭全中. 2014 年传媒业市场并购报告. 2014 年中国传媒产业发展报告 [M]. 北京：社会科学文献出版社，2014：136.

Peixe Urbano，至此，百度在南美洲也布下了局，成为国际扩张中跨度最大的一家公司。

三是跨界并购成为资本运营最主要的方式。

从网络媒体近年来投融资的资本趋向来看，基本发生在更为深度的跨界融合领域，特别是战略性布局移动互联网入口领域的资本运作是爆发式的，目前移动互联网正在大规模推进移动企业级应用，云和端的整合成为基本方向，以O2O模式为主连接线上线下的移动互联应用的发展实际在预示着，网络与传统产业的融合跨界模式将越来越多。由此，针对它的投资趋向必然会更加显著。对移动互联网的投资将不再局限于线上支付、线下运营这样的简单模式，也不再停滞于对移动应用的单一投资，投资者将更多地在传统产业与移动互联网的产业融合中寻求投资价值与投资机会，在产业跨界融合中实现双赢。因此，并购常常发生在产业跨界领域。

另一层面，随着传统传媒企业成为网络机构投资人的投资标的，传统产业资本也开始大量进入新兴产业领域。与早年网络媒体产业起步阶段时不同，早期机构投资者主要为风险投资机构、境外产业资本，近年来围绕网络媒体产业的投融资开始出现这样的趋势。一方面，传统媒体产业越来越意识到转型的压力，实力雄厚的传统媒体集团开始涉足新兴媒体产业，通过合作甚至并购尝试转型，传统产业资本越来越多地进入网络媒体产业。另一方面，与早期主要投资创新型公司不同，网络媒体产业也越来越多地收购、投资传统传媒企业，新旧媒体企业合作融合成为当前产业资本运营的一股重要潮流与趋势；继而一些大量来自制造业、农林牧渔传统或周期性行业的公司，也纷纷通过投资并购涉足网络媒体、移动互联等新兴行业。跨界并购成为整个媒体产业资本市场中最突出的特征与趋势之一。

四是有着更为成熟与专业化的资本运营方式创新。

新兴网络媒体相较于传统媒体，在资本运营的方式、手段上更为娴熟与专业化，最大化地发挥了产业资本运营的潜力，实现了资本的高效配置，近年来在资本市场上的种种市场化运作令人耳目一新。除了在资本及产权流动的运作中继续娴熟地运用兼并、重组、合作等专业化的资本经营基本方式外，还不断进行着方式上的创新，如尝试信贷融资创新、无形资本运营创新等，而引入战略投资

者进行阶段性股权融资的方式被广泛运用，效果良好，具体表现在以下两个方面。

一个方面是孵化型投资与财务型投资推动 VC 资本运营方式发展。种子天使投资与 A 轮融资在新成立的网络媒体中占最大的比重，近年来发展迅猛的天使基金为小型网络创业媒体带来了资金与活力，成为推动网络媒体发展的一支重要力量。2014 年中国股权资本市场上，中国机构天使投资共发生 766 起，涉及金额 5.27 亿美元，TMT 产业是天使追逐的热点，其中网络媒体占了七成。[①] 而占领市场领导地位的巨型企业对有发展空间与价值的小型企业通常采用财务型入股而非大规模并购，以孵化型投资的方式进行内生培育。上述的天使投资与孵化型投资都属于 VC（Venture Capital）方式，它与战略型投资不同，投资方一般不参与公司的内部运作与管理，这是非常适合瞬息万变的高风险的全新业务领域的投资模式。当创新企业的盈利模式还不清晰，市场方向还不明朗的情况下，该模式起到促进企业成长与科技成果转化的作用。VC 方式下成熟的融资、投资与退出过程，同时也为中小型开发者的产权流动提供了高效而低成本的转换机制，灵活多样的并购方法更好地促进其资产优化组合，使其具备较充分的流动性和投资价值。

另一个方面是战略型投资催生"上市公司 + PE"资本运营新方式。针对已经形成一定规模，产生了稳定现金流的非上市网络媒体目标企业，往往通过私募股权（PE，Private Equity）的方式来进行权益性投资，与上述的 VC 不同，PE 模式更加专注于企业的控制权，即所谓战略型投资。由此催生了"上市公司 + PE"资本运营新方式，即有实力的上市公司（可能是产业内也可能是产业外的企业）与专业 PE 公司合作成立并购基金，专注于目标企业的股权收购，在获得目标企业的控制权后对其进行一定的重组改造，持有一段时间后出售。这种从硅谷首创传入国内的资本运营新模式近年来已成为中国媒体投融资的重要模式之一。如当代东方与华安基金共同发起的并购资产管理计划，奥飞动漫与广发证券直投子公司广发信德的合作都是运用这一模式的典范。

---

① 张向东，谭云明. 中国传媒投资发展报告（2015）[M]. 北京：社会科学文献出版社，2015：127.

五是通过产品创新实现了网络媒体平台上真正的资本运营模式创新。

如果说上述层面的资本运营方式创新，是相较于传统产业、传统经济条件而言的，并没有突破常规的资本运营的整体范畴，仍是在我们熟知的诸如风险投资、股市融资、并购重组、合作联盟等资本运营模式框架内的局部创新，那么随着媒体产业融合的发展，资本运作的逻辑已开始超出既定的范畴，发生了根本性的改变，开创了真正意义上的资本运作创新模式。而媒体产业资本运营模式的演化也正是本书要重点研究探讨的内容。

网络媒体近年来逐步向平台模式演化，以社交为基础的综合网络媒体平台不仅具有传统的即时通信功能，还拥有更为强大而丰富的社交类应用，并通过提供支付、转账、理财等金融综合服务，媒体与资本的耦合最大限度地增强了用户黏性，激活了资金流。2013年支付宝推出的余额宝等网络媒体产品创新，开始真正涉足资本市场，之后的微信红包等网络媒体产品创新向我们展示了网络媒体平台资本运作的另一种空间与可能。因为此部分是本书最核心的研究成果之一，在此只做概述性的描述，关于媒体产业资本运营模式的创新将在第六章详细论述。

六是资本运营的路径预示着未来产业生态化竞争的发展态势。

本书在第2章已对网络经济中的特殊运行规律做了阐释，在此再做进一步延伸。网络经济中，用户与产品的互补品规模大小决定了网络的协同价值，用户规模越大、互补品越多、互补品的专属性排他性越强，则对于其他竞争者而言进入的门槛就越高。正是由于网络协同价值的存在，网络媒体产业更趋向于围绕核心优势搭建生态系统，形成闭环的商业生态系统使网络媒体资源补偿模式迥异于传统媒体产业，核心入口与外围入口多方互补，让用户的碎片化时间在多入口联动或切换中重新整合利用，以此提升整个系统的协同价值。由此可见，网络媒体依托自身的核心积累优势，借助资本手段布局整体商业生态系统是网络经济本质使然。

历经几个阶段的发展，网络经济的范围已然远远超越了媒体层面，以几大门户网站为代表的媒体互联、以阿里电商为代表的消费互联以及以"互联网+"为主要表征的产业互联时代渐次到来，网络的媒体属性不断弱化而经济社会属性不断增强，媒体属性与其他

的经济社会属性相互附着。而当下的大数据技术提供了全新的社会征信机制、信用体系和风控机制，媒体的核心价值从过往的信息中介、关系中介转向更为深化的互动平台、信任平台及信用平台，并通过数据挖掘推动 C2B（Customer to Business）模式再造生产流程，从而实现对社群用户的个性化、定制化服务。在此过程中，媒体的传播环节与生产、分销乃至最终消费环节紧密相连，内容的传播成为新的更大商业生态系统的重要入口，与其他入口一起重建与消费者和消费行为的连接关系，生态化竞争成为未来主流的竞争模式。目前已经初步形成了 BAT 三大网络生态系统，三巨头的资本运营轨迹可以充分地证明商业生态系统布局的趋势与方向。

3.3 无形资本运营：网络时代 IP 的春天

传媒文化无形资产可以说是传媒产业（尤其是影视内容产业）的核心资源，通常包括特许经营权、商标、品牌、版权（IP）、商誉、影响力、网络、人力资源等门类，它除了具有一般无形资产的非实体性、垄断性、增值性和不确定性特征外，还独具地域性、难以扩张性等文化产业特点。无形资产一方面为传媒业带来了直接的经济收入，另一方面也是产业进行资本运作和规模扩张的重要手段。

传媒产业的无形资本运营，即是传媒对自身拥有的各类无形资产的使用进行运筹规划，通过融资、对外投资等活动使其合理流动，实现价值的最大增值。无形资本运营是传媒整个经营活动中极其重要的组成部分，整合利用传媒拥有的无形资产的方式，决定了传媒产业化的水平与程度。

实际上，在娱乐传媒业高度发达的西方，以好莱坞模式为代表的国外娱乐业 IP 运营机制成熟，具有文化元素的无形资产 IP 的开发与利用，包括 IP 融资、投资、评估、证券化等，早已积累了丰富的实践经验，迪士尼的品牌延伸堪称经典。

文化传媒无形资产运营的方式通常有交易式、融资式、投资式、扩张式几种。

最直接的运营就是将无形资产（主要是 IP）进行产权交易，如购买专利、购买专有技术、买断版权等的所有权交易，以及以特许经营权的形式进行的使用权交易。

利用无形资产进行融资的能力或者说模式创新，最能反映传媒文化产业金融的市场化成熟程度。如香港的娱乐影视业，渣打银行为影视项目量身定做商业融资方案，包括对预售合同贴现、凭借电影的未出售版权的价值提供贷款服务、将几部电影打包融资、影片版权或产权的证券化、与电影基金合作、提供应收账款服务等。而那些有品牌效应或好 IP 的影视项目通常还较容易吸纳风险投资，通过无形资产转让、合作合资经营等来吸收资金。无形资产的质押贷款也是传媒文化类企业的一条重要的融资路径。

无形资产的对外投资，即媒体将自身拥有的无形资产作价让渡给其他企业，通过无形资产来兼并、收购，组建新的企业，实施资产重组。其中无形资本的运营空间相当大，以无形资产输出为手段，减少资金投入，少资金甚至不出资金亦能收购企业。世界知名传媒集团依靠雄厚的无形资产实施对外扩张，以实现企业规模快速扩大的例子举不胜举。而这就对无形资产的评估的科学性与公允性提出了很高的要求。

传媒企业利用品牌效应、技术优势、管理优势、销售网络等无形资产盘活有形资产，通过联合、参股、控股、兼并等形式实现资本扩张，是国际上传媒产业惯用的扩张策略，其最大的优势就在于成本低、投资省。实践中，利用特许经营实现低成本扩张是典型的做法。特许人将自己的商标、商号、产品、专利、技术秘密、配方、经营管理模式等无形资产以特许经营合同形式授予被特许人使用，要求统一按照特许人规定的模式进行经营活动，并向特许人支付费用，这实质上就是无形资产所有权的有偿转让。而据此，特许方不用投入大量资金和有形资产即可提高市场占有率，快速开拓市场与业务，从而实现规模扩张。

由上可见，无形资本运营并非新生事物，更非网络时代所独有，它是传媒业重要的产业特质之一。但在当下的中国，一方面传媒文化产业刚开启市场化进程，另一方面互联网快速发展，两方面叠加出非常奇特的 IP 资本热现象。

特别是 2015 年，国人对于 IP 的认识发生了极大的变化。IP 是 Intellectual Property（知识产权）的缩写，但这个概念在中国被赋予了非常神奇的内涵，从可供改编的网络文学作品、游戏、动漫、网红等，逐渐转变成一种互联网思潮和全新的商业概念。也就是说，

融合与资本创新

IP不再像传统的那样被简单理解为知识产权产品，而是被大大泛化和抽象化了。但不管怎么变，我们认为IP的核心是知名度和内容，可以把IP理解为具有能够把知名度转化为可消费内容产品的一切东西。它可以是真实的媒介产品，也可以是具体的人，还可以是一句话、一个抽象的理念。"IP化"已经开始成为中国当前很多互联网媒体发展的目标和方向。

2015年被称为中国"IP元年"，IP相关产品价值不断凸显，IP产品交易呈现爆发式增长，而人们对IP的理解也在不断延伸。短时间，IP类电视剧可谓称霸屏幕，《何以笙箫默》《花千骨》《鬼吹灯》《盗墓笔记》《甄嬛传》《琅琊榜》等电视剧都是从网络小说改编而来，也让投资方赚得盆满钵满。

据清科研究中心统计，中国市场2014—2015年共产生IP相关收购42起，其中披露收购金额案例数39起，合计产生并购金额209.59亿元，被并购企业涵盖影视、动漫、游戏、小说、艺人等多个领域，平均单起并购金额为5.37亿元。IP类企业2015年共产生IP并购23起，涉及并购总额78.74亿元。华谊、奥飞动漫、唐德影视等影视传媒巨头依旧是并购主力军，其中华谊兄弟并购数量最多，共有5起，包括游戏IP、明星IP、导演IP等各个方面，总耗资37.36亿元。

这股IP热也部分反映了国内资本市场的流动性，大量国内资本流入了对无形资本的投资，这些无形资本既包括专利、商誉等传统无形资产，也包括IP、智力、颜值等新兴无形资产。

2016年11月8日，阅文集团登陆港股市场，市值约为800亿港元，是网络时代IP迎来爆发的一个重要标志。

阅文集团成立于2015年3月，由腾讯文学与原盛大文学整合而成，是引领行业的正版数字阅读平台和文学IP培育平台，阅文集团旗下拥有中文数字阅读强大的内容品牌矩阵。

整合了腾讯文学与盛大文学的阅文集团，旗下拥有创世中文网、起点中文网、云起书院、起点女生网、红袖添香、潇湘书院、小说阅读网、言情小说吧等网络原创与阅读品牌，腾讯文学图书频道、华文天下、中智博文、聚石文华、榕树下、悦读网等图书出版及数字发行品牌，由天方听书、懒人听书等构成的音频听书品牌，以及承载上述内容和服务的领先移动App——QQ阅读，已成为中国网络文学、数字出版史上迄今最强的一家运营主体。

腾讯文学近年来在内容、用户、营收等方面实现了快速突破,创下了原创业界的最快成长速度纪录:平台日活跃用户数量突破1500万,单部作品单章订阅过10万,日销售过万的单部作品达40部,成为国内最极具创新力的领先的文学平台;并通过开放式地与各类合作伙伴展开积极合作,全方位地开掘优质IP的潜能,实现了《择天记》《余罪》《英雄联盟之谁与争锋》《大官人》《从前有座灵剑山》等诸多作品在图书出版、游戏、动漫、影视改编、音乐制作、周边产品等全版权领域的IP开发,成为腾讯"泛娱乐"战略的重要阵地。

目前,阅文平台上已创造了超过10亿级票房的改编电影、突破10亿点击的改编动画、多部总流水过亿的改编游戏、1000多万的单部作品周边销售、1500万册的单品图书出版、1200万册的漫画单行本销量。

国内已授权改编影视、游戏、动漫、话剧、有声读物等产品形态的网络文学作品大部分来自阅文集团,其中包括《步步惊心》《致青春》《裸婚时代》《盗墓笔记》《鬼吹灯》《斗破苍穹》《择天记》《全职高手》等数十部超人气作品,阅文成为对国内文化创意产业极具影响力的主要IP源头。

2016年,票房排名前20大电影中的13部(份额为65%),收视率排名前20大电视连续剧中的15部(份额为75%),播放量排名前20大网剧中的14部(份额为70%),下载量排名前20大网络游戏中的15部(份额为75%),以及播放量排名前20大动画中的16部(份额为80%),源自通过阅文集团平台发布的网络文学作品。

阅文集团快速发展的轨迹向我们展现了无形资本运营的巨大空间与能量。

3.4 资本融合与媒体产业发展

3.4.1 资本融合对于媒体产业发展的意义

对于任何产业而言,在科技发展日新月异、产品更新换代周期变短的今天,无论是产业内竞争,还是产业外竞争都异常激烈,融合中的媒体产业作为新兴产业尤其如此。要实现产业发展,需要持

续的产业创新、不断加快产业结构的优化与升级步伐、不断使企业获得更多的新商机和开拓新的市场。只有这样，才能推动产业的持续发展。资本融合对于媒体产业发展的意义也正在于此。

经济学中资本融合（Capital fusion）除了包括企业兼并或收购之外，还包括企业之间通过融资来共同运营某一产业。尽管资本融合不一定就意味着跨媒介、跨区域、跨产业间发生业务融合，但资本融合是实现业务融合的有效手段和必要前提。

如前文所述，新兴网络媒体近年来的资本运作范围非常多元，涉及的产业领域非常广泛，通过与传统媒体产业、新兴互联网产业等相关产业间在资本上的融合，进行着产业的拓展与创新，乃至搭建新的产业格局。

新兴媒体与传统媒体产业间资本融合的意义在于：对于传统媒体产业发展而言，通过融合，改造了传统产业内部的生产方式，重构了原有的产业价值链甚至价值创造的过程，产业间的竞争合作关系得到协调，进而改变原有产业的市场结构，提升产业的核心能力，提高产业的竞争力；对于新兴互联网产业发展而言，通过融合，两个或多个产业间形成共同的市场基础，模糊了产业之间的边界，进而改变着产业的结构布局，使互联网媒体产业能够突破产业间的条块分割，快速敏捷地从一个产业涉足另一个产业，减少了其他方式进入可能存在的产业间壁垒，降低耦合成本，优化资源在产业间的配置，实现产业创新。[①] 新兴媒体产业内部的资本融合的意义在于：通过资本融合，打破原有格局，不断优化产业结构，优胜劣汰，优势企业能够迅速发展壮大。企业作为产业创新的主体，通过产业链重组实现生产组织方式的合理化，培养与提高自身的核心竞争力，企业的专业化水平伴随核心能力的培养与融合而逐渐提高。资本融合为此提供了可能。

3.4.2 资本融合——媒体产业实现产业融合、媒介融合的路径选择

3.4.2.1 媒介融合背景下投融资行为的新内涵

媒体融合、媒介融合并不是新鲜论题，对此的讨论与研究在中

---

① 胡建绩. 产业发展学［M］. 上海：上海财经大学出版社，2008：109-112.

3 融合中的媒体产业资本运营特征、创新趋势及其启示

国已有近十年时间了。媒介融合本身是一个很宽泛的概念,可以从多种视角、不同层面、多元取向切入,一直以来,新闻传播学界比较关注从新闻内容生产(采编技能)融合与技术融合的角度探讨媒介融合,但除此之外媒介融合的主体涉及各个产业组织以及复杂的产业间整合,因此无法脱离产业经济与经营管理等更多元化的研究视角。[①] 本书便是从媒介所有权融合与媒介组织结构融合的视角来探讨媒体融合的。如果把当前整个媒体产业,特别是新兴网络媒体产业发生的投融资行为放在媒介融合的背景之下来观察,其实质最终都可归结为通过媒介所有权与组织结构的融合实现媒介融合,乃至跨越产业边界实现的媒介融合。

学者陈浩文把资本融合作为媒介融合发展过程中的阶段性形态,他认为,"资本融合比前一阶段的组织融合有了很大的进步,因为它是在市场的作用下使有实力的媒介集团在资本市场上完成对其他媒介或媒介集团进行收购或者两个媒介组织之间通过资本市场进行的合并"。[②] 笔者则认为,资本融合不是媒介融合阶段性的形态,而是贯穿于媒介融合全过程,是与媒介融合的各个阶段相伴随的。无论是内容融合、渠道融合还是平台融合,无不需要通过资本融合来协同完成。

任何企业要进入新的业务领域往往有两种战略选择:一是通过内部发展,重新调整开发整合集团内部潜力,投资新建企业来经营新领域的业务;二是通过市场化手段,以并购、兼并、投资合作等方式,获得新领域目标企业的全部或部分控制权,从而获取其经营规模、生产能力、销售渠道和专有技术,即通过资本融合来大规模进入的方式。毫无疑问,现代企业更加倾向于通过投融资来完成新的领域的拓展,企业投资并购相应的公司,实现业务的整合、组织的一体化、产业链的完善。

过往的传统企业并购更多发生在同一行业间,但在近20年间,全球范围的大规模投资并购开始发生在不同行业间,与产业融合的浪潮相生相随。特别是1996年后美国《电信法》的出台,各国纷

---

① 蔡雯. 媒体融合:面对国家战略布局的机遇及问题 [J]. 新闻与传播研究, 2014, (6).

② 陈浩文. 再论"媒介融合". 紫金网, http://www.zijin.net/portal.php, 2008 - 1 - 11.

纷放松了对传媒业的管制，全球资本融合集中发生在最活跃的传媒、电信、计算机技术领域。近年来，国内资本市场上TMT领域的资本融合也更加具有深度和广度，这样的案例比比皆是。一是传统媒体产业转型过程中一直没有停止过向新的领域拓展的实验与探索，如上海报业集团自建新媒体平台，旗下的《东方早报》团队打造澎湃、界面新媒体产品的成功探索；二是传统电信产业也面临着与传媒产业一样来自互联网新兴产业的冲击，同时与传媒产业在许多领域发生融合，特别是与广电网络，如央视与中国移动合作建设国家4G视频传播中心，广东电信、广东广播电视台和央视国际网络三方共同推出的广东电信IPTV高清互动电视的合作；三是网络媒体产业近年来开始向文化传媒领域渗透，比如阿里投资华谊兄弟、南方报业旗下的21世纪传媒等；四是互联网产业本身还在不断发展演化中，随着移动互联时代的到来，网络产业的格局也在发生剧烈的变化，发生在新媒体间的融合亦是常态，如腾讯并购盛大文学、百度收购爱奇艺、阿里投资优酷土豆等。这一切交织在一起，深刻的媒体融合发生在这些产业间，传统媒体与新兴互联网媒体、传统媒体与电信、互联网媒体产业内的资本融合推动这种融汇。在市场的作用下，资本是最诚实的，资本的流动与产业发展格局变动之间保持着天然的内在逻辑上的呼应关系。

3.4.2.2 资本融合是媒介融合、产业融合的有效策略选择

对媒体而言，构建完整的产业生态非常重要，包括上游具有核心竞争力的内容，下游拥有强大的渠道和平台、具备可持续经营的能力等。一般来说，完全依靠整合自我资源和发展自我能力，短期内很难实现。最可行的路径是借力产业资本、社会资本与金融资本，通过资本融合快速实现企业的战略目标。

从当前正在发生的传统媒体与新媒体间的融合，新兴媒体之间的融合，电信、科技、传媒产业间的融合的实践来看，往往是通过资本融合来实现的。对新兴媒体而言，通过资本融合与具内容等优势的传统媒体战略合作，快速补足了其内容资源方面的短板。而对于传统媒体而言，通过资本融合提升战略观念，以合作开放的心态，学会有效地借力发展。因此，媒体融合发展是资本融合的核心任务，资源互补是选择战略性投融资标的之主要标准。

牌照往往是媒体产业的准入门槛，无论是电信公司还是传媒集

团,只有得到国家有关部门许可才能获得某种业务的经营权,这促使互联网媒体产业通过资本融合绕过现行的政策壁垒,与传统媒体产业融合,比如在网络视频产业领域的资本融合。

以最具代表性的 BAT(百度、阿里巴巴与腾讯)为例,近年来,特别是 2012-2015 年,其通过资本融合开疆辟土,产业触角几乎无所不及。为构建商业生态系统的战略与布局,BAT 各有侧重地向相关领域拓展,涉及上述的产业间、新旧间、产业内部三个层面。

2015 年一年中,我们仅通过盘点 BAT 在文化传媒领域的资本运作,就足见其借助资本融合进行的媒介融合与产业融合的清晰过程(见表 3-1 至表 3-3)。

表 3-1　2015 年百度文化传媒领域的投资/收购盘点

	时间(年.月)	公司	领域	金额	其他说明
境外收购	2015.5	PPS	网络视频	3.7 亿美元	与爱奇艺合并
境外投资	2015.6	星美控股	传统院线	1.5 亿港元	

表 3-2　2015 年阿里巴巴文化传媒领域的投资/收购盘点

	时间(年.月)	公司	领域	金额	其他说明
境内投资	2015.3	光线传媒	娱乐	24 亿元人民币	占股 8%
	2015.6	第一财经	财经媒体	12 亿元人民币	占股 36.74%
	2015.10	华人文化控股	文化资本		与腾讯、投资机构元禾共同投资
境外收购	2015.10	优酷土豆	网络视频	45 亿美元	优酷土豆的股东以每单位 ADR(美国存托凭证)27.60 美元的价格获得现金
	2015.12	香港《南华早报》	报业	1 亿美元	包括纸质、网络版、杂志和户外媒体等业务

除上表之外,在内容领域,阿里巴巴还有两项重要资本融合举措:一是 2015 年 7 月,阿里巴巴整合旗下虾米音乐、天天动听,成立阿里音乐;二是 2015 年末,阿里巴巴宣布与迪士尼签订多年期合作协议,并推出"迪士尼视界"综合数字娱乐平台,以儿童和

家庭为核心受众。

表 3-3 2015 年腾讯文化传媒领域的投资/收购盘点

	时间 (年.月)	公司	领域	金额	其他说明
国内 投资	2015.4	微影时代	电影服务平台	未公开	
	2015.10	华人文化控股	文化资本	未公开	与阿里巴巴、投资机构元禾共同投资
国内 并购	2015.1	盛大文学	网络文学	未公开	腾讯文学与盛大文学整合成立了阅文集团
海外 投资	2015.2	瑞士游戏发行商 Miniclip SA	手游	未公开	
	2015.4	美国 Glu Mobile 公司	手游	1.26 亿美元	占股 14.6%
	2015.5	美国 Pocket Gems 公司	手游	6000 万美元	占股 20%

从上面三张表可以看到，三家公司在文化传媒领域的投资各有侧重。比如，与百度与阿里巴巴不同，手机游戏是腾讯拥有的独特资源，所以其在手游市场的投资非常集中，腾讯通过资本融合在有条不紊地向海外市场扩张，推动其国际化的进程。[1]

以 BAT 为代表的互联网媒体产业在资本市场上动作频频，桩桩件件都是大手笔与大动作，暂且不论与硬件、技术、O2O 相关新兴产业的产业融合，仅就其在上述文化传媒领域的表现，已反映了一种清晰的互联网产业与传统媒体产业融合的趋势与实现路径。

在具体资本融合的模式选择上，BAT 遵循打造商业生态圈的原则，紧紧围绕核心业务，强调共生关联性，注重未来战略布局。根据战略需要，在投资上采取灵活的策略，比如阿里巴巴对于美团、陌陌等的投资采取少数股权投资方式，不控股，战略合作、共同成长；腾讯同样对非核心业务采取扶持行业内的创新公司的方式，通过资本融合来优势互补和前瞻布局，一起打造共赢生态链，其并购往往是战略价值和财务价值并重，但战略价值永远是第一位的。

---

[1] 以上三表及 BAT 资本运作情况根据《氪纪，2015BAT 这一年的战场在哪?》的相关内容整理，http://36kr.com/p/5041076.html。

3 融合中的媒体产业资本运营特征、创新趋势及其启示

如果我们从商业生态圈融合的角度来看，从图3-2可以直观地发现以BAT为代表的互联网媒体产业是如何以资本融合的策略实现产业间、媒介间的融合，进而构建起新的生态系统的。

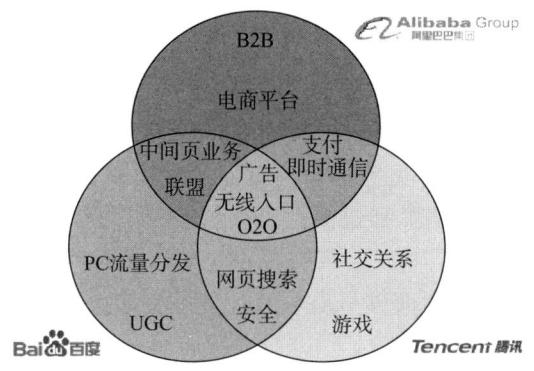

图3-2 BAT的生态圈融合①

BAT各自依托其历史核心优势：搜索技术上绝对领先的百度形成在PC上的流量分发能力，腾讯因为QQ客户端而形成的全网用户覆盖和社交关系，而阿里巴巴则是以淘宝和天猫为核心的电商平台。BAT各自以此为圆心开始画圈，逐步扩张版图，或控股，或收购，或占股，无论是战略投资还是财务投资的策略，都通过资本融合攻城略地。尽管它们资本融合的具体路径与思路有差异：百度基于信息流的整合逻辑、阿里巴巴基于商业支付交易（资金流）的链接、腾讯基于用户链接的整合逻辑，但它们的资本融合本质是一样的，即通过资本融合快速实现全产业大融合。从上述在文化传媒领域的资本融合可以看到，尽管围绕自身核心业务战略各异，但最终殊途同归，在资本融合的过程中，产业间的边界、媒介的边界发生了融合，产业链条发生了重组，产业组织架构更为复杂与多元，从而推动整个互联网媒体产业扩张，重新整合。

3.4.2.3 传统媒体与网络新媒体资本融合的中国困境

现代意义上的企业并购是产权交易行为中的一种高级和极端的形式，属于现代企业制度下的必然产物。因而必然涉及企业市场主

---

① 图示来源于卢伟《大腕出手看门道，谈BAT的投资战略差》，虎嗅网，http://www.huxiu.com/article/20487/1.html。

079

体、产权制度,中国传统媒体的产业化尚不充分,仍存在制度性障碍,而在新媒体领域,市场化比较充分。因此,如上述 BAT 这类企业在互联网媒体领域的投资并购过程是非常顺畅的,但在新旧媒体的融合中,在中国的现实传媒制度情景下,资本融合的有效方式仍待进一步检验。

在中国当前的体制环境下,媒体在融合发展过程中遭遇许多问题与困难,经过多年的内部改革实践,依然很难彻底改变和突破这些阻碍,而资本融合无疑是当下改变机制束缚的重要现实路径选择。对传统媒体而言,通过多元的资本运营,可以有效地从外部推进体制内部的改革与蜕变,要实现媒介融合乃至产业融合,资本融合无疑是能够突破当前机制束缚的一个可行的切入口。① 但在当前力量的对比中,媒介融合、产业融合中的网络媒体产业毫无疑问处于优势一方,其在资本市场上的翻云覆雨也为传统媒体提供了可供借鉴的路径与思路。当然,要打造完整的商业生态系统,传统媒体的内容资源与传统优势对网络媒体产业仍是极具吸引力的。因此,在未来很长一段时间里,新旧融合仍将以资本融合的手段与方式发生与发展。

本章小结 世界范围内,各国对互联网相关产业的规制相对放松,特别是顺应网络经济呈现的新特征与新型竞争关系,西方国家对包括反垄断在内的规制机制进行了重构,无论是规制的指标体系、价值取向,还是规制的目标、内容,在网络经济时代都发生了变化。在我国,与传统媒体产业举步维艰形成鲜明对比的是,以网络媒体为代表的新媒体产业在资本市场上如鱼得水、游刃有余。网络新媒体在资本运营上有其天然的优势,网络媒体从诞生之日起就是开放的,无论是其媒体业务,还是对社会资本与国家资本的开放程度,甚至可以说网络媒体的发展实际上是从资本市场开始的。通过风险投资迅速发展壮大,在境外资本市场成功上市,几乎是早期中国网络媒体公司发展的标准路径。如果说网络媒体当年的纳斯达克淘金之路是无奈之举,那么当网络媒体已发展到一定阶段、国内的投融资环境不断成熟与完善时,境外融资的道路将不是唯一的选

---

① 陈建栋.资本融合:媒体融合发展新路径[J].中国报业,2015,(7)上.

择。融合发展中的媒体产业近年来投融资呈现以下特征与趋势：产业内资本以产业投资基金的形式实现高速有效运转，公司并购、重组密集，上市公司投资活动产生的现金流呈现高增长，资本运作频繁；资本运营战略与围绕移动互联网入口布局、全球化的媒体产业发展战略完美协同；跨界并购成为资本运营最主要的方式，投资者更多地在传统产业与移动互联网的产业融合中寻求投资价值与投资机会，在产业跨界融合中实现双赢；新兴媒体相较于传统媒体，在资本运营的方式、手段上更为娴熟与专业化，孵化型投资与财务型投资推动 VC 资本运营发展，战略型投资催生"上市公司 + PE"资本运营新方式；产业在融合发展进程中，通过产品创新实现了网络媒体平台之上真正的资本运营模式创新；资本运营的路径预示着生态化竞争将成为未来产业主流的竞争方式。如果把视角放在媒介融合背景下，媒体产业的投融资行为可以理解为资本融合的过程，资本融合不仅仅是媒介融合阶段性的形态，而且贯穿于媒介融合全过程，是与媒介融合的各个阶段相伴随的，无论是内容融合、渠道融合还是平台融合，无不需要通过资本融合来协同完成。资本融合是媒介融合、产业融合的有效策略选择，在资本融合的过程中，产业间的边界、媒介的边界发生了融合，产业链条被解构，产业组织架构更为复杂与多元，从而推动整个媒体产业扩张，重新整合。

4
资本运营动因与媒体产业组织扩张

4.1 基于技术创新的媒体产业投融资

4.1.1 新的媒体产业竞争性垄断市场结构与技术创新间的互动关系

网络经济条件下的企业技术创新与市场结构形态间存在动态的互动关系,这是分析媒体产业组织扩张与资本运营动因的理论依据与前提。

传统产业组织理论仅关注市场结构对创新行为单向的静态决定作用,忽略了技术创新对市场结构演变的反作用,是传统SCP范式下的技术创新"市场结构决定论"[1]。网络经济下的现实是:技术创新对市场结构演进也有显著的推动作用。

在新的条件下,要保持企业的市场势力或垄断地位,必须不断地进行知识创新和技术创新。由于网络效应、用户的锁定效应等新的经济特征的出现,与传统经济条件下的情况不同,科技的日新月异和市场的瞬息万变使市场竞争中垄断地位充满变数,市场结构是内生动态变化的,当下的垄断者随时面临来自技术进步与创新的压力,只有不间断地超越自己进行技术创新升级,才能战胜竞争对手维持现有的垄断地位。同时,这种垄断与竞争并不相排斥,也并不必然地阻碍技术进步。这种竞争越充分,垄断的程度就越高;垄断的程度越高,竞争就越激烈。垄断与竞争双双被强化的新型关系被研究者称

---

[1] 〔美〕约瑟夫·熊彼得.资本主义、社会主义与民主[M].北京:商务印书馆,1972:21.

为"竞争性垄断"。① 本书第 2 章已对其做了详细阐述,竞争性垄断的市场形态之下,技术创新与市场结构乃至产业组织结构间存在显著的互动关系:技术创新具有打破垄断的天然属性,与市场结构之间有着双向互动机制,是产业组织结构优化的内在动力。

互动机制下,随着技术的不断创新,市场结构不再是静态的,而是随着垄断程度的强弱更迭呈波浪式起伏,网络媒体产业的市场结构沿循着"垄断——竞争性垄断""竞争性垄断——垄断"……的循环更迭而处于不断切换变动之中,呈现阶段性的路径变化,② 产业组织结构也进而发生动态的演进。可见,网络媒体产业的技术创新和市场结构不是传统产业组织理论描述的简单单向决定关系,而是互为因果、联合内生的,两者存在一种双向互动、动态演进的激励机制。这可以从近十几年来网络媒体产业发展的现实中得到印证。

动态的垄断、竞争性垄断的过程是技术驱动的,技术创新本身也是企业发展或产业经济增长的原动力所在。因此,在实践层面,网络新媒体的扩张战略轨迹往往与技术创新的内在动机是一致的。

4.1.2 基于技术创新的媒体融合投融资策略与实践

互联网技术的加速创新使整个互联网领域乃至传统产业领域发生了急剧的变化。网络传输速度的高速提升,云计算大数据时代的到来,智能化设备的普及,移动互联网的发展,使得网络媒体产业相关产品大幅扩展,涉及人类生命周期的每一个环节,通信和 IT、互联网技术的发展也极大地释放了人们对互联网应用的多元化个性需求。正如上文所述,网络媒体产业的技术创新与市场结构间存在互动关系,企业为了保持市场势力,必须具备技术优势,技术创新推动市场结构的演进,占垄断地位的企业在充满竞争的市场环境下不断进行着创新与突破,融合中的媒体企业行为必然围绕着或者说基于技术创新展开。

当前三大网络巨头 BAT 的投融资行为呈现这种特征,2013 年以来,三者基于技术创新的并购行为特别是在移动互联网技术领域的投

---

① 李怀,高良谋. 新经济的冲击与竞争性垄断市场结构的出现 [J]. 经济研究,2001,(10).
② 朱乾龙,钱书法. 基于网络经济的技术创新与市场结构关系分析 [J]. 产业经济研究,2009,(1).

资竞争更是达到白热化的程度。纵观它们竞争的过程，实质上就是围绕技术进步与创新的进程而进行的一系列投融资活动。纵观 BAT 近年来具有专利的核心技术的年度变化情况与同期的投融资特别是并购的情况，其趋势几乎完全一致（见图 4-1、图 4-2、图 4-3）。

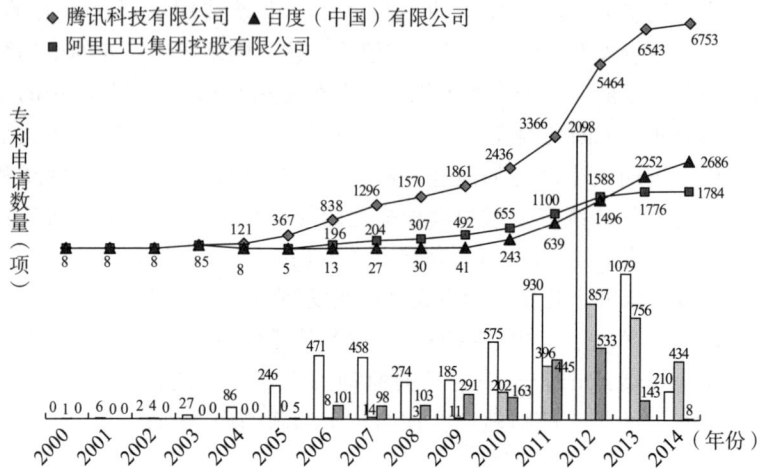

图 4-1　BAT 三家企业新技术专利总申请量的年度变化趋势①

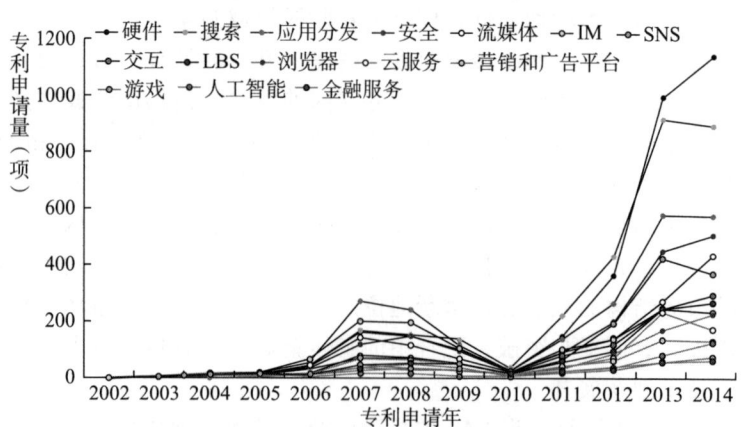

图 4-2　BAT 三家企业新技术应用领域的专利数量年代分布②

---

① 移动互联网 BAT（百度、阿里巴巴、腾讯）产业技术情报 [J]. 高科技与产业化，2015，(5)：84.
② 移动互联网 BAT（百度、阿里巴巴、腾讯）产业技术情报 [J]. 高科技与产业化，2015，(5)：85.

4 资本运营动因与媒体产业组织扩张

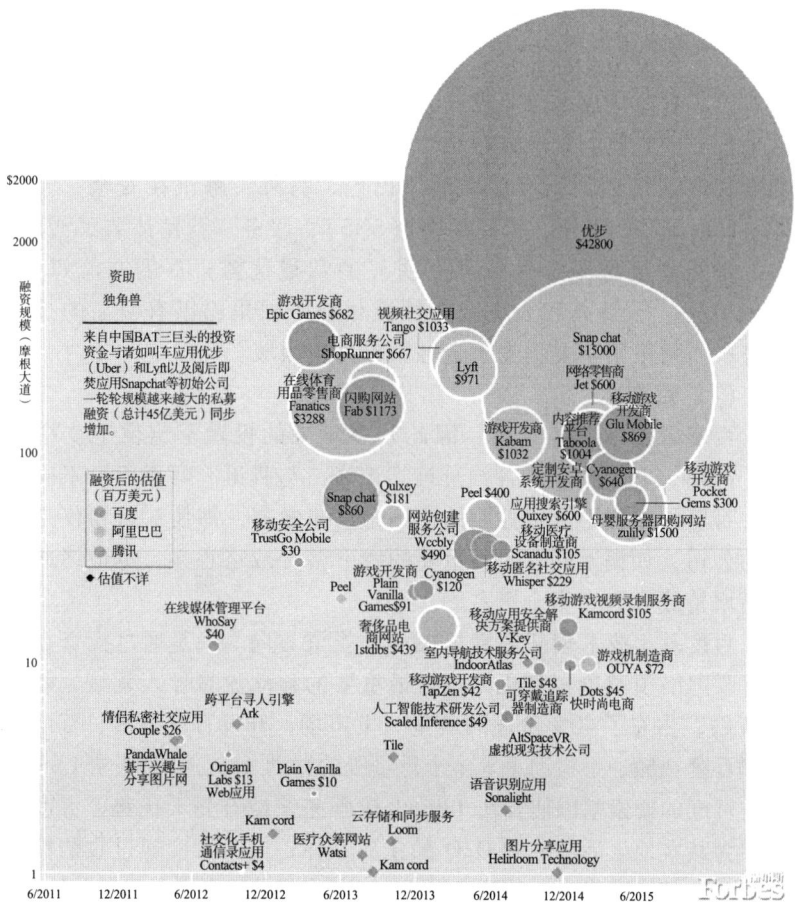

图4-3 2011—2015年BAT对美国科技创新公司的投资分布①

从图4-3我们可以看到,非常集中的新技术专利(技术创新)爆发发生在2012年后,这些新技术应用领域包括硬件、搜索、应用分发、网络安全、流媒体、SNS、LBS、交互、云服务、游戏、人工智能、金融服务等,这些投资到2014年、2015年达到高峰。据统计,仅阿里巴巴一家就向10家美国科技类初创公司投资10亿美元之多。

---

① 数据来源于陈玮《23亿美元:BAT三巨头拿这么多钱投资美国初创是为了什么?》,福布斯中文网,http://www.forbeschina.com/,2015-6-1。

融合与资本创新

上面几个时间表的趋势与 2012 年以来移动互联网的大发展密切相关，各家企业都非常重视作为核心入口的移动应用分发市场，同时以节省流量成本以及获取大数据资源为目的，三家都在这些领域进行了大规模的投融资布局。从技术上看，腾讯在移动互联领域的专利申请量远大于百度和阿里巴巴，另外，腾讯在安全、流媒体、即时通信（IM）、社交网络（SNS）、服务、营销广告、游戏、人工智能和金融服务领域都有明显的数量优势；百度在流媒体、SNS、LBS、云计算和人工智能领域相较于阿里巴巴有明显的技术优势；而阿里则主要领先于金融服务创新领域。

（1）百度

百度以搜索业务起步，因此其多年来的投融资定位于"中间页"战略，基本垄断了各细分搜索市场。与腾讯、阿里巴巴不同的是，百度的投资中全资控股的比例一直非常高，即使对最初仅是控股的公司，如糯米网，因其重要的线下整合战略意义，也最终通过逐渐增持或收购变为全资占股。

百度基于技术创新紧紧把握两个投资方向。一是通过投资在移动互联网络领域抢占先机。包括最重要的移动流量导入领域，收购 91 无线，占有了 40% 份额的流量分发市场；开发百度搜索、百度地图、百度视频、手机助手等多个重量级的移动 App。二是投资 LBS 领域。百度的搜索基因使其在 LBS 生活服务领域有先天优势，百度地图成为其本地生活服务和 O2O 的主要载体，同时百度通过收购糯米网来整合其线下能力，使糯米网成为百度承载线下业务的重要载体。

当前百度建立了六大业务体系，共计 70 余项丰富的产品与服务，其主要业务构成如表 4 - 1 所示。

表 4 - 1　百度公司涉及的主要业务种类[①]

	搜索与导航	搜索社区	网站与企业服务	移动互联网	在线娱乐	软件
1	网页搜索	百度知道	搜索开放平台	移动搜索	百度游戏	百度 Hi
2	视频搜索	百度百科	百度统计	掌上百度	娱乐	千千静听
3	MP3 搜索	百度贴吧	百度推广	手机输入法	游戏大厅	百度输入法

---

① 资料来源：《互联巨头们的投资万象：BAT 深藏不露的投资秘籍》，东方财富网，http://www.eastmoney.com/，2015 - 7 - 21。

086

4 资本运营动因与媒体产业组织扩张

续表

	搜索与导航	搜索社区	网站与企业服务	移动互联网	在线娱乐	软件
4	地图	百度文库	百度指数	快搜	Ting!	百度电脑管家
5	网址导航	百度身边	百度联盟	手机地图		百度浏览器

（2）阿里巴巴

回顾阿里巴巴近十年的投融资路径，以电商平台为开端，围绕核心的商业模式 B2B2C，快速积累用户规模和交易流量，在其网络交互式信息平台上，通过交易巧妙地将金融支付、线下物流连接起来，并进一步充分发挥其海量交易信息的数据优势构建起底层应用技术系统，业务涉及更加基础层的大数据和云计算技术环节。

阿里巴巴基于技术创新的投资方向体现在两个方面。一是以大电商平台为其出发点，其收购标的无论是软件开发、网络社区、团购还是物流，均是围绕着电商平台打造的核心业务与相关技术来展开的。二是从时间上看，2014 年是阿里投资的爆发年，这个时间段与新技术创新与专利数量的高峰直接相关。

其参与的主要业务布局如表 4 – 2 所示。

表 4 – 2　阿里巴巴公司涉及的主要业务种类[①]

	电子商务	搜索	媒体业务	社区通信	其他
1	阿里巴巴	搜狗网	商天下	阿里旺旺	支付宝
2	淘宝网	雅虎搜索	淘宝天下	淘江湖	雅虎邮箱
3	聚划算	一淘	雅虎中国	口碑网	手机淘宝

（3）腾讯

腾讯公司近年来所有的收购和扩张行为，实际上都是基于最大化挖掘其 6 亿多用户价值的相关技术的投资逻辑来展开的。腾讯公司是将网络效应发挥到极致的典范，凭借 QQ 与微信，腾讯垄断了 PC、手机端的入口，社交产品并不赢利，作为即时通信的补充开发了游戏平台与新闻弹窗，其收入超过半数来自游戏业务，也正印证

[①] 资料来源：《互联巨头们的投资万象：BAT 深藏不露的投资秘籍》，东方财富网，http://www.eastmoney.com/，2015 – 7 – 21。

融合与资本创新

了用户规模越大、互补品越多、互补品的专属性排他性越强,则该系统对于其他竞争者的门槛就越难以逾越的网络金律。

腾讯基于技术创新的投资策略如下。一是由自身研发向战略合作转型,开发基础平台,以战略投资或战略联盟的形式构建共同的生态圈。2013 年以来,腾讯先后与搜狗、大众点评、京东等相关领域企业合作,以战略投资的方式构建共同的平台,实现了各项业务差异化发展。二是着力于 O2O 模式的发展,腾讯从 2011 年起发起了对刷机软件、ROM 开发商、社交、手机游戏等移动互联网领域的全方位并购;而与大众点评的战略合作也促进了线上线下的融合,实现线上资源与线下需求无缝对接。三是加大基于技术创新的国际化战略步伐。据统计,仅游戏领域,腾讯就在技术底层、开发商、发行商、社区等领域投资了 20 多家海外公司,其技术投资决心可见一斑。

表 4-3 腾讯公司涉及的主要业务种类①

	即时通信业务	网络媒体	无线增值业务	互联网增值业务	电子商务	互动娱乐业务
1	QQ	腾讯网	手机腾讯网	QQ 空间	腾讯拍拍网	网络游戏
2	企业 QQ	搜搜手机 QQ	QQ	会员财付通桌面游戏	企业 QQ	搜搜手机 QQ
3	腾讯通 RTX		手机游戏	QQ 秀		游戏平台
4	腾讯 TT		手机 QQ 音乐	校友		
5	QQ 邮箱		超级 QQ	城市达人		

通过对 BAT 三家具代表性的网络媒体企业近年的投融资实践的梳理与策略分析,我们可以非常清晰地看到,其融资、并购投资行为,无论是战略也好,财务也罢,归根结底是围绕基于整个互联网领域近年来的技术创新与技术进步展开的,其资本运作的路径与互联网技术变迁的轨迹一致,技术的激烈竞争是其企业行为背后的逻辑。可以说,新技术逻辑就是其资本运作的指挥棒,技术驱动着

---

① 资料来源:《互联巨头们的投资万象:BAT 深藏不露的投资秘籍》,东方财富网,http://www.eastmoney.com/,2015-7-21。

其资本的趋向，资本又推动着新的市场结构的形成，推动着产业的进一步发展。这本身就隐含着本书在第2章中讨论的"技术控制权意味着市场势力的获得权"的网络经济运行规律，反映了网络时代媒体产业垄断是产权保护和标准竞争下形成的技术型垄断的产业特征。

4.2 媒体产业组织平台嵌入式扩张与资本运营

4.2.1 传统媒体产业组织扩张的经济学动因

4.2.1.1 产业组织扩张的理论基础

关于产业组织（包括企业组织）扩张的经济学、管理学理论较多，涉及微观经济学、制度经济学、管理学等。其中最有代表性且尤能反映传媒产业经济特征的产业组织扩张理论包括微观经济学中的"规模效应假说"、制度经济学中的"交易成本假说"、制度经济学产权理论中的"剩余控制权假说"、管理学理论中的"协同效应假说"等（以上理论在本书第1章的理论资源梳理中有详细表述，不再赘述）。总结上述理论，我们认为，对于企业并购、企业扩张、企业有效边界或者产业组织扩张而言，其背后隐含的经济学基础就是：交易成本与管理成本的对比，规模经济与范围经济的追求。

- 交易成本与管理成本

在市场与组织这两种制度安排之间，当组织内部的管理成本小于市场交易成本时，产业组织的存在便具有了经济上的合理性。

科斯在其《企业的性质》一书中提出了交易成本的概念，认为企业与市场是不同的交易机制，市场机制以价格杠杆配置资源，而企业机制以行政手段配置资源，不同的交易成本使两者存在替代关系。[①] 由此，当市场交易成本高于企业内部交易成本（即管理成本）时，为减少交易成本，企业可以"内化"市场交易，此时企业比市场更有效率；反之则选择市场交易。可见，交易成本与管理成本的对比是决定产业组织规模的根本经济学原因。

新制度经济学派代表人物威廉姆森等人用交易成本理论充分地解释了企业的纵向、混合与横向并购行为，对于企业的纵向并购行

---

① 〔美〕科斯. 企业的性质 [M]. 上海：上海三联书店，上海人民出版社，1990：4.

为，认为边际市场交易成本与边际组织交易成本的权衡决定了企业纵向并购的行为选择；对于企业混合并购行为，认为从交易成本来看，混合并购所形成的不相关多部门组织形式可以克服过高的行政管理费用这个传统弊病；而对于企业横向并购行为，认为同质企业间因竞争关系采取的机会主义行为会增加交易双方的交易成本，因此，横向并购可以使原本同业间的竞争内部化，从而节约交易成本。[1]

- 规模经济与范围经济

新古典经济理论认为，规模经济可以实现利润最大化，因此对规模经济的追求是企业扩张行为的最直接动因。

规模经济（Economies of scale）又称规模效应，指通过扩大生产规模而引起经济效益增加的情形。规模经济反映的是生产要素的集中程度与经济效益之间的关系，随着产量的增加，长期平均总成本下降。即是说，规模经济是随着生产能力扩大导致的平均生产成本下降、收益上升的发展过程。但这并不意味着生产规模越大越好，一旦企业生产规模扩大到超过一定的限度时，边际效益不增反降，乃至趋向零，甚至变成负数，就引发了规模不经济现象。[2] 范围经济（Economies of scope）又称协同效应，指由生产范围的多样化所带来的经济效益，即当同时生产多种产品的成本低于分别生产每种产品所需成本的总和时，就存在范围效应（如图4-4所示）。[3]

对于传媒产业而言，规模经济效应与范围经济效应尤为显著。因为传媒信息内容产品与其他商品在成本结构上有着很大的不同，商品通常有很高的固定生产成本，但信息内容产品的复制成本非常低，即其边际成本 MC 几乎为零。只要生产传媒产品的边际成本低于平均成本，就会存在规模经济，追求规模经济效应的传媒组织扩张与更为显著的市场集中度是已被公认的传媒经济的重要特征之一。[4]

---

[1] 胡峰，程新章. 马克思和新制度经济学关于企业并购动因的解释：分析与比较 [J]. 学习论坛，2003，(4).

[2] 王朝辉. 企业扩张理论的分析框架及其应用 [J]. 经济与社会发展，2008，(5).

[3] 王朝辉. 企业扩张理论的分析框架及其应用 [J]. 经济与社会发展，2008，(5).

[4] 苏朝勃，石莉萍. 传媒并购加速动因的经济学思考 [J]. 财务与金融，2012，(5).

4 资本运营动因与媒体产业组织扩张

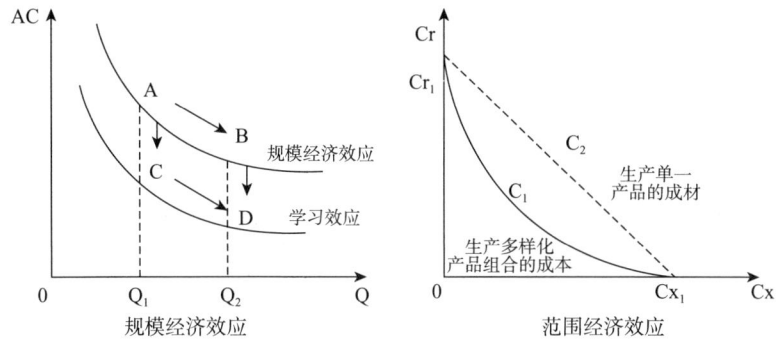

图 4-4 规模经济与范围经济

而传媒产业范围经济的凸显,其主要原因在于协同效应,生产平台、渠道、用户和品牌资源的共享带来显著范围的协同效应。为实现信息的最大化利用,基于范围经济的并购可以有效分摊传媒运营中分别进行信息采集、处理所需的高额成本,目前众多传媒集团打造"全媒体业务平台"的企业行为,就是基于范围经济的战略选择。

4.2.1.2 传统媒体产业组织扩张的战略与路径

传统媒体产业的组织扩张路径是遵循上述产业组织扩张的理论逻辑的,为实现规模经济、范围经济效应,为节省交易成本,选择或同质横向扩张、异质纵向产业链扩张,或不相关多元化扩张的战略与路径,以实现产业的发展、提高产业的竞争效率。

● 横向扩张

又称水平一体化或整合一体化,是指企业收购或兼并同类产品生产企业来实现水平化的扩张。通过收购同行业组织或与同行业进行横向联合进入新的地域市场的方式,来扩大规模、降低成本、提高市场占有率、提升现有竞争优势、减少竞争对手。水平一体化可以获得传媒的规模经济效应(同质媒体)、范围经济效应(相似媒体)、增强市场垄断优势,但也存在企业文化整合、内部协调关系趋于复杂、被兼并的新市场和层级制度导致大量的新的管理成本。

国外传媒产业的市场化发展成熟,纵观西方传媒产业的整个发展史,从报业垄断化、广播电视网的连锁商业运作,到 20 世纪放松管制后的巨型跨国传媒集团的并购浪潮,其实质就是一部连横合

纵的产业扩张史。其中最为经典也最为人津津乐道的时代华纳与美国在线的合合分分，是横向扩张的典型案例。2000年这起当时全球最大并购案，缔造了传媒界最大的航母，然而不到两年时间其就以内部整合困境失败告终，这是典型的横向扩张中的规模不经济。

国内传统媒体产业从20世纪90年代起，传媒集团组建、兼并或联合，进行了大量的横向扩张的实践：成都报业集团与成都广电集团合并成立成都传媒集团，实现了跨媒体的扩张；《京华日报》（人民日报社与广州日报报业集团）、《新京报》（光明日报社与南方日报报业集团）、《每日经济新闻》（解放日报报业集团与成都日报报业集团合作）等则完成了跨地区的扩张；特别是像上海文广集团的"第一财经"品牌的同心多元战略，首次实现了跨地区跨媒体的合作联盟。这些都是比较成功的案例。

● 纵向扩张

又称纵向一体化或垂直一体化，是指处于产业链上下游之间的公司之间的合并战略。传媒企业沿产业链纵向一体化布局是企业在两个可能的方向上扩展现有经营业务的一种发展战略，它包括前向一体化和后向一体化。前者是传媒产业链中的上游环节向下游环节的前向渗透，比如报纸内容出版向发行扩张；后者则是传媒产业链的下游环节向上游环节的后向扩张，比如报纸内容出版向新闻纸印刷的扩张。

纵向扩张有以下益处：其一，可以确保供给、需求的稳定性，比如新闻集团收购福克斯公司50%的股权，稳定了其影视剧片源的供应；其二，可实现规模经济效应，比如《北京青年报》代理经营纸张、油墨乃至纸浆生意；其三，可提高运营效率，比如各大报社自办发行来提高发行效率；其四，可提高产业进入壁垒，当年《广州日报》的自办发行对《羊城晚报》和《南方日报》就形成了竞争压力。同样，纵向一体化也会带来管理成本增加乃至规模不经济的问题，包括资本投资多、管理的复杂性增加、转换的灵活性降低、由外部购买转为内部销售弱化激励、缺乏内部竞争压力，等等。

● 不相关多元化扩张

又称复合多元化（混合多元化），是指企业在多个不同领域投资,形成多个跨度较大的产业群,多个产业之间更多是一种无形关联,主要是建立在管理、品牌、商誉等方面的共享上。①

传媒进行多元扩张一般有两个动因:一是为了分散风险,投资不同的业务使企业不会过多依赖一类产品或单一市场,主营业务出现危机不至于影响整个集团;二是多元扩张可以扩大资源配置的范围,控制生产与经营成本,产生新的利润增长点。而且多元化发展可以形成产业互动,使传媒创造更大的市场,带来更多的利润。西方媒体集团,如维亚康姆、新闻集团、迪士尼等都是多元化发展的典范。

但传媒不相关多元化扩张毕竟是将有限的传媒资金投入与传媒主业毫无关系的产品或服务上的产业扩张战略,对企业的能力、素质、管理水平要求较高,往往难度很大,原本以分散风险为主旨却往往面临更大的风险。

4.2.2 融合中媒体产业平台的无限延伸性与嵌入式扩张

尽管在当前的新数字技术环境下,上述产业扩张的理论基础、基于这些理论逻辑的扩张战略与路径在发展迅猛的互联网新领域仍是适用的,但从近年来的新兴网络媒体发展趋势看,产业组织扩张的态势在原有的基础上发生了新的变化,开始沿着一条与网络经济时代相匹配的新的逻辑与思路在展开,本书认为产业扩张理论需要补充与完善,网络时代媒体产业融合发展中新的扩张路径也需要进行更加清晰的梳理与总结。

4.2.2.1 融合中媒体产业的平台属性与无限延伸性

首先,我们要进一步阐释与厘清融合过程中媒体产业的平台属性以及与此属性相关的开放型网络组织、模块化等新的现象与概念。

正如本书在第2章中所述,在当前的产业融合进程中,相关产业正向着平台化方向发展,这是趋势,同时也是一个漫长的演变过程。几个相关产业之间裂变融合的过程,更是重新结构化的过程,新的产业运行模式正在逐步形成。

---

① 张金海,黄玉波. 我国传媒新一轮扩张态势,中国媒体发展研究报告 [M]. 武汉:武汉大学出版社,2005:49-53.

作为与数字网络环境相适应的组织，平台的结构不同于以往任何一种组织形态，平台是在另一个全新的产业层面上运行和展开竞争的。对于新兴媒体而言，企业通常都是这样的发展路径：从某项特定的信息应用服务出发，以平台模式吸聚大量用户和社会资源，获得快速成长，在此基础上，迅速切入基础业务支撑平台和基础技术支撑平台，占据核心层面的平台主导权，从而扩大其在融合产业中的影响力与控制力。互联网时代，新的组织思维是"对等协作"，与传统经济下层级组织的机械性与标准化流程控制相反，基于互联网的新组织形态是具有高度适应性与弹性的有机组织结构，显现出蓬勃的生命力。"现代性的集中式、金字塔式结构的组织，正在被解构为分布式、扁平化的组织，后者呈现社会有机体的特征，组织成为活体。"[1] 我们可以从维基百科、Linux操作系统的发展历程看到这种协同共享的有机利益共同体的强大活力与创造力。正是基于此，新的媒体产业形成了不同于传统媒体产业的平台型的、开放性的网络组织，而平台产品（服务）的生产（提供）是模块化的。

模块化是在数字网络环境下实现大规模定制的基础，也是平台产品与服务最突出的特征。在数字环境下实现大规模定制的最有效的方法，就是在模块化设计中建立能够配置多种可能的最终产品与服务的模块化构件。模块实质上就是组件、构件，是指具有某种特定功能的半自律的子系统，它可以通过标准的界面结构和其他同样的子系统按照一定的规则相互联系而构成更加复杂的系统或过程。[2] 媒体产业平台的模块化就是按照信息产品与信息服务的层次、类别进行模块划分和集成的过程。比如阿里巴巴的电子商务平台产品，基本模块实现买卖双方信息发布、查询和交换，支付宝、物流宝、诚信通是使电子商务平台更完善的扩展模块，实现了中小企业交易间的资金支付、物流运输及诚信保障。同时这些模块涉及的业务还与金融系统、物流企业系统等外部系统进行了对接，有着极强的适应性。由此可见，平台组织的产品与服务是独立的，每一个模块对应一类市场、具备某项功能，可以单独为用户带来价值，作为半自

---

[1] 姜奇平. 后现代经济：网络时代的个性化与多元化 [M]. 北京：中信出版社，2009：147.
[2] 〔日〕青木昌彦，安藤晴彦. 模块时代：薪酬与结构的本质 [M]. 上海：上海远东出版社，2003：32–40.

律的子系统可以在一定范围内自行运转、成长,甚至衍生出更多的下级模块,而且模块之间具有组合性,可以通过标准接口实现无缝对接、协同运作,有非常强的适应性。特别奇妙的是,平台产品的模块之间还具有显著的交叉网络效应,比如腾讯的QQ,作为即时通信工具,基础模块使用户可以完成实时文字、表情、语音、视频的对话互动等,可以传输文件、进行好友信息管理,而且这个标准模块是免费的。QQ秀、QQ游戏等其他扩展模块不断衍生相应的子模块,且这些扩展模块及其子模块与基础模块间有明显的价值溢出,玩家选择为QQ秀或游戏付费,恰恰是基础模块提供的免费功能所吸引与积聚的,也正因此为腾讯QQ提供了赢利的空间。如图4-5所示。

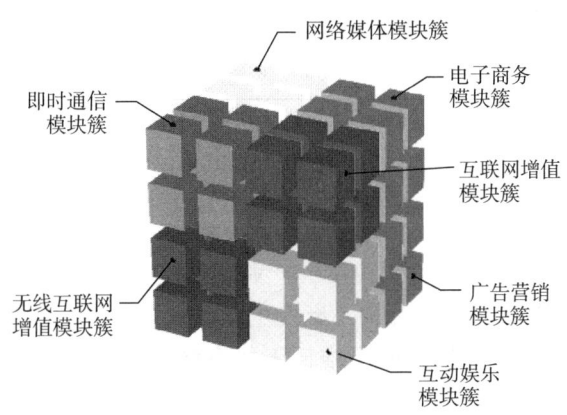

图4-5 平台企业的产品与服务模块化[①]

在上述的平台型网络组织、产品与服务模块化的基础上,我们就不难推论平台化媒体产业发展的空间与延伸性了。平台组织的模块化产品与服务功能不断完善、联结的市场领域不断扩展,媒体产业围绕着其最核心的资产与竞争力(中心架构),不断构建新的模块,模块可以不断地接入、去除、组合、变异,并呈几何级的升级与递增。从理论上说,这种几何级的递增是具有不可估量的空间的,甚至可以说是无边界的。如阿里巴巴公司从最初的B2B框架,

---

[①] 谷虹. 信息平台论——三网融合背景下信息平台的构建、运营、竞争与规制研究 [M]. 北京:清华大学出版社,2012:8.

到涵盖 B2B2C 的大淘宝战略框架,再逐步延伸到支付、物流、数据变现等领域,平台上的相关模块数量随着其中心架构不断升级而呈现几何级的递增。

4.2.2.2 平台上的嵌入式扩张

那么在产业组织平台化、产业生产模块化的发展态势下,新的媒体产业的扩张模式可以这样来描述:新兴媒体产业与传统媒体产业的扩张模式与相应的策略呈现很大的不同,无论是企业组织的规模扩张还是整个产业边界的扩张都是在平台上不断开拓新功能的过程,是以模块嵌入式的特殊模式来完成的。

正如上文所述,在我国,传统传媒产业与电信产业层级控制的组织特征尤为显著,因此集中管控成为传统企业做大做强的必由之路。通常是通过产业链上下游的垂直一体化整合来实现企业组织扩张,这种基于单一产业的线性的扩张思维与模式对于网络经济环境下的媒体产业而言显然是不够的。这是因为,平台化的发展决定了媒体产业扩张的新路线与结果,生产的模块化也决定了媒体产业扩张的路线不再是线性的。

首先,平台化发展决定了媒体产业扩张的路线与结果。近年来的产业背景已发生了重大改变,产业融合引发了跨行业、跨区域、跨媒体的实践,不同产业间不断发生着碰撞与渗透,原有的产业链已经裂变,产业链扩张的思维已不能有效解决产业融合的复杂现实,企业的发展模式正在向构建完整商业生态系统的新模式转变。因为产业价值链是线性的,传统产业链管理与竞争理论以在既定的、结构化的产业中寻求有利地位作为前提,且只适用于单一产业中的企业组织,这显然与当前的现实不相适应。而平台化的媒体产业需要灵活开放的网络型架构,必须营造一个互相依存且具有多样性的商业生态系统,寻求企业网络的价值,这是产业链扩张模式远远不能达到的。从图 4-6 可以清晰地看到,典型平台型网络公司腾讯的企业扩张路线遵循的是上述网络价值的内在逻辑。[①]

其次,生产的模块化决定了媒体产业扩张的路线不再是线性的,其必然与模块的创新与构建相对应。平台之上模块不断增加,

---

① 张永安,吴屹然. 基于新视角的商业模式创新路径研究——以腾讯公司为例[J]. 经济体制改革,2015,(5).

4 资本运营动因与媒体产业组织扩张

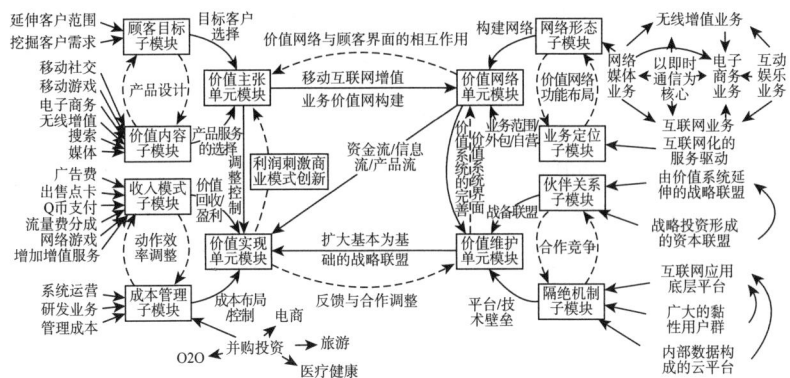

图 4-6 腾讯价值系统分析逻辑

模块间层层相勾连，这种扩张是嵌入式的，就如阿里巴巴的淘宝网与天猫、支付宝、阿里小贷、余额宝……模块与模块间无缝对接、协同运作，不断开创新的功能、嵌入新的模块，基础模块与扩展模块间有着强烈的网络效应，具备快速的自我繁衍的能力，可以衍生大量应用领域，从而使信息流、物流与资金流在整个网络价值系统中生成、流动、演化，这个过程中现实平台不断扩展，平台之上搭建新的平台，这时产业壁垒与束缚在嵌入中被打破，产业边界无限。

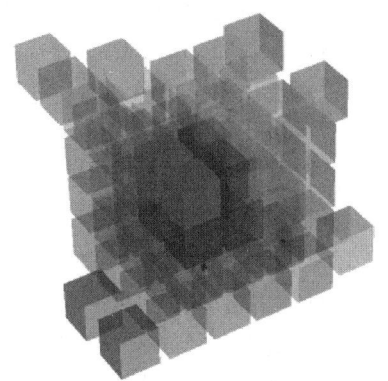

图 4-7 平台上的模块嵌入式扩张

从图 4-7 我们可以看到，平台企业模块的衍生是围绕着一个核心模块层层扩展的，从关联最紧密的核心领域开始，一直延伸到关联不那么紧密的相关领域。同时，模块的组合是灵活多元的，平

台产品具有个性化和多样性,模块无时无刻不在自动升级、革新与成长,由此带来平台强大的市场适应力与扩展性。

4.2.3 遵循平台嵌入式扩张的媒体融合投融资实践

如果说传统媒体时代,产业组织扩张以实现规模经济节省交易成本为内在推动力,扩张遵循横向一体化与产业链纵向一体化的战略,那么移动互联网时代的新的媒体产业组织扩张则以技术创新为内在推动力,遵循平台扩张、通过模块的嵌入实现完整商业生态系统演化的战略。我们仍然以 BAT 的实践为例来展开阐释。

从近十年来 BAT 三家的扩张实践来看,它们搭建平台、打造完整生态圈的扩张战略越发清晰。特别是自 2012 年以来,三者在移动互联网领域的竞争日趋激烈,尽管 BAT 都以实施平台扩张的战略来打造生态系统,却有其各自不同的差异,凭借各自的历史核心优势形成了错势定位:百度以搜索技术的绝对领先优势形成的 PC 上的流量分发能力,腾讯基于 QQ 客户端形成的全网用户覆盖和社交关系,阿里巴巴以淘宝和天猫为核心的强大电商平台。这些是它们各自的核心业务模块,BAT 以此为圆心开始版图扩张。

我们知道网络经济呈现强者恒强的马太效应,谁能掌握用户上网的入口,谁就能让用户尽可能留在自己的平台上或者与自己利益相关的服务中,自然就能获得最大的利益。三家公司在某种程度上都是入口公司:百度的搜索代表了信息的入口,阿里巴巴的淘宝和支付宝代表了商品和资金的入口,腾讯的微信与 QQ 代表了用户时间的入口(社交)。正是基于此,BAT 以移动互联网的入口为开端,展开了模块嵌入式的扩张与竞争,尽管在很多平台模块上有重叠、有正面竞争,但分别形成了三种不同类型的商业生态系统。

如图 4-8 所示,百度自喻是"冰山"式的生态,用户可见的是手机百度和百度地图,这也是其商业生态系统的入口,隐藏的部分包括中间层的搜索,这是其核心业务,而最为庞大的是隐匿于最底层的 O2O,其将线上线下 360 行的业务相连接。[①]

---

① 图片来源:《都说生态圈,BAT 到底是什么样的圈?》,财新网"数字说",http://datanews.caixin.com,2015-12-16。

4 资本运营动因与媒体产业组织扩张

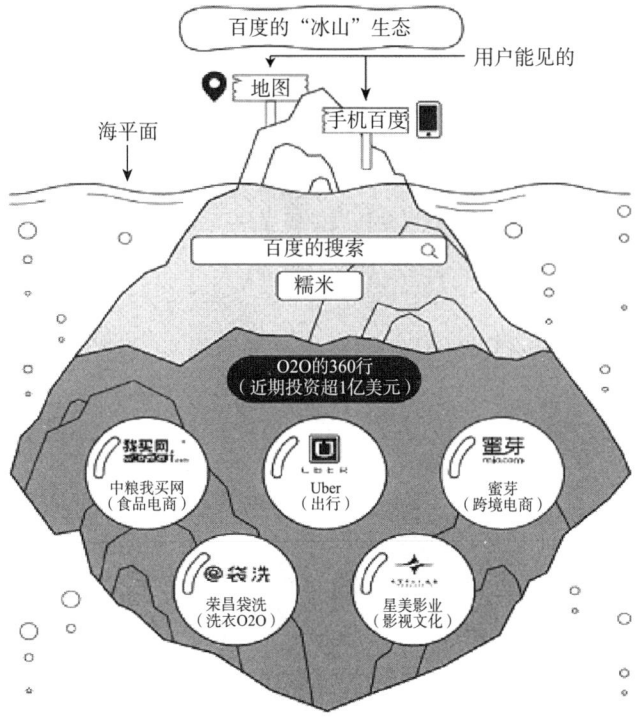

图 4-8 百度的商业生态系统

如图 4-9 所示,腾讯则在构建"亚马逊森林"式的生态,森林中央是腾讯自己的线上内容,以微信和手机 QQ 两大社交平台灌溉投资领地,最终实现连接一切"树木"。①

如图 4-10 所示,阿里巴巴在搭建商业社会的"水电煤"式生态,打通云和端,控制各条战线,最终落地金融支付和数据变现,形成闭环的移动电商生态体系。②

正是在上述定位不同的生态圈演化中,BAT 展开了一系列的模块嵌入式扩张与相应的投融资战略。在发展初期,它们的公司投融资战略目标都是依托自身的优势建立完善的基础核心业务模块,搭

---

① 图片来源:《都说生态圈,BAT 到底是什么样的圈?》,财新网"数字说",http://datanews.caixin.com,2015-12-16。
② 图片来源:《都说生态圈,BAT 到底是什么样的圈?》,财新网"数字说",http://datanews.caixin.com,2015-12-16。

融合与资本创新

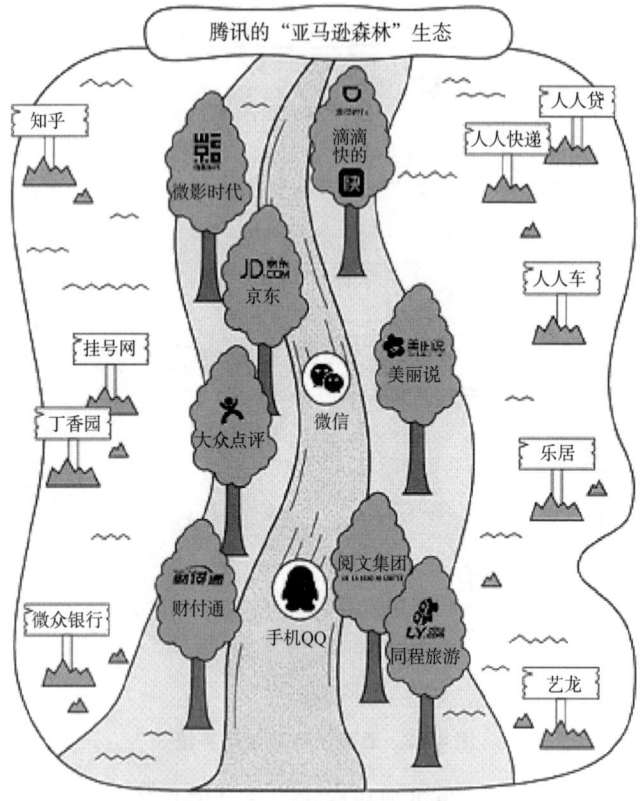

图4-9　腾讯的商业生态系统

建起中心架构，随着进一步发展，生态链基本形成，开始在核心模块上进行嵌入式扩张，采取的投融资战略目标就是在其生态系统中嵌入新的模块，直至生态圈开始成形，平台需要进一步嵌入更为丰富的扩展模块，在不断的层层扩展中，从关联最紧密的领域开始，一直延伸到关联不那么紧密的领域，最终生态系统基本形成闭环。这些业务模块的组合是灵活多元的，平台产品具有个性化和多样性，模块无时无刻不在自动升级、革新与成长，由此带来平台强大的市场适应力与扩展性。

尽管最终形成的生态系统各有不同，但从BAT的模块嵌入式平台扩张过程中，我们清晰地看到，新型互联网平台型企业扩张的方向指示了互联网技术及其应用发展的趋势，隐含着技术创新的内生驱动；扩张的路线显示了新的产业价值取向，隐含着商业生态系

4 资本运营动因与媒体产业组织扩张

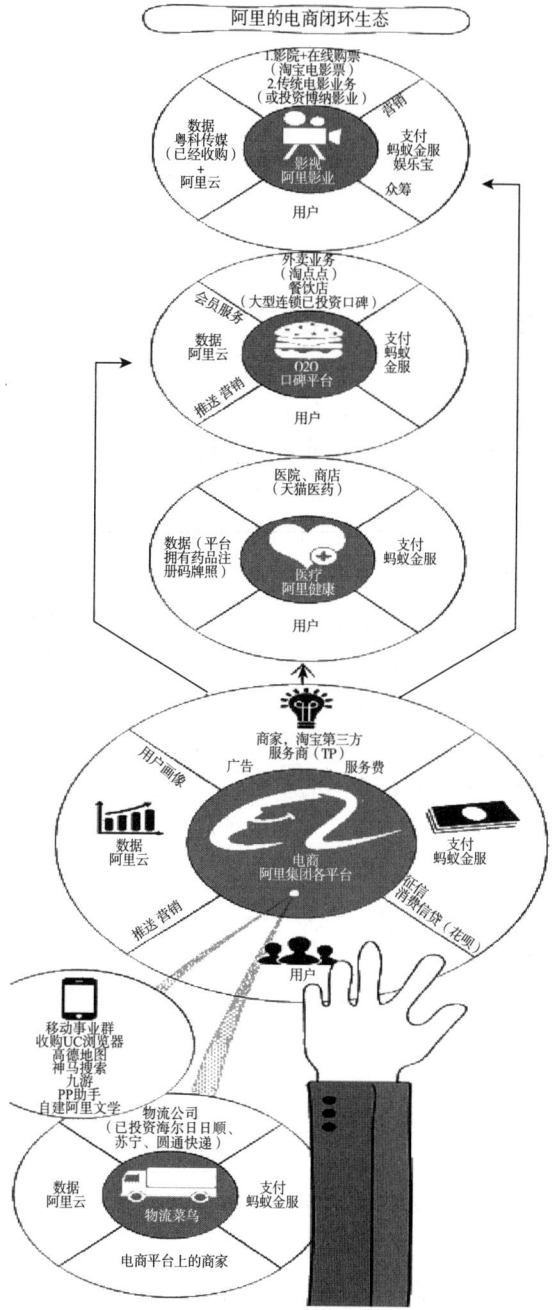

图 4-10 阿里巴巴的商业生态系统

统的互联网战略观；扩张的方式表明了平台企业的新的产业组织结构与生产运行方式，隐含着平台经济效应的经济学规律。而这一切，在实践层面，都是通过投融资行为来实施与实现的。

4.3 媒体产业组织的竞争合作与资本运营

4.3.1 新的媒体产业组织竞争与合作关系

在本书第 2 章中我们已经阐述了网络经济下竞争与垄断之间相伴相容、相互强化的关系，论述了网络时代新的媒体产业组织显著的竞争垄断型市场结构特征，而正是这样的产业运行规律与特征构成了产业内外企业间特殊的竞争与合作格局——竞合。

作为平台化的产业，平台企业间是激烈的竞争，同时也是共同进退的关系；巨型平台企业与中小企业间存在紧密的相互依存关系，而即使与传统产业间也可以构成相互渗透与合作的关系。网络时代媒体产业的垄断与竞争不同于传统媒体产业的垄断与竞争，媒体产业仅仅依靠差异化和对独特资源进行把控早已不足以维持产业的持续发展，必须通过开放性的成长，通过构建以自身为中心的商业生态系统，拓展编织发达的价值网络来获得可持续的竞争优势。平台之间的竞争也并非企业间的单打独斗，而是交叉渗透、错位并存的商业体系间的合纵连横。就是这种高度垄断又高度竞争的特殊市场结构催生了竞合的特殊市场行为。

可以说，融合发展中，竞争与结盟是具有产业垄断地位的巨型平台企业的重要战略决策。对领先企业而言，有时结盟是比直接竞争更强大的竞争手段。当年英特尔在每一项创新的初期阶段，通常都是先与一小群外部公司建成伙伴关系，并以战略利益集团的形式把这些公司集中到一起，再与战略利益集团的成员进行协作。而相互竞争的巨型平台企业之间，选择与谁结盟是战略性的。如在移动互联网领导的争夺中，苹果与谷歌是对决者，而昔日个人计算机霸主微软选择与昔日个人手机霸主诺基亚结成联盟，是符合它们各自的战略利益的，也由此奠定了苹果 iPhone、谷歌 Android 与微软 Windows Phone 三足鼎立的局面。由此可见，竞争与结盟的决策，会极大地影响产业竞争的格局。

同时，近年来我们还看到这样一个趋势，网络媒体与传统媒体相互渗透合作。在正面的竞争中传统媒体产业毫无疑问处于劣势，但这并不意味着传统媒体无路可走。互联网企业在许多方面离不开传统行业的支撑，电子商务的发展离不开传统零售企业与物流企业的支撑，门户网站也离不开传统新闻内容的生产机构。未来将有更多的合作创新发生在网络媒体与传统媒体的互补中。

4.3.2 资本融合下的媒体战略联盟

巨型平台企业是平台商业生态系统的绝对核心与领导者，具有强大的市场影响力，并决定着整个商业生态系统架构、势力范围，决定着平台参与者的利益关系、力量对比与均衡。如果媒体产业中的中小企业通过结成松散型利益联盟共同参与市场竞争，或者加入巨型平台企业内部产业联盟，成为平台上的某一个模块，提供配套功能，同时保持自身的独立性，形成一个个具有活力的小型生态圈，那么大平台领导者就将拥有一个巨大的聚宝盆。而且，巨型平台企业作为商业生态系统的核心，具有乘数效应，产业中平台企业投入的多少与发展的好坏将对整个产业产生一系列的连锁反应，使整个产业的总体产能和规模产生加倍扩大的效应。

因此，巨型平台企业作为商业生态系统的领导者，承担着推动整个系统创新与发展的职责，要通过自身的持续创新为产业的参与者扩大产业整体份额，更重要的是要采取持续有效的方法推动整个产业围绕平台产品进行创新，通过资本运作、风险投资、收购策略或战略联盟等来维护整个产业的共同利益。

在近年来发生的令人眼花缭乱的投资并购中，除了个别极具战略意义的公司是真正买下全资控股外，大多数的投资是以合作注资、战略联盟的方式进行的。

一般来说，并购的结果往往导致产业集中度的进一步加剧，因此媒体产业中的中小企业往往通过结成产业联盟的方式来应对。如结成上述松散型联盟共同参与市场竞争，以获得规模化的议价能力，目前更多的是加入巨型平台企业内部产业联盟，成为平台上的某一个模块，提供配套功能，同时保持自身的独立性。这种战略联盟可以是有股权关系的联盟，也可以是一方投资形成股权关系的联盟，还可以是巨型平台企业以机构风险投资方式孵化培育有前景的

初创企业，如腾讯投资超级课程表这样的年轻项目。在与这些领域的企业合作伙伴达成联盟时，"腾讯的定位是回归自身最核心的平台，并不求很深地进入到每一个行业，而是作为基础平台给所有的产业提供基本的零配件工具"。①

巨型平台企业通过平台化、商业生态系统的构建，将自己定位在移动互联网世界的基础设施层面，是一个符合平台经济规律的现实战略选择。

4.4 未来融合媒体产业的边界

当前的格局下，BAT 三大网络生态系统已经初步形成，三巨头分别依托自身的核心积累优势，借助资本手段布局整体商业生态系统，仍在不断吸纳创业创新力量，争夺中小型开发者，力图把更多的互补品网罗进自身的商业生态系统以形成更大的协同价值。

投中研究院统计数据显示，在过去 10 年发展历程中，BAT 总投资规模约 300 亿美元，约占 BAT 目前市值的 6%。累计投资总量为 315 例，其中已披露投资规模 219 亿美元。在此期间，BAT 三家企业总市（估）值从 55 亿美元增长至 5150 亿美元，增长接近百倍，年均复合增长率超过 150%，②这是令人咋舌的超级发展速度。通过投资与开发，百度深度整合已有的搜索优势与 LBS 功能，以百度地图为移动互联网的"超级入口"，立足百度大数据优势，逐步构建起"移动搜索＋地图 LBS＋APP 分发"的全方位本地生活服务平台；腾讯作为一个"连接一切"的开放平台，将自身的流量、场景、代码等资源对众多创业型中小开发团队开放，建立起以自身核心产品为主体架构、包含多元化互补品的开发体系；阿里巴巴则提出"以控制为出发点的 IT 时代正在走向以激活生产力为目的的 DT③时代"，要以数据积累和共享为基础，打造"云端一体、云地一体、多入口协同"的模范样本，力图搭建一套移动端的商业生态系统。几大网络生态帝国呼之欲出，无论是布局广度还是扩张速度

---

① 曹蓓. BAT 的扩张逻辑 [J]. 中国品牌，2015，(7).
② 金建华. BAT 投资的生态链 [J]. 上海国资，2015，(1).
③ DT，即 Data Technology。

都前所未有。人们不禁要问：在不断融合中，媒体产业的边界到底在哪儿？

从当前的情况来看，新兴媒体产业的平台企业具有强大的市场影响力与持续的扩展性，可以利用庞大的多边用户以低成本的方式实施扩张，几乎可以随心所欲地将自己的势力与业务触角延伸到任何相关市场领域，使原先的在位企业失去市场。特别是当网络媒体已逐步进入平台化阶段时，表现为"巨型平台企业，它们已经成为主导产业发展的中坚力量，制定着产业发展的技术标准，形成了自己的经济圈，是政府制定规制政策时重点关注的对象"，[①] 将会产生更为强烈的内在扩张需求，当扩张达到某一个市场的饱和量时，平台仍然会不断接入更多的多边市场，向新的市场领域扩张，以增加平台的丰富性和规模。同时不断扩张也是竞争性垄断市场结构决定的，应对现实竞争对手与潜在竞争对手，保持垄断地位的有效办法就是主动扩张。但在扩张的同时，平台经济的本质应是开放、共享与共赢的，平台生态系统中各个成员间的关系不是链状的层级关系而是网状的相互依存关系，平台产品是跨越单个企业的生产体系的结果。可以说，未来真正的平台产品将不再是某个垄断企业的产品，而是整个产业集群和平台商业生态系统的成果。在未来的媒体产业平台体系中，应该有明确的分工，边界的扩张需要适度，以达到整个商业生态系统的均衡。

正如前文所述，新的媒体产业尚处于结构性的融合进程中，尽管其边界扩张的经济学逻辑与扩张路径日渐清晰，但最终判断其合理边界有待进一步观察。

本章小结 竞争性垄断的市场形态之下，技术创新与市场结构乃至产业组织结构间存在互动关系。随着技术的不断创新，市场结构不再是静态的，而是随着垄断程度的强弱更迭呈波浪式起伏，表现在实践层面，融合中媒体产业的扩张战略轨迹往往与技术创新的战略是一致的。从 BAT 三家具代表性的网络企业近年来的投融资实践与策略的梳理分析，我们可以非常清晰地看到，其融资、并

---

① 陈宏民，胥莉. 双边市场：企业竞争环境的新视角［M］. 上海：上海人民出版社，2007：36.

购、投资行为，无论是战略也好，财务也罢，归根结底是围绕与基于整个互联网领域近年来的技术创新与进步展开的，资本运作的路径与互联网技术变迁的轨迹一致，技术创新的竞争是其企业行为背后的逻辑。可以说，新技术逻辑就是其资本运作的指挥棒，技术驱动着其资本的趋向，资本又推动着新的市场结构的形成，推动着产业的进一步发展。如果说传统媒体时代，产业扩张以实现规模经济节省交易成本为内在推动力，扩张模式遵循横向一体化与产业链纵向一体化的战略，那么移动互联网时代的新的媒体产业扩张则以技术创新为内在推动力，遵循平台扩张、通过模块的嵌入实现完整商业生态系统演化的战略。平台企业模块的衍生是围绕一个核心模块而层层扩展的，从关联最紧密的领域开始，一直延伸到关联不那么紧密的领域。同时，模块的组合是灵活多元的，平台产品具有个性化和多样性，模块无时无刻不在自动升级、革新与成长，由此带来平台强大的市场适应力与扩展性。新的媒体产业的垄断与竞争不同于传统媒体产业的垄断与竞争，仅仅依靠差异化和对独特资源进行把控早已不足以维持产业的持续发展，必须通过开放性的成长，通过构建以自身为中心的商业生态系统，拓展编织发达的价值网络来获得可持续的竞争优势。平台之间的竞争也并非企业间的单打独斗，而是交叉渗透、错位并存的商业体系间的合纵连横。巨型平台企业作为商业生态系统的核心，具有乘数效应，产业中平台企业投入的多少与发展的好坏将对整个产业产生一系列的连锁反应，使整个产业的总体产能和规模产生加倍扩大的效应，并通过资本运营结成战略联盟来维护整个产业的共同利益。媒体产业的平台企业具有强大的市场影响力与持续的扩展性，但在未来的融合媒体产业平台体系中，应该有明确的分工，边界的扩张需要适度，以达到整个商业生态系统的均衡。

5 资本运营效应与媒体产业融合发展规模

5.1 融合中的中国媒体产业资本规模与产业发展规模

5.1.1 中国互联网、文化传媒类上市公司的整体规模

经过20年的发展，中国互联网、文化传媒相关市场持续繁荣。近年来，上市公司继续保持良好的发展势头，一方面阿里巴巴、腾讯、百度等海外或境外上市互联网媒体公司高歌猛进，另一方面国内上市的网络媒体公司也势头良好，无论是业绩还是公司价值都可圈可点。

- 境外上市的互联网、文化传媒公司规模与现状

境外上市是我国大多数互联网企业发展初期的重要选择，因此这部分上市公司为数众多，且具代表性。除腾讯在香港上市之外，其他大多数在美国纳斯达克上市。

我们根据最新公布的境外上市的TOP29中国网络公司2018Q3财报数据（见表5-1），从企业的营收、净利润、收入增速等各项业务指标，可一窥目前中国境外上市的互联网、文化传媒公司的发展现状。

表5-1 2018年Q3境外上市互联网文化传媒类公司营收排行（TOP29）

统计单位：人民币

排名	企业	营收（亿元）	同比增长	净利润（亿元）（non-GAAP）
1	京东	1048.000	25.10%	12.000

续表

排名	企业	营收（亿元）	同比增长	净利润（亿元）(non-GAAP)
2	阿里巴巴	851.480	54.00%	234.530
3	腾讯	806.000	24.00%	197.100
4	百度	282.000	27.00%	67.000
5	美团点评	191.000	97.20%	-24.64
6	唯品会	178.000	16.40%	5.008
7	网易	168.550	35.10%	22.590
8	携程网	94.000	15.00%	17.000
9	爱奇艺	69.000	48.00%	-31.000
10	欢聚时代	41.000	32.60%	7.870
11	新浪	38.330	26.00%	4.659
12	陌陌	36.884	51.00%	7.780
13	58同城	36.268	33.20%	8.435
14	拼多多	33.700	697.00%	-6.189
15	微博	31.668	44.00%	11.810
16	搜狐	31.654	-11.00%	-2.200
17	易车网	27.250	25.90%	3.450
18	搜狗	19.034	7.00%	1.925
19	汽车之家	18.884	51.00%	7.374
20	猎豹移动	13.520	15.60%	1.933
21	虎牙直播	12.770	118.80%	1.210
22	哔哩哔哩	10.780	48.00%	-2.461
23	趣头条	9.773	520.30%	-2.984
24	前程无忧	9.546	31.10%	7.854
25	乐居	9.221	40.00%	0.712
26	畅游	8.120	-29.00%	3.712
27	途牛	7.631	48.00%	0.830
28	搜房网	5.753	-25.50%	0.846
29	凤凰新媒体	3.287	-22.80%	-0.183

资料来源：艾媒网，http://www.iimedia.cn/6318.html。

从营收看，在29家境外上市中国公司中，收入最高的是巨头BATJ之一的京东，是唯一一家营收破千亿的公司。财报数据显示，京东第三季度净营收1048亿元人民币（约153亿美元），核心业务京东商城在经验丰富的管理团队的带领下保持持续增长。

阿里巴巴、腾讯、百度紧随其后。阿里巴巴营收为人民币851.48亿元（约123.98亿美元）。财报显示，这一季度核心电商收入为724.75亿元，同比增长56%。其中，阿里巴巴新零售的基座之一天猫实物GMV同比增长30%。腾讯总收入为人民币806亿元，主要受惠于支付相关服务、网络广告、数字内容销售及云服务的增长。百度第三季度总营收为人民币282亿元（约合41.1亿美元）。总的来说，百度第三季度的业绩表现强劲，这得益于搜索、信息流和人工智能新业务的显著增长。此外，在用户量迅速增长与百度视频产品强劲表现的双重拉动下，信息流收入成为百度营收增速的一大亮点。

从净利润来看，29家境外上市中国互联网公司中，实现盈利的公司有22家，占比为75.86%。其中，净利润过百亿的公司为阿里巴巴、腾讯，净利润分别为234.53亿元、197.1亿元人民币。而营收排名第一的京东，其在非美国通用会计准则下（Non-GAAP）归属于普通股股东的持续经营业务净利润为12亿元人民币（约2亿美元），在持续高研发投入下实现了连续10个季度的盈利。

综合来看，多数境外上市公司顺应行业趋势进入上行轨道，盈利企业增多。值得关注的是，尽管趋势走好，但平台发展压力仍然较大，24.14%的平台还在亏损区挣扎。比如，营收同比增长697%的拼多多，也依然在亏损中。第三季度财报显示，不按美国通用会计准则，归属于拼多多普通股股东的净亏损为人民币6.189亿元（约合9010万美元），而上年同期净亏损人民币2.180亿元，电商新秀拼多多依然处于"烧钱"阶段。

从营收增速上来看，阿里巴巴、美团点评、陌陌、拼多多、汽车之家、虎牙直播、趣头条的营收增速较快，同比增长均超过50%，而京东、腾讯、百度也保持较快增速。阿里巴巴收入增速备受瞩目。财报显示，当季阿里巴巴收入同比增长54%，已经连续十个季度保持超过50%的增速。值得注意的是，当前全球经济大环境处于不确定的态势下，阿里巴巴的收入增速仍然超过了FAANG

（Facebook、亚马逊、苹果、Netflix 与谷歌）等全球互联网头部企业，连续5个季度领跑全球互联网第一阵营。2018年前三季度，对比 FAANG 阵营，只有阿里巴巴的增速每一季度均超过了50%。

作为最重要的中概股，2014年9月在美国纽交所成功挂牌上市的阿里巴巴公司在境外上市的网络公司中格外亮眼，其在上市后首次公布的财报中业绩表现就超过投资者预期，前瞻市盈率一直在45倍左右，提振了境外投资者对中概股的信心，在境外投资者的资产组合中有不容忽视的地位。数据显示，越来越多的投资人开始通过 ETF 等方式投资阿里巴巴公司的股票，KraneShares CSI 是一只专注投资中国互联网的 ETF，其持仓量最大的分别占10.6%的阿里巴巴、占8.9%的腾讯以及占8.2%的百度，此基金组合在六个月内就上扬了11%，阿里巴巴上市后的业绩增长与发展前景也确实证明了投资者对其长期估值的合理性。

继2014年中概股的亮眼涨幅（见图5-1）之后，2017年中概股表现突出，涨幅最大的中概股数据是：迅雷285%、微博157%、58同城157%、好未来156%、汽车之家155%、阿里巴巴97%、网易70%、京东66%、百度45%、陌陌39%、携程12%。另外在香港上市的腾讯涨幅114%。但2018年因美股市场行情波动及中美贸易战，中概股涨幅大幅回落。

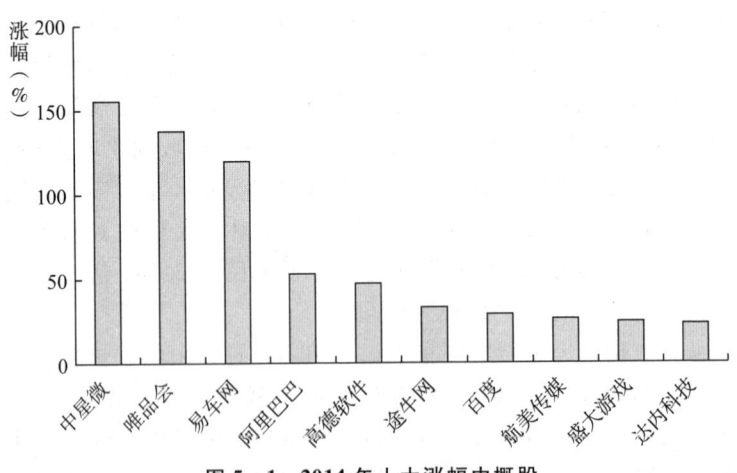

图5-1 2014年十大涨幅中概股

当前，境外上市的网络企业有两个趋势值得我们关注。一是随着2014年底到2015年中国A股市场的强劲复苏，一股境外上市网络公司回归A股市场的热潮出现。

近年来境外上市公司出现新的动向，2014年初至今，完美世界、中国手游等宣布实施私有化退市的中概股总数已超过30家，彭博统计显示，至2015年6月下旬，收到的在美上市中概股私有化要约总规模达到230亿美元，超过过去12年间任何一年的规模，创下历史新高。人人网、世纪佳缘、奇虎360等互联网企业也加入了这一轮回归的浪潮中。而与此对应，2015年中国企业赴美上市步伐明显放缓，IPO规模介于5000万美元至1亿美元之间。

究其原因，"A股市场创业板、中小盘股等动辄就会出现几十倍上百倍的市盈率，再加上许多外国投资者对中概股公司本身并不熟悉，给予的估值偏低，造成了中概股私有化浪潮的出现"。[1] 特别是2015年上半年，国内A股市场行情暴涨，暴风科技等互联网科技股上市后股价不断冲高。可见，国内A股市场的火爆，加之相对美国市场、A股市场对同业公司给予的估值高，这是推动部分中概股企业私有化、回归A股进程的直接原因。当然，国内多层次资本市场体系的不断完善、投融资环境的变化才是其中更深层的原因。

从目前的情况来看，境外上市公司的回归之路并不简单，在政策、技术层面会遭遇许多难题，私有化退市再A股上市的过程不会一帆风顺。但至少向我们揭示了一个趋势：网络媒体当年的纳斯达克淘金之路是无奈之举，当网络媒体产业已发展到一定阶段、国内的投融资环境不断成熟与完善时，境外融资的道路将不再是唯一的选择了。

二是更多的网络媒体中概股被纳入MSCI指数。近年来，中国的境外上市公司的投资地位越发彰显。2015年11月，14只在美国上市的中概股被纳入MSCI（Morgan Stanley Capital International）指数，其中包括阿里巴巴、百度、京东、携程、网易等网络媒体公司。经过此次调整，在MSCI中国指数中，IT行业成为仅次于金融的行业板块，比重由之前的14.4%大幅增加至21.7%。被纳入MS-

---

[1] 慕丽洁. 中概股去年总体回报17%，今年将延续私有化浪潮 [N]. 21世纪经济报道，2016-1-6.

融合与资本创新

CI 这个全球投资组合经理人采用最多的基准指数意义重大,这意味着中国资本市场国际化进程进一步加快,境外资金将更为关注中国优质网络媒体企业,该领域的投资规模将进一步扩大。

● 国内上市的网络媒体公司规模与现状

以传统媒体为母体,融合发展的新媒体机构原本不是本书研究的重点,但因目前在国内上市的网络媒体公司以此类公司为主,特别是近一两年来,该类公司的发展较快,乘借国家推进媒体融合发展的政策利好,出现了一些可圈可点的新的趋势与亮点,本书仅在此处做一些描述与简单分析。

随着近年来中国国内资本市场市场化改革的深化,机制不断完善、多层次资本市场逐步建立起来,加之产业政策的利好、传统产业转型升级的趋势等多重因素,开始有更多的网络媒体企业选择在国内 A 股市场上市,特别是背后有"传媒国家队"背景的新组建的网络媒体公司。目前百视通与人民网的发展势头都非常好,中文在线是 2014 年新上市企业。乐视网的营收曾在 2014 年比同期增长了 188.98%,市值曾高达 756.9 亿元,一度成为国内创业板第一大市值公司,但 2017 年起在快速扩张中深陷财务危机,一蹶不振;百视通公司则进入了 500 亿元俱乐部,2014 年的市值为 537.95 亿元;人民网的市值也超过了 300 亿元,其 2014 年第三季度的营收为 10.02 亿元,同比增长 52.52%,净利润达 1.80 亿元。[1](详见表 5-2)

表 5-2 网络媒体国内上市公司情况

单位:亿元,%

公司	总资产	增速	营业收入	增速	净利润	增速	市值	布局行业种类	并购案件(起)
乐视网	88.44	76.16	68.20	188.98	3.20	26.84	756.90	影视、手机、平板、汽车、硬件、应用、智能穿戴、投资	1
中文在线	4.43	38.00	2.82	27.94	0.46	1.61	100.62	数字出版	新上市

---

[1] 张向东,谭云明. 中国传媒投资发展报告(2015)[M]. 北京:社会科学文献出版社,2015:194-195.

续表

公司	总资产	增速	营业收入	增速	净利润	增速	市值	布局行业种类	并购案件（起）
人民网	-	-	-	-	-	-	317.64	互联网、彩票	1
百事通	65.09	27.15	29.78	12.91	7.85	15.96	537.95	互联网电视	3

注：1. 总资产为截至 2014 年 12 月 31 日的资产规模；2. 市值为 2015 年 3 月 20 日休市时。
资料来源：根据上市公司财报资料整理。

特别是在 2014 年，百视通（BesTV）合并东方明珠，这两家公司都是 SMG（上海文广集团）旗下的上市公司，以旗下的体量规模较小的互联网平台上市公司来吸收合并规模更大的老牌上市公司，实质上是 SMG 重启改革的重要举措。通过上市公司的合并加快媒体融合，将互联网基因植入传统媒体集团，倒逼、推动整个 SMG 的变革，进而打造国家需要的大型互联网传媒集团。[①] 一时间此举成为当时媒体融合转型资本运营的经典案例。

5.1.2 中国互联网、文化传媒融合领域的资本市场与资本运营规模

经过 20 多年的发展，中国网络用户规模快速增长，产品服务更加丰富多元，媒体产业的收入呈多元化趋势并向移动互联领域延伸与转移，与此同时，新兴网络媒体在资本市场上风生水起，20 年产业发展史也是一部资本运营史。

我们以具有重大突破、融合开始走向深入的 2014 年为时间点进行分析。截至 2014 年底，国内互联网领域共发生了 1878 笔融资，总金额超过 1000 亿元人民币。从投资数量上看，互联网领域内投融资最热的三个细分领域是电子商务、移动互联网与网络金融服务。[②] 图 5-2 显示，与媒体产业相关的投融资（移动互联网、电子商务、部分金融服务、媒体资讯、广告营销、SNS 社交网络、游戏动漫、多媒体娱乐等）占了很大份额，是投融资最活跃的区域。

---

① 郭全中. 媒体融合转型中的资本运作——从 SMG 的百视通吸收合并东方明珠的案例谈起［J］. 新闻与写作，2015，(4).
② 张向东，谭云明. 中国传媒投资发展报告（2015）［M］. 北京：社会科学文献出版社，2015：122-124.

融合与资本创新

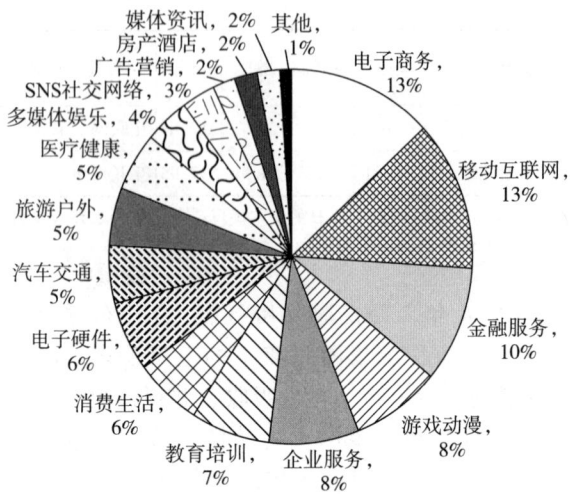

图 5-2 国内互联网领域投融资构成①

而目前融合中的中国媒体产业投融资模式及资本运营状况与早年产业初始阶段相比已有很大的不同，无论是投融资的外部环境、整体规模，还是产业本身的发展实力都发生了根本改变，资本市场相应也呈现新的特征与趋势。媒体产业的发展与投融资模式变迁是一致的。

融资渠道上，近年来除了传统的融资渠道外，种子天使投资为一些具备成长性优势的网络新兴媒体注入了资金与活力，国内的天使基金投资格外青睐网络媒体产业，其成为推动网络媒体产业发展的重要力量之一。2014 年中国股权资本市场中国机构天使投资共发生 766 起，涉及投资金额 5.27 亿美元，而 TMT（Telecommunication，Media，Technology）行业是机构天使追逐的热点，占比超过七成，互联网及娱乐传媒均排在前五名。② 2013 年由于政策的因素，我国股权投资市场募集渠道与退出渠道严重萎缩，使创业投资机构更加注重对早期项目的挖掘，加上中国富裕阶层接受创业投资

---

① 张向东，谭云明. 中国传媒投资发展报告（2015）[M]. 北京：社会科学文献出版社，2015：123.
② 张向东，谭云明. 中国传媒投资发展报告（2015）[M]. 北京：社会科学文献出版社，2015：127.

的程度不断提高,有能力进行天使投资的个人越来越多。随着近年来移动互联网技术的应用,网络媒体业务创新能力不断加强,更加受到天使投资者的热捧。

以 2014 年互联网领域媒体资讯类行业的融资为例,获投的 35 家媒体企业模式丰富,既有 21 世纪这种发展较为完善的老牌媒体,也有专注于电商、数码产品、科技、游戏等细分行业的小型垂直媒体,如亿欧网、雷科技、Zealer 等,自媒体如餐饮老板内参、文书车云等也获得机构天使数百万的投资。得到种子天使投资及 A 轮投资的以行业小型垂直媒体为主,这类企业往往拥有具核心竞争力的内容或产品,有较强的专业性。而像 2013 年 A 轮融资的果壳网、头条网、华尔街见闻等已获得了进一步的投资,投资方除了本土投资机构外,还有外资投资机构、教育机构、科技公司、媒体等形式多元化的渠道。

媒体产业近年来在投资重心与方向上可以归结为四种趋向。

一是社交化投资。以阿里巴巴与新浪微博在社交媒体领域的战略投资合作为代表。这是一场关于估值、资本乃至互联网话语权的多重博弈:新浪注重用户与流量的变现;阿里巴巴要的是物质消费之外的文化消费;支付平台进驻微博,表面上看是为弥补自己的媒体短板,实则为未来电商赢利谋求更大发展空间,社交化投资模糊了投资的界限。

二是服务化投资。以腾讯收购京东商城为典型。2014 年腾讯以 2.14 亿美元收购京东商城 15% 的股份,腾讯将 B2C 平台的 QQ 网购和 C2C 平台的拍拍网并入了京东商城,这表明腾讯将电商业务的赌注押在了京东商城上,而筹码是微信与手机 QQ 客户端的一级入口位置。此次并购,腾讯以自身的服务性优势成功吸引了京东商城,而京东看中的是腾讯强大的服务资源,以此来消化自己供应商的"货源"。两者从最初的竞争关系到合作关系,也反映了移动互联网领域投资的新型竞合关系:京东需要大量的流量,腾讯需要稳固的支付系统以增强用户的黏性,因此合作实现了双方互补。

三是个性化投资。以百度为典型。百度相比阿里巴巴与腾讯,在投资上更为稳健与保守,其投资带有强烈的个性化,非常注重对自身核心业务的补充,只有符合商业模式前景好或可以进行战略协同的条件才会吸引其投资,如对爱奇艺、去哪儿和安居客的投资。

当独立孵化培育的爱奇艺自身得到更强势的发展后,百度将其与 PPS 进行了合并,共同联合发展,不做所谓"争夺",意在立足自身定位与业务连通。

四是社会化投资。以湖南电广传媒为例。上文讨论媒体产业发展时,基本没有涉及传统媒体或母体为传统媒体的网络媒体企业,我们研究的主要对象还是互联网基因的网络媒体企业,但从 2014 年以来,新兴媒体融合趋势发生了一些新的变化,互联网企业与传统媒体间的融合愈发紧密,传统媒体向互联网领域的进入也不同于早年的"传媒+互联网"的简单嫁接模式,在融合的过程中资本融合越来越成为重要的路径选择,因此在讨论媒体产业资本运营现状时不可回避。

湖南电广传媒以增资与受让股权相结合的方式出资 1.673 亿元投资控股了广州翼锋信息科技有限公司,同时出资 1.2273 亿元成为江苏物泰信息科技有限公司的第一大股东。其投资从大数据和物联网入手,以互联网广告为基石,展开了小范围的大投资,将公司核心业务转向实现传统媒体与新兴媒体的融合,基于对移动互联未来发展的预判,投资面覆盖了社会生活的大部分,是一次典型的社会化投资,也是一次传统媒体向新兴领域融合转型的成功案例。

5.1.3 融合中的中国媒体产业新兴市场规模及其发展态势

中国于 1994 年 4 月 20 日正式接入国际互联网络,至 2014 年的短短 20 年间,已成为拥有 6.49 亿网民、5.88 亿即时通信网民、4.33 亿网络视频用户、3.61 亿网络购物用户的互联网超级大市场。全球十大互联网公司中,中国有 4 席(阿里巴巴、腾讯、百度、京东),以网络媒体为代表的新兴媒体市场规模进一步发展壮大。

随着传统媒体逐步迈入产业生命周期的衰退期,网络新媒体快速崛起,进入高速扩张期,从传媒细分业务的数据中可以非常清晰地看出,网络广告收入与网络游戏收入保持着较高的增长,但增速已开始放缓,而移动内容及其增值收入总量惊人(见图 5-3)。

近年来,互联网逐渐向移动互联网平移,移动用户逐步赶超了传统 PC 互联网,整个互联网领域的格局发生了很大变化。CNNIC 的数据显示,从 2014 年 6 月起中国手机上网人数首次超过 PC,截至 2017 年 12 月底,手机网民为 5.6 亿人,占网民总数的 85.8%

5 资本运营效应与媒体产业融合发展规模

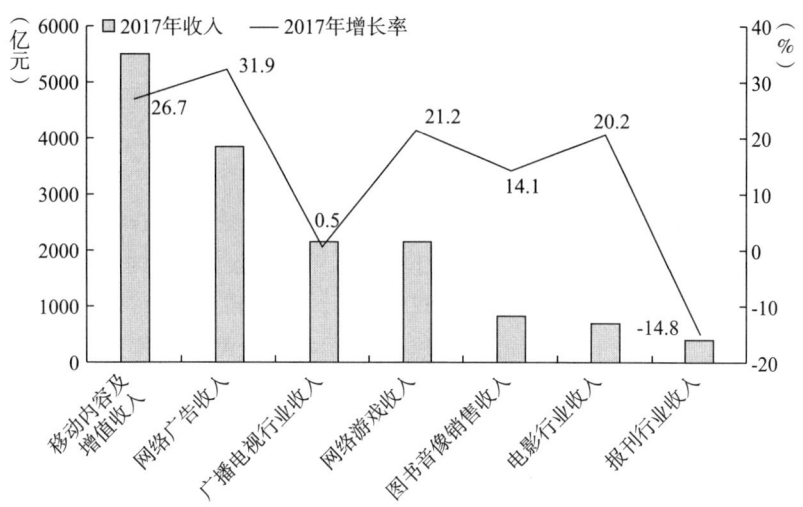

图 5-3 2017 年中国传媒产业细分行业市场规模及年增长率①

（见图 5-4）。在移动互联网应用的覆盖率中，即时通信（91.2%）、搜索（77.1%）和网络新闻（74.6%）稳居前三位；从用户规模的增长幅度看，手机支付（73.2%）、手机银行（69.2%）、手机网购（63.5%）等商务应用领涨其他应用，手机旅行预订（194.6%）成为增长最为快速的应用。

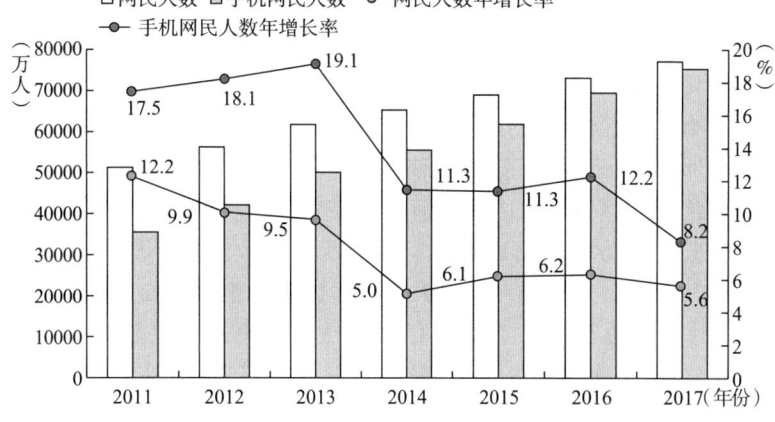

图 5-4 2011—2017 年中国手机网民人数与总体网民人数的年增长率对比②

---

① 崔保国. 中国传媒产业发展报告 (2018)[M]. 北京：社会科学文献出版社, 2018: 6.
② 数据来源：CNNIC 发布 2011-2017 年历年中国互联网络发展状况统计报告。

117

5.1.3.1 新兴媒体市场的发展格局

对于新兴的媒体产业市场发展格局的基本情况,我们细分为以下几个主要部分来详细阐述。

• 信息获取类市场

iResearch 推出的网民连续用户行为研究系统 iUserTracker 最新数据显示,2016 年 9 月,新闻门户网站日均覆盖人数达 4278 万人。其中,东方网日均覆盖人数达 821 万人,网民到达率达 3.5%,位居第一;北青网日均覆盖人数达 623 万人,网民到达率达 2.6%,位居第二;光明网日均覆盖人数达 596 万人,网民到达率达 2.5%,位居第三。[①] 这个数据是在逐年下降的,网民信息获取更多源自新闻客户端,并有向社交类入口转移的趋势。

新闻客户端方面,北大媒介与市场调研中心发布的报告显示,门户类新闻客户端的知晓率远高于聚合类新闻客户端,传统媒体旗下的新闻客户端的知晓率更低。如网易、腾讯、搜狐知晓率均高于 65%,聚合类新闻客户端的代表"今日头条"知晓率为 48.1%。客户端用户使用时长排名前四的是网易、腾讯、新浪与凤凰。

• 交流沟通类市场

艾瑞连续监测移动端数据产品 mUserTracker 显示,在所有应用大类别中,中国通信聊天类应用的月度覆盖人数超过 6 亿,仅次于实用工具类应用,排名第二位,影音多媒体、便捷生活、游戏等服务分列第三至五位,通信聊天已经成为中国网民日常生活中不可缺少的一部分(见表 5-3)。微信、QQ 等即时通信软件在社交、办公、日常交流等各个方面都扮演着重要角色。从国内市场来看,艾瑞连续监测移动端数据产品 mUserTracker 显示,2015 年 9 月,QQ 移动端月度覆盖人数均在 5 亿人左右,微信甚至超过 5 亿人。微信及 QQ 月度去重用户数为 5.8 亿人,在月度总覆盖(活跃)人数 6.6 亿人中占比超 85%,用户需求不言而喻。[②] 除了基本的通信聊

---

① 数据来源:《2016 年新闻门户网站行业数据》,艾瑞网,http://report.iresearch.cn/content/2016/11/264964.shtml。
② 数据来源:《2015 年 12 月即时通讯软件行业数据》,艾瑞网,http://report.iresearch.cn/content/2016/01/258183.shtml。

天功能之外，通信聊天类应用围绕社交关系而进行的商业化拓展也在不断深入。一方面，微信朋友圈、QQ空间、陌陌等均在2015年开始开发更加精准的定向投放与具有丰富形式的社交原生广告。另一方面，即时通信应用的工具性被不断挖掘，用户移动支付习惯不断养成。艾瑞数据显示，2015年中国第三方移动支付同比增长59%，预计在2019年将超过20亿。微信数据显示，截止到2015年9月，微信与QQ钱包的累计绑卡用户超过2亿，微信支付与线下超过20万家商户门店进行合作，多种应用场景为即时通信应用带来商业化的更多可能。

表5-3 2015年11月中国网民移动端网络服务月度覆盖人数TOP10

序号	网络服务类型	月度覆盖人数（万人）	月度使用次数（万次）
1	实用工具	61603.9	5615014.4
2	通信聊天	61353.6	13336409.1
3	影音多媒体	58476.5	6698386.7
4	便捷生活	40935.8	1574465.2
5	游戏	39537.2	1917346.9
6	电子商务	37161.8	1614614.8
7	社交网络	33524.0	2133956.8
8	新闻&资讯	26589.9	1001470.3
9	金融服务	24109.2	795057.1
10	个人信息管理	12349.5	228862.5

来源：mUserTracker，2013年12月，基于对百万名iOS和Android系统的智能终端用户使用行为长期监测获得。

• 网络视频类市场

近年来，网络视频受众规模快速增长（见图5-5），推动网络视频市场迅猛发展。至2017年1月，网络在线视频（含电视剧、电影、综艺、动漫）覆盖人数达4.34亿，整体趋势平稳。

2015年是在线视频的效益暴发年，中国在线视频市场规模超过了400亿元，同比增长率62.5%（见图5-6）。市场规模保持快速增长的同时出现了一些新的增长点：一是视频用户付费市场

融合与资本创新

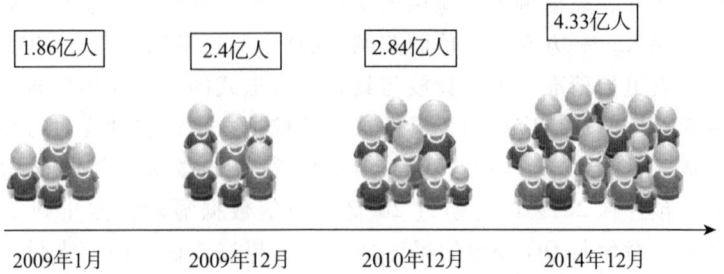

图 5-5 中国在线视频网站月度覆盖人数①

在各家视频企业的推动下有了长足的发展,付费用户数量大幅增加;二是视频广告开始产品化,各视频企业纷纷推出了不同类型的创新营销产品,针对广告主不同的需求,面向不同的用户群体,根据大数据实现视频广告的精准性和创新性,促使视频广告出现新的增长;同时,视频行业对于内容的追求精益求精,IP策略和内容运营以及对内容自制的推动,使得视频内容有了更大的利润想象空间。至 2017 年,中国网络视频行业收入规模达到了 952.3 亿元。

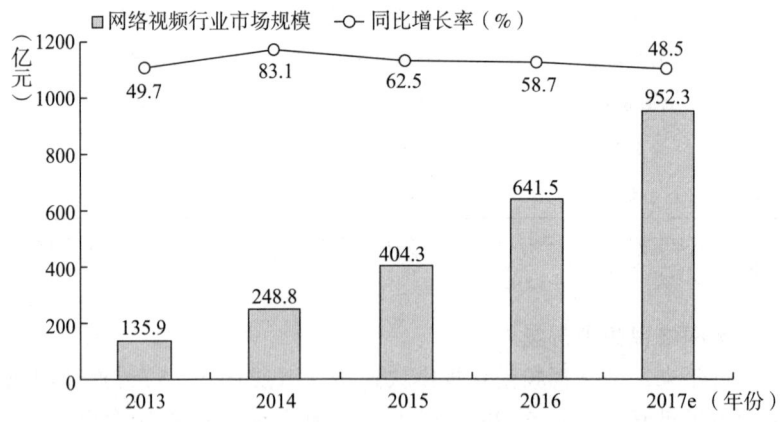

图 5-6 2013—2017 年中国网络视频行业收入规模②

---

① 资料来源:iUserTracker.
② 资料来源:《2018 年中国在线视频用户付费市场研究报告》,艾瑞网,http://www.iresearch.com.cn。

5 资本运营效应与媒体产业融合发展规模

2015年的在线视频收入当中，广告收入占比为57.8%。视频增值服务，即用户付费收入占比为12.8%（见图5-7）。相比之前，2015年用户付费市场实现了爆发性增长，近年来进入付费用户发展的爆发期，市场环境已经发展成熟，在各视频企业的推动下，视频增值服务将逐渐发展为与广告同等重要的收入来源。

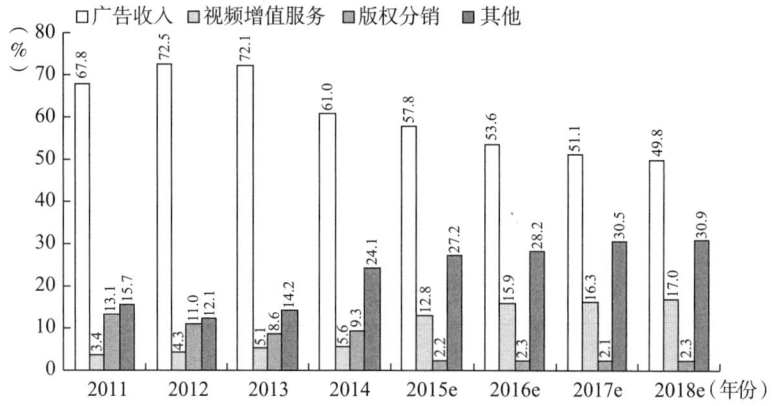

图5-7 2011—2018年中国在线视频行业收入构成①

注：1. 其他收入包括游戏联运、电商等业务收入以及互联网电视销售收入；2. 由于四舍五入的原因，各部分加总值不等于100%。

资料来源：综合企业财报及专家访谈，根据艾瑞统计模型核算，仅供参考。

- 网络游戏市场

近十年来，中国网络游戏市场爆发，持续高速增长，虽然从2013年起，整体规模的增长速度开始放缓，但依然保持每年两位数的增幅（见图5-8）。其中手机游戏发展尤为迅猛。2016年，中国网络游戏市场首次超越美国，成为全球最大游戏市场，其中，中国手游市场规模819.2亿元，首次超过端游的583亿元成为第一大细分市场（见图5-9）。手游市场份额占比逐年提高，且增速最快，未来网络游戏市场主要看点在手游市场。②

随着用户在移动端使用时长的增加和行为的重度化，移动游戏已成为推动网络游戏整体市场增长的核心动力。

---

① 资料来源：《2015年中国在线视频用户付费市场研究报告》，艾瑞网，http://www.iresearch.com.cn。

② 资料来源：http://report.iresearch.cn/content/2015/11/256481.shtml。

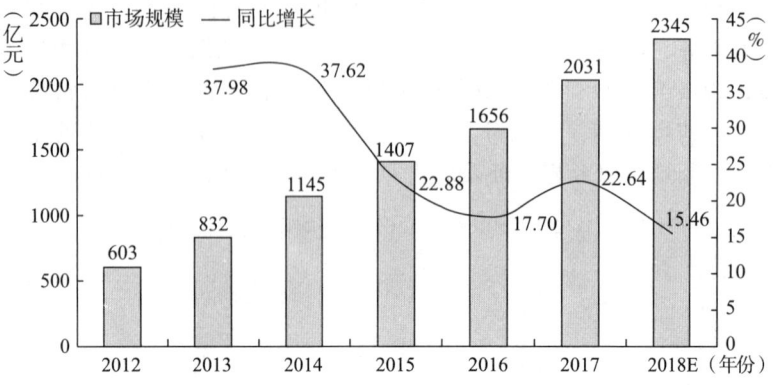

图 5-8　中国网络游戏市场规模①

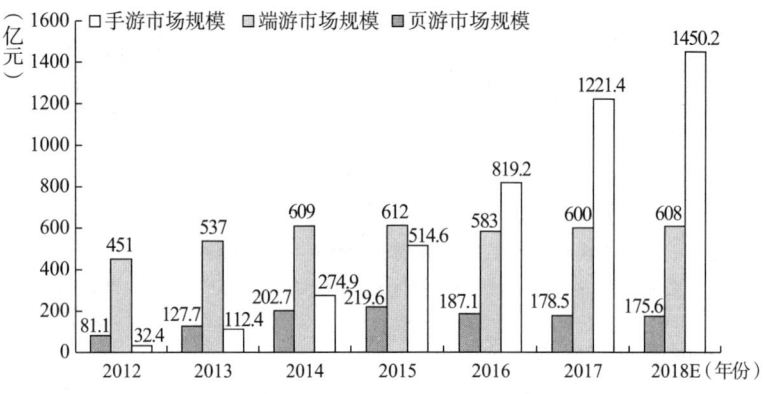

图 5-9　中国网络游戏市场规模构成

从行业集中度来看,腾讯与网易多年占据头两名的位置,占据了55%的市场份额。② 在体量上腾讯具有压倒性优势:一方面腾讯拥有巨大的客户量;另一方面,利用资本优势,腾讯通过合作或收购不断丰富自己的产品和技术储备。但细分到移动游戏市场,由于移动游戏短频快的更新换代节奏,成熟产业分工给了中小企业生存的空间,很多优秀的游戏背后只是一个不足 10 人的小型研发团队。

---

① 资料来源:http://report.iresearch.cn/content/2015/11/256481.shtml。
② 资料来源:《2017 年中国网络游戏行业研究报告》,艾瑞网,http://www.iresearch.com.cn。

5 资本运营效应与媒体产业融合发展规模

- 搜索引擎市场

2014年中国搜索引擎企业收入规模达到599.6亿元,同比增长51.9%,2018年,中国搜索引擎市场规模将达到1676.4亿元(见图5-10)。中国搜索引擎市场规模的增长主要是来自移动搜索业务快速增长的推动,且在未来一段时间内,移动端业务将持续成为整体市场增长的动力。

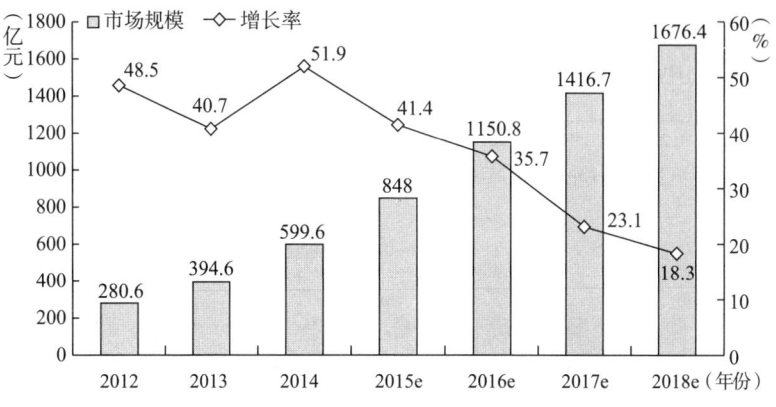

图5-10 中国搜索引擎企业收入规模现状与预测①

- 网络广告规模

网络广告市场与前面的几个板块有重叠,但作为新兴媒体重要的收入来源和赢利模式之一,这个市场的状况非常重要,所以另单列阐述。

2017年度中国网络广告市场规模达到3750.1亿元,同比增长30.0%,至2020年整体规模突破7000亿元。与此同时,2017年移动广告市场规模达到2549.6亿元,占网络广告市场规模的比例延续多年的强劲势头,移动广告的整体市场增速远远高于网络广告市场增速(详见图5-11)。而从不同形态的网络广告市场份额来看,亦呈现信息流广告等占比逐年加大的趋势(详见图5-12)。

5.1.3.2 新兴媒体产业市场的发展方向

我们通过上述新兴媒体细分板块的规模与发展现状的分析可以看到,移动互联网毫无疑问是未来发展的重要方向,无论信息资讯的获取、即时通信社交、在线视频、网络游戏还是搜索引擎及其网

---

① 资料来源:http://report.iresearch.cn/content/2015/02/246488.shtml。

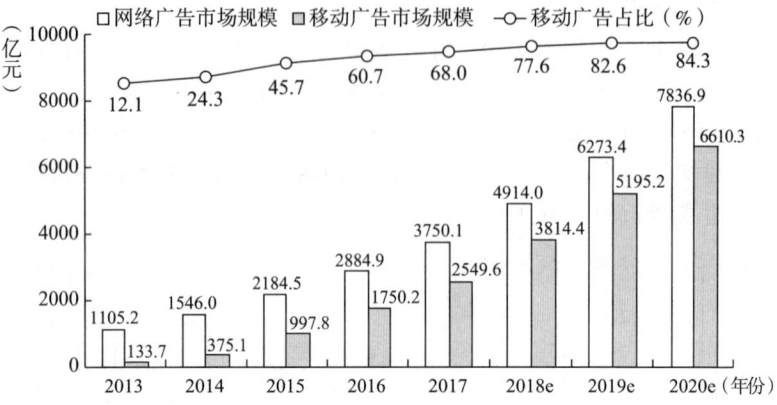

图 5-11　2013—2020 年中国网络广告、移动广告市场规模及预测①

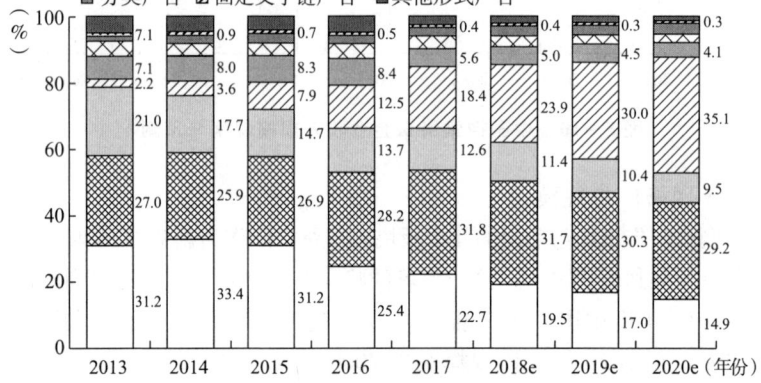

图 5-12　2013—2020 年中国不同形式网络广告市场份额及预测②

络广告等，无一例外都在由 PC 端转向移动端，中国移动互联网市

---

① 1. 互联网广告市场规模按照媒体收入作为统计依据，不包括渠道代理商收入；2. 此次统计数据包含搜索联盟的联盟广告收入，也包含搜索联盟向其他媒体网站的广告分成。来源：根据企业公开财报、行业访谈及艾瑞统计预测模型估算。
② 1. 搜索广告指通用搜索引擎基于关键词匹配的广告；2. 电商广告包括垂直搜索类广告以及展示类广告，例如淘宝、京东、去哪儿；3. 分类广告从 2014 年开始核算，仅包括 58 同城、赶集网等分类网站的广告营收，不包含搜房等垂直网站的分类广告营收；4. 其他形式广告包括联盟、导航和门户及社交媒体中的效果类广告。来源：根据企业公开财报、行业访谈及艾瑞统计预测模型估算。

5 资本运营效应与媒体产业融合发展规模

场规模变化惊人(见图 5-13)。移动互联网是未来媒体产业最重要的板块,也是融合发展的重要领域。

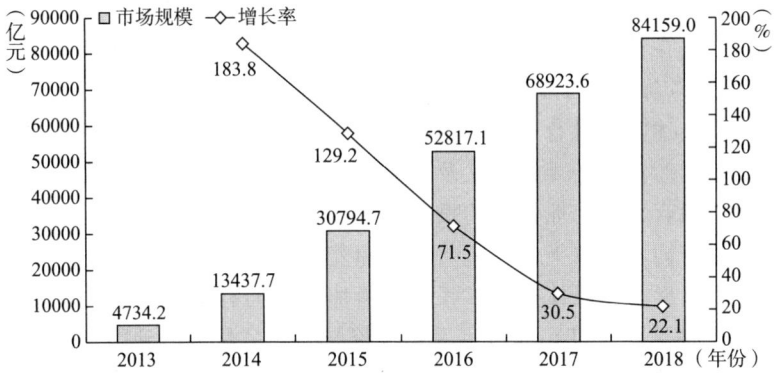

图 5-13 中国移动互联网市场规模①

移动互联网市场中规模最大的是移动购物、移动广告(营销)与移动游戏市场。据 2017 年第三季度公布的数据(见图 5-14),2017 年第三季度移动购物市场规模占比 67.5%,稳居移动互联网第一大领域;移动广告(营销)市场保持稳定,市场占比 20%;

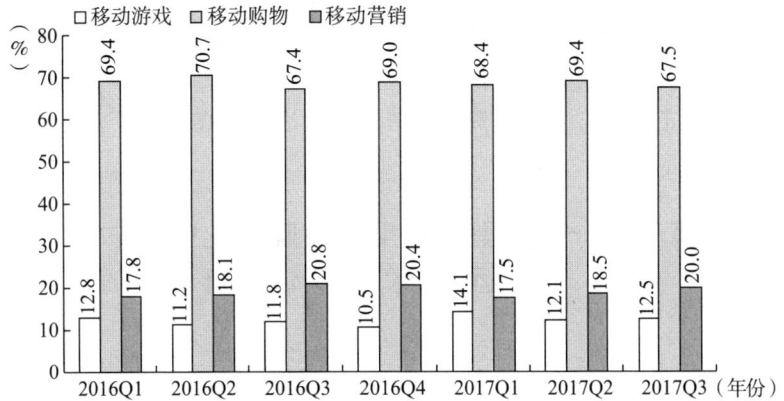

图 5-14 2016Q1—2017Q3 中国移动互联网细分市场规模占比②

---

① 资料来源:《2018 中国移动互联网市场规模数据》,http://report.iresearch.cn/report/201801/3142.shtml。
② 资料来源:《2017Q3 中国移动互联网市场规模数据》,http://news.iresearch.cn/zt/258242.shtml。

移动游戏保持两位数百分比增长，市场占比为12.5%；新兴第三方移动支付行业市场份额增速放缓，占比4.4%。2017年第三季度中国移动广告（营销）市场规模为666.3亿元，环比增长11.8%。移动广告在整个移动网络经济中占据第二大细分市场份额，主要源自BAT移动端广告规模的不断扩大。

从上述关于融合中的中国媒体产业的资本市场、资本运营规模乃至整体产业市场规模现状及发展趋势的描述、分析中，我们可以发现：融合媒体产业领域的投融资格局变动与产业发展格局变动之间保持着内在逻辑上的呼应关系。随着宏观经济消费升级、结构转型、媒介融合、媒体产业扩张的不断加速，拥有平台优势的市场化龙头企业（如BAT）通过大手笔投资与并购，从国内到国外跑马圈地来加紧整体布局，借资本之力把创业创新力量不断吸纳到自身的商业生态系统中，推动行业集中度的提升，几大互联网帝国呼之欲出；其他具备成长性优势的网络新兴垂直细分领域如互联网金融、移动营销等被风险投资所青睐，成为天使投资基金的一片热土；国资系传统媒体依托政策红利和资本力量不断进行着新媒体的探索实验，在传统媒体与新兴媒体融合的大背景下，"传统媒体自身的核心价值也只有嵌入到互联网体系中，才能保有和实现它的价值和影响力"[①]；同时其他传统产业的一些上市或非上市公司也出于各种目的跨界投资网络新媒体行业。在这样的格局下，融合领域的媒体产业资本市场异常繁荣，资本运营也异常活跃，媒体产业发展的资本运营效应尽显。

5.2 一个典型平台型融合媒体企业资本运营绩效的实证分析
——以阿里巴巴公司为例

阿里巴巴公司的资本战略及其资本运营手段技巧是非常成功的，作为领先的领导型企业，在媒体产业中占据着极为重要的位置，对它的资本运营与企业发展间的关联进行全方位的实证分析，有一定的代表意义，有助于我们更加清晰地评估资本运营在媒体产

---

① 喻国明，姚飞. 媒体融合：媒体转型的一场革命［J］. 青年记者，2014，（8）.

5 资本运营效应与媒体产业融合发展规模

业发展过程中的效应。

5.2.1 阿里巴巴公司的商业生态系统演化历程与发展现状

1999年7月马云创立了阿里巴巴公司（Alibaba Corporation），注册资本50万元人民币，总部分设在香港和杭州，后来逐步设立了美国硅谷、英国伦敦等海外分支机构。历经近20年的发展，阿里巴巴目前已控股或参股数十家公司。公司股权结构如图5-15所示。

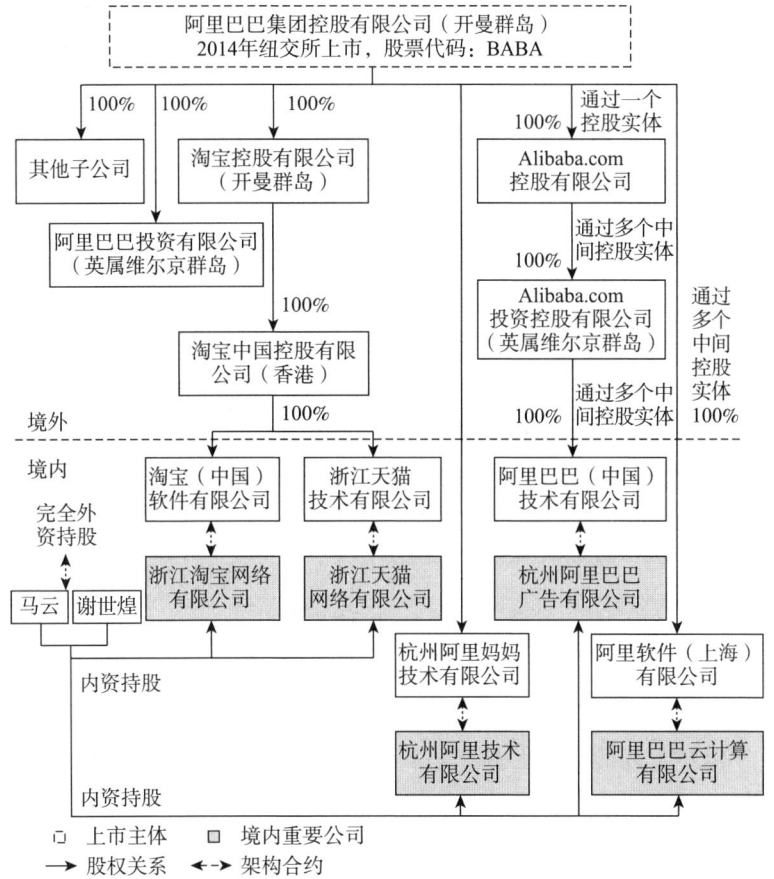

图 5-15 阿里巴巴公司股权结构[①]

[①] 来源于《独角兽的秘密：BAT们股权结构剖析，揭开海外上市玄机》，投资界，http://news.pedaily.cn/201601/20160120392774.shtml。

融合与资本创新

阿里巴巴的整个发展过程（企业生命周期）与媒体产业生命周期（具体在第 6 章展开讨论）的各个阶段是一致的，也经历了初创期、成长期，正逐步进入成熟期。

阿里巴巴最初以 B2B、C2C 为基本电商模式，从淘宝网起步，随后其第三方网上支付平台支付宝、网上营销技术平台阿里妈妈、淘宝商城等一系列经营运作获得成功。2007 年赴香港上市，其后搭建起阿里云计算、聚划算、阿里国际等独立平台，2012 年从香港退市，2012—2014 年实施爆发式并购战略，直至 2014 年 9 月成功在美国纽交所上市。作为实施平台经济模式的企业，它一直以电子商务业务为核心，通过不断的生态演化逐步构建了完善的"CBBS"（即 Consumer 消费者、Business 渠道商、Business 制造商、Service Partner 服务提供商）电商生态系统。[①] 具体演化过程详见表 5-4。

表 5-4 阿里巴巴的企业发展及其商业生态系统的演化过程

生命周期	时间划分	电商系统演化	电商模式	部分电商群落
初创期	1999—2003 年	电商种群	B2B、C2C	阿里网站、淘宝网
成长初期	2004—2008 年	电商生态链	B2B、C2C、B2C、B2S 等	阿里网站、淘宝网、支付宝、阿里妈妈等平台
成长中期	2009—2012 年	电商生态圈	电商生态链贯通，C-B-B-S 体系	阿里网站、淘宝网、支付宝、阿里妈妈、淘宝商城、天猫、聚划算、一淘网、阿里云、阿里小贷、阿里国际、阿里小企业等平台及业务
成长后期	2013—2014 年	电商生态系统		
成熟期	2014 年至今	电商生态系统	电商生态圈贯通，范 C-B-B-S 体系	在现有生态系统下不断更新迭代

经过上述的电商生态演化，目前阿里巴巴公司的三大核心平台淘宝、支付宝、天猫年营业额达到 762.04 亿美元，成为员工总数达 34985 人、市值为 2260.25 亿美元（截至 2015 年 12 月）的巨型平台型网络媒体企业，围绕电子商务，业务早已涉及与消费者息息相关的金融、生活服务、医疗等泛电商生态系统的领域，以数据为

---

① 李华军. 阿里巴巴商业生态系统演化及其投融资战略协同 [J]. 财会月刊，2015，(21).

核心搭建了一个基本完整闭合的庞大商业生态系统。

5.2.2 阿里巴巴公司资本战略绩效的实证分析

5.2.2.1 阿里巴巴企业发展与资本运作的协同效应

阿里巴巴商业生态系统的构建，体现了其公司整体战略的布局和实施，而这种公司整体战略的实施需要相应的投融资体系予以支撑。阿里巴巴企业发展的过程是商业生态系统构建的过程，实际上也是围绕其生态系统的各个发展阶段实施资本战略的过程、进行一系列投融资活动的过程（如表5-5所示）。

表5-5 阿里巴巴公司发展各阶段的投融资战略[1]

生命周期	电商生态系统演化	投融资支持体系			
^	^	投资战略目的	投资战略实施	融资战略目的	融资战略实施
创立期（1999—2003年）	生态种群	建立电商生态群落	阿里成立、淘宝网成立	成立公司，开展基本业务	1999年高盛等风投500万美元；2000年软银风投2000万美元
成长初期（2004—2008年）	生态链	在电商生态系统中嵌入搜索、社区、营销、广告等平台	2005年收购雅虎中国；2006年收购口碑网；2007年成立阿里妈妈	为公司开展系列经营、收购、投资等活动提供资金，配合一体化投资和经营战略等	2004年软银等风投8200万美元；2005年雅虎等风投数十亿美元；2007年香港上市融资17亿美元
成长中期（2009—2012年）	生态圈	在电商生态系统中嵌入技术和数据等IT服务、品牌服务、国际市场、小微公司孵化服务、金融服务等	2009年成立阿里云、收购中国万网；2010年投资上海宝尊、收购电商Vendio及Auctiva、收购"一达通"，推出"全球速卖通"；2011年领投美团网；2012年投资社交陌陌、丁丁网等	为公司开展系列经营、收购、投资等活动提供资金，配合一体化投资和经营战略等	2011年云峰等基金公司16亿美元；2012年银团贷款30亿美元，中投等投资公司20亿美元

---

[1] 李华军.阿里巴巴商业生态系统演化及其投融资战略协同[J].财会月刊，2015，(21).

融合与资本创新

续表

生命周期	电商生态系统演化	投融资支持体系			
^	^	投资战略目的	投资战略实施	融资战略目的	融资战略实施
成长后期（2013—2014年）	生态系统	拓展原有的电商生态圈，在电商生态系统中嵌入更广泛的电商生态链元素	2013年投资新浪微博、海尔物流，2014年投资银泰商业、恒大、石基信息、恒生电子和收购高德等	为公司开展系列经营、收购、投资等活动提供资金，配合公司一体化、多元化经营战略	2014年美国纽交所上市，融资218亿美元
成熟期（2014年至今）	^	^	^	^	^

从表5-5可以看到，在企业发展的不同时期与阶段，会有相匹配的资本战略。阿里巴巴商业生态系统演化过程遵循企业生命周期，与相应的投资战略布局和融资战略相匹配。在企业生命周期的不同阶段，投融资支持体系支撑与推动商业生态系统的演化。

由此可见，商业生态系统演化必须与投融资战略有效协同，公司的整体战略与投融资战略是一种协同和互动的关系，整体战略引导和驱动着投融资战略的布局和匹配，而投融资战略的实施又影响着整体战略的发展和实现（如图5-16所示）。

阿里巴巴在搭建"电商生态系统"这一公司整体战略的引导和驱动下，进行了系列的投资战略布局以及相应的融资战略匹配，而投融资战略的实施为整体战略提供了更大的市场、资本以及商业模式运作的空间。正是在这样的战略协同和循环催化下，最终阿里巴巴电商生态系统得以完成"生态链—生态圈—生态系统"的演化，实现了快速成长和发展。

5.2.2.2 阿里巴巴资本运营绩效的实证分析

当前，国内外并没有较成熟的对企业整体资本运营的绩效进行全面评价的体系与方法，一来定量研究的准确性有争议，二来整体资本运营活动具有复杂性。主要是针对其中某一资本运作行为，如并购或上市等企业行为的短期绩效进行研究分析。出现最早、在国外使用最为普遍的并购绩效评价实证方法主要有两种：股票市场事件研究法和经营业绩对比研究法。并购绩效评价中，采用股票市场事件研究法，其主要是利用事件研究法的原理计量并购事件对样本公司由于股票价格波动所形成的超常收益。而经营业绩对比研究法是

5 资本运营效应与媒体产业融合发展规模

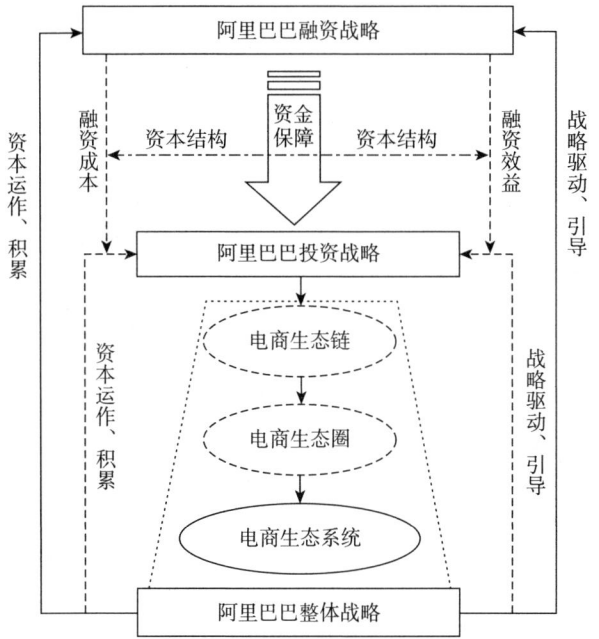

图 5-16 阿里巴巴商业生态系统的演化与资本战略的协同[1]

利用公司公开的财务会计报表数据和其他会计指标数据,通过一定的方法,对反映并购经营业绩的指标以并购宣告日为分界点进行纵向比较和同行业的横向比较,依此来检验公司并购所带来的经营业绩变化的一种评价方法。[2]

直到目前为止,阿里巴巴公司的资本运作都是非常成功的,如前文所述,与公司整体发展战略协同的资本运营有效地支持了其商业生态系统的演化。在其具体的资本战略实施中成功有效的案例很多,而阿里巴巴在香港的上市、退市以及在美国纽交所的再上市毫无疑问是其资本运作中最为高明、漂亮的一仗,本书将结合事件研究法与经营业绩对比研究法对阿里巴巴 2007—2014 年的典型资本运作战略进行实证分析,以图进一步揭示资本运作绩效与企业发展

---

[1] 李华军. 阿里巴巴商业生态系统演化及其投融资战略协同 [J]. 财会月刊,2015,(21).

[2] 曹洪香. 公司并购绩效评价最基本的实证方法研究 [J]. 企业活力,2009,(8).

间的正向关系。

(1) 阿里巴巴上市、退市与再上市的过程回顾

首先我们回顾一下阿里巴巴 2007 年至 2014 年上市、退市与再上市的资本运营事件全过程（见图 5-17）。

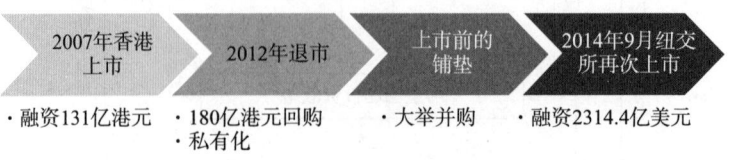

图 5-17　2007—2014 年阿里巴巴资本市场运作过程

- 2007—2012 年的香港上市与退市过程

2007 年 11 月 6 日，阿里巴巴在香港联交所成功上市，IPO 招股价为 13.5 港元，国际包销商行使超额配售选择权后，合计融资 131 亿港元。阿里巴巴上市首日就大涨 1.9 倍，股价一度在 11 月 30 日达到了 39.7 港元，但此后急转直下，2008 年 10 月 28 日曾一度跌到 3.605 港元。几年中阿里巴巴在香港股票二级市场上的表现不尽如人意，市值缩水，与马云当初欲"将阿里巴巴打造成具有百亿美元市值的伟大的上市公司"的目标相去甚远，阿里巴巴开始启动私有化和退市的进程。2012 年 2 月 21 日，阿里巴巴宣布，阿里巴巴集团作为"要约人"正式向阿里巴巴董事会提出私有化要约，提出以每股 13.5 港元（这正是其 2007 年 IPO 的招股价）的价格回购阿里巴巴流通在外的小股份。而此时，阿里巴巴共计已发行股本为 5,002,039,375 股普通股，其中阿里巴巴集团持有 2,611,760,638 股股份，占已发行股本约 52.21%；一致行动人持有 1,062,224,676 股股份，占已发行股本约 21.24%，二者合计持有 73.45% 的股份。那么阿里巴巴要回购剩余的 26.55% 的 13.28 亿股股份，以每股 13.5 港元的要约价格计算，预计耗资约 180 亿港元。同年 5 月，阿里巴巴的私有化建议获占股 95% 的独立股东投票赞成通过，回购股票的私有化程序正式启动。①

2012 年 6 月 20 日，阿里巴巴正式从港交所退市。

- 2013—2014 年再上市前的系列并购过程

在退市后的 2013 年到 2014 年两年间，阿里通过系列投资、战

---

① 邢会强. 阿里巴巴的资本战略 [J]. 国际融资, 2014, (11).

略性地为其下一步在美国纽交所上市打下良好基础。这一系列的大手笔并购包括新浪微博、优酷土豆、高德地图、美团网、虾米网、快的打车、穷游网、天弘基金等国内公司，以及 Tango、新加坡邮政等海外公司，并创建了菜鸟网络等公司。系列资本运作涉及社交手机应用、视频网站、音乐网站、团购网站、在线旅游、金融、移动开发者服务平台等广泛的领域，这既是其下一步再上市的前奏，也是其商业生态系统进一步演化的战略布局。

- 2014 年美国纽交所再上市过程

经过两年的发酵酝酿，阿里巴巴在 2014 年启动了再上市的计划，受到了国际投资者的追捧和普遍关注。阿里巴巴 2014 年 9 月 19 日在纽约证券交易所成功上市，开盘价 92.7 美元，国际包销商行使超额配售选择权后合计募集资金达 250 亿美元，刷新了纽交所历史上 IPO 募资的纪录。以上市首日 93.89 美元的收盘价计算，市值达到 2314.4 亿美元，一时间成为仅次于苹果、谷歌、微软的全球第四大高科技公司和全球第二大互联网公司，亦成为继中国移动、中国石油之后第三大市值的中国公司。

可以说，阿里巴巴如果没有香港的退市以及上市前的大规模资本运作，就没有这次 IPO 上市的成功。这样的资本运作是在成熟的资本市场下有策略的公司成功之道，资本运作的时机、手段都掌握得非常娴熟与高明，整个过程为中国网络媒体企业资本运营创建了标杆。

（2）阿里巴巴上市、退市与再上市战略绩效分析

一般来说，企业选择上市后是不会轻易退市的，特别是在中国 A 股资本市场，几乎没有主动退市的企业，企业均视上市融资是"无本买卖"，在融资结构的选择中有着极强的上市融资偏好，当然其中有中国资本市场不成熟的特殊国情因素。在国外成熟的资本市场上，退市与上市都仅仅是公司资本战略中的一环，是企业充分利用资本运作进行市值管理、缓解上市公司面临的阶段性压力、为股东提供套现机会的成熟行为，虽然上市与退市都不太容易，但还是有技术操作空间的。随着中国资本市场的日渐成熟、准入与退出的机制进一步完善、企业资本运作的能力不断提高，相信不久的将来在中国的资本市场上也会出现主动私有化的案例。

先分析阿里巴巴的香港退市绩效。当时的阿里巴巴正处于 B2B 的业务转型期，转型过程中付费会员数的增长速度可能有所减缓，

将对公司中短期的财务表现带来影响,进而影响上市公司的业绩表现。在这样的背景下,阿里巴巴作为上市公司实质上承受着转型带来的巨大业绩压力,束缚了其转型的节奏与步伐,此时私有化在时间节点上无疑是一个明智的选择。

阿里巴巴在香港退市的效益主要体现在以下几点。

一是解除了上市公司业绩刚性要求与股东收益的束缚,可以放手进行深度的 B2B 业务转型。事实证明,正是香港退市加速了其转型,包括后来实施大举并购,不需要烦琐的股东批准程序,轻装上阵的阿里巴巴业务突飞猛进,截至 2014 年 3 月 31 日的财年,阿里巴巴的营业收入为 525.04 亿元人民币,净利润为 234.03 亿元人民币,[①] 为日后的再上市奠定了坚实的财务基础。

二是退市对阿里而言,是"一笔划算的买卖"。在香港上市与退市的四年多时间里,阿里巴巴共融资进账 131 亿港元,私有化回购用了约 180 亿港元,即是说 131 亿港元的四年融资成本是 49 亿港元,年利率在 8.5% 左右,如果以银行借贷类比,这笔买卖与银行借贷或者发行企业债券的成本相差无几。从退市的直接效益来看,至少保障了大多数股东的权益,阿里巴巴的私有化要约是每股 13.5 港元现金的回购价,这个价格股东是满意的,因为当时正值香港股票市场低迷,与阿里巴巴的最近 60 个交易日与最近 10 个交易日的平均收市价相比,分别溢价 60.4% 与 55.3%,这毫无疑问负责任地保障了股东的利益。

三是解决了公司开创之初历史遗留下来的公司控制权问题,即是后来人们所说的"去雅虎化"。当年软银和雅虎战略投资阿里巴巴,两家机构分别持有阿里巴巴集团 29.3% 和 39% 的股份,马云和管理层持有剩下的 31.7%,可以说,雅虎与软银掌握着公司的控制权,只有回购雅虎的股份才能重夺阿里巴巴集团的控制权。在香港退市的过程中,阿里与雅虎达成以 71 亿美元价格回购雅虎 20% 股权的协议,并约定如果阿里巴巴集团在 2015 年 12 月前再次成功 IPO,阿里巴巴有权在 IPO 之际再次回购雅虎剩余股份的一半,非常高明地为全面获取雅虎股份掌握公司控制权埋下了伏笔。阿里巴巴在成熟资本市场上可谓长袖善舞,资本运作的手段相当娴熟。

---

① 邢会强. 阿里巴巴的资本战略 [J]. 国际融资, 2014, (11).

5 资本运营效应与媒体产业融合发展规模

四是解决了香港股票市场对阿里公司的低估值,为实现打造"大阿里巴巴"帝国的最终目标而调转船头。正是因为私有化,阿里巴巴后来的并购行为才得以实施得更加便捷、迅速,也正是香港退市,才快速成就了阿里巴巴今日的辉煌,可以说其"上市—退市—再上市"是非常高明而高效的资本战略。图5-18、图5-19是阿里巴巴退市后进行并购与再上市前四年间的业务状况,从中可以看出,资本运营与业务增长是正相关的。

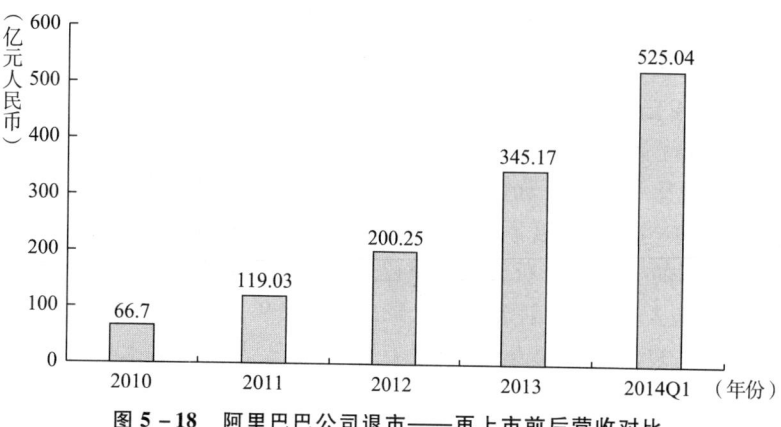

图 5-18 阿里巴巴公司退市——再上市前后营收对比

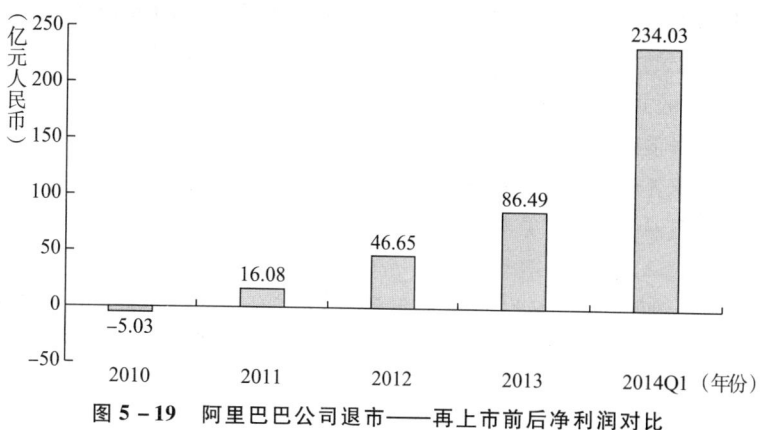

图 5-19 阿里巴巴公司退市——再上市前后净利润对比

再进一步分析阿里巴巴系列并购与再上市的绩效。我们将经过系列资本运作的阿里巴巴,与产业竞争对手腾讯、百度进行同时期的横向比较。

一是市值对比。将阿里巴巴与腾讯比较,可以非常明显地发

融合与资本创新

现，两者的业绩水平非常接近，腾讯在2014全财年的收入与净利润甚至还略胜一筹，但现实中两者在当年的市值上却存在很大差距。腾讯2013年全年总收入为604.37亿元人民币，经营盈利为191.94亿元人民币，非通用会计准则经营盈利为207.68亿元人民币。到2014年上半年，腾讯总收入为381.46亿元人民币，经营盈利为156.33亿元人民币，比同期的阿里巴巴高。当时的腾讯发展势头迅猛，旗下微信有着极好的盈利预期，理论上腾讯的市值应该比阿里巴巴更高。但事实是，阿里巴巴2014年9月19日上市的当日，腾讯的市值为11697亿港元（折合人民币9264亿元），而阿里巴巴2314亿美元的市值折合人民币14205亿元，阿里巴巴比腾讯竟然高出了近5000亿元人民币的市值。

再对比IPO募集资金的吸金能力。当然，因为阿里巴巴再上市的2014年与之前年度不能同日而语，但比较来看还是能直观地反映出差距的。在纽交所IPO阿里巴巴募集了资金250亿美元（折合1535亿元人民币），创造了新纪录，对比当年（2004年6月）腾讯在香港联交所IPO募集的15.5亿港元，足足高出了1500亿元人民币。

如果把上述二者相加，阿里巴巴这一次历时多年的"上市—退市—再上市"的资本战略，不仅使阿里实现了业务的成功转型、带来了企业的大发展，更在资本市场上真金白银地为阿里巴巴多带来了6500亿元人民币的收益，资本运作的绩效不可谓不高。

财报显示，2014年，从全年收入与全年净利润的绝对数来看，BAT三家不相上下，特别是百度与阿里巴巴，非常接近，腾讯略高一筹。但从增长速度来看，可以发现一些端倪：2014年全财年，腾讯年收入较上年增长31%，净利润同比增长54%，净利率为30.2%；阿里巴巴年收入较上年增长52.1%，净利润同比增长了170.6%，净利率为44.6%；百度年收入较上年增长53.6%，净利润同比增长25.4%，净利率为26.9%。显然，阿里巴巴的净利润与净利率增速惊人。

而财报显示，阿里巴巴在2014年9月上市前后，第三、第四季度营收就快速超越了原本势均力敌的竞争对手腾讯。2014年的第四季度，BAT三家的力量对比就发生了变化：统计显示，腾讯收入为209.78亿元人民币，比上年同期增长24%，净利润为58.6亿元，比上年同期增长50%，净利率为27.9%；百度收入为140.5亿元人民币，比上年同期增长47.5%，净利润为32.49亿元，比上年同期增长16%，净利率为23.1%；而阿里巴巴收入为261.79亿元人民币，比上年同期增长40%，净利润151.03亿元，比上年同期增长34%，净利率为57.7%。

尽管2014年腾讯全年收入远超百度、阿里巴巴，但截至2015年3月18日，腾讯市值为1641.95亿美元，阿里巴巴市值为2123.6亿美元，而百度市值几乎只有阿里巴巴的1/3，为711.02亿美元。

通过与产业中同样占市场势力的竞争企业的横向对比，我们可以看到，阿里巴巴公司的退市、并购与再上市是富有效率的资本运作行为，这也正印证了资本运营的本质：对资本及其运动所进行的有效运筹，可以实现资本最大限度增值，以低成本扩张企业规模，获得经济效益，推动企业的长期发展。

通过以上阿里巴巴公司资本运营典型事件研究和经营业绩对比的研究，我们可以发现资本运营与公司业绩间显著的相关性。尽管这只是一个短期绩效的分析，但因其典型性，至少可以很好地证明，在网络媒体企业发展的关键时点，资本运营与企业发展间具有正向关系，两者间具有极高的相关性。

本章小结 从当前网络媒体市场发展趋势看，移动互联网毫无疑问将是未来发展的重要方向，无论信息资讯的获取、即时通信社交、在线视频、网络游戏，还是搜索引擎及其网络广告等，无一例外都在由PC端转向移动端，移动板块正快速成长为传媒产业的支柱板块，并成为媒介融合的关键联结点，因此移动互联领域也是资本运作的热点区域。媒体产业领域的投融资格局变动与产业发展格局变动之间保持着内在的逻辑上的呼应关系，随着宏观经济消费升级、结构转型，媒介融合、媒体产业的扩张不断加速：拥有平台优势的市场化龙头企业通过大手笔投资与并购，从国内到国外跑马圈地来加紧整体布局，借资本之力把创业创新力量不断吸纳到自身的商业生态系统中，推动行业集中度的提升，几大互联网帝国呼之欲出；其他具备成长性优势的网络新兴垂直细分领域如互联网金融、移动营销等被风险投资所青睐，成为一片天使投资基金的热土；国资系传统媒体依托政策红利和资本力量不断进行着新媒体的探索实

验；一些传统行业上市或非上市公司也出于各种目的跨界投资进入了网络媒体行业。在这样的格局下，互联网、文化传媒融合领域的资本市场异常繁荣，资本运营也异常活跃。融合发展的媒体商业生态系统演化必须与资本运营战略进行有效协同，企业整体发展战略与资本运营战略是协同和互动的关系，娴熟的、有效的资本运作手段可以推动企业快速发展，在实践中平台型企业资本运营的绩效得到检验，有效的资本运营与企业发展是正向相关的。

6
资本创新模式演进与媒体融合发展的产业进程
——一个纵向的视角

6.1 媒体产业发展的生命周期

6.1.1 产业生命周期理论

原本作为生物学概念的"生命周期"被引入经济学、管理学，先是应用于产品，产品生命周期反映一个特定市场对某一特定产品的需求随时间变化的规律，是以销售额和企业所获得的利润额由盛而衰的变化来衡量的。后来扩展到产业层面，"产业生命周期反映一个产业从产生到成长再到成熟衰落的发展过程，通常分为初创阶段（导入期）、成长阶段、成熟阶段和衰退阶段（蜕变期）四个周期。它是一条S形的曲线"[①]（如图6-1所示）。

产业生命周期的相关研究始于20世纪80年代，较早提出这一概念的是 Cort 和 Klepper（1982），之后在经济学、管理学的大量研究中，形成了比较成熟的产业生命周期理论体系，这些研究主要是围绕产业组织、产业演化乃至企业行为，针对产业生命周期中的进入、退出、创新、产量和边际利润、市场结构和绩效等进行的；产业生命周期理论认为，处于不同产业生命周期的企业行为（如企业战略、企业能力、投资与风险、企业重组与并购、竞争行为等）存在显著的差异性。

---

① 张会恒.论产业生命周期理论[J].财贸研究，2004，(6).

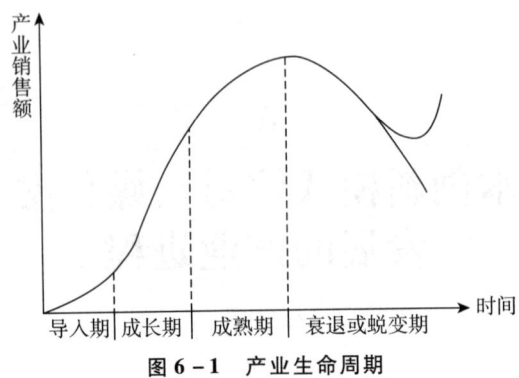

图 6-1　产业生命周期

产业生命周期概念由产品生命周期演变而来，因此它们的基本趋势是一致的，但两者又存在差异。当某种产品的生命周期走向衰亡，若可以通过技术创新引入符合市场需求的新产品，产业便得以继续发展，这一特征表现为一个个产品生命周期曲线的包络曲线构成了产业生命周期曲线，即科技进步和消费结构的变化，可以使产品生命周期曲线存在一个或若干个回峰，这些起伏使产业具有"起死回生"或衰而不亡的特征。当然，若没有创新产品的出现，该产业的生命周期也将趋向衰亡，从足够长的时间段来看，两者最终是一致的（如图 6-2 所示）。

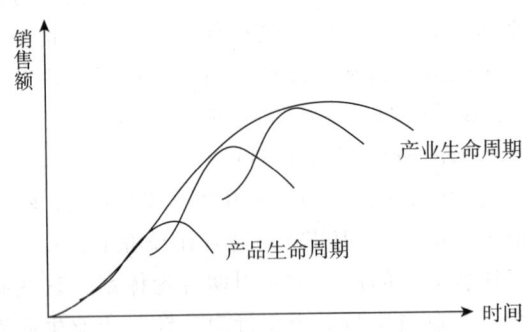

图 6-2　产业生命周期与产品生命周期的区别

产业生命周期各个阶段的主要特征可以概括如下。

初创期的产业，只有为数不多的创业公司进入，处于新技术的实验性应用与商业模式的探索阶段，赢利模式的不成熟使大众对其缺乏认识了解，因而市场规模小，需求不足，技术研发的费用较高，产值比重低，管理不完善，进入壁垒低。

当产业进入成长期，产业在整个经济系统的产业结构中作用与地位日益彰显，技术日趋成熟，商业模式逐步形成。随着消费者对新产品新技术的认知，市场规模增大，市场需求迅速增长，产业利润迅速增长且利润率较高，进入壁垒仍然不高但竞争加剧，这时企业开始跑马圈地迅速占领市场，开始出现主导市场的较大型企业。

当产业处于成熟期时，技术趋于成熟，市场需求缓慢扩大，市场容量相对稳定，产业利润达到很高水平，产业集中度高，出现垄断，进入壁垒高，这一阶段在技术创新推动下可以持续很长时间。

而到了衰退期，产业核心技术落后，需求萎缩，产出减小，利润降低，新产品和替代品大量出现，企业退出或转型。

产业生命周期理论是产业经济学中产业演化理论的重要内容，其研究应用范围非常广泛，如对不同特征产业和不同市场条件下产业生命周期曲线的研究，对产业生命周期某个特定阶段的具体分析，讨论产业生命周期不同阶段的企业战略或产业生命周期的动力机制、产业生命周期与产业政策的制定等。[①] 本书将重点研究讨论媒体融合发展中网络媒体产业生命周期不同阶段的企业资本运营战略。

6.1.2 中国互联网与网络新媒体的发展历程简要回顾

中国于1994年4月20日正式接入国际互联网络，至2014年的短短20年间，中国成为拥有6.49亿网民、5.88亿即时通信网民、4.33亿网络视频用户、3.61亿网络购物用户的互联网超级大市场。全球十大互联网公司中，中国有4席（阿里巴巴、腾讯、百度、京东）。互联网是颠覆性的，包括传统信息传播渠道与方式，诸多关联产业的生存逻辑与运行规律[②]，互联网时代人类社会发生了极大的改变。

整个中国互联网的发展大致可以分为四个关键阶段：1987—1994年为萌芽发展阶段；1995—2000年为快速启动阶段；2001—2003年为曲折发展阶段；2003年、2004年后为繁荣发展阶段。而

[①] 张会恒. 论产业生命周期理论 [J]. 财贸研究，2004，(6).
[②] 崔保国. 中国传媒产业报告 (2015)：2014年中国PC互联网与移动互联网发展概要 [M]. 北京：社会科学文献出版社，2015：181.

网络新媒体的发展与中国互联网发展过程基本是同步的。

● 中国互联网发展的萌芽发展阶段（1987—1994年）

经过从1987年开始的多年孕育与准备，1994年4月20日，国家计委利用世界银行贷款重点学科项目NCFC工程的64K国际专线开通，我国实现了与国际互联网的全功能连接，成为国际互联网的第77个成员。①

● 中国互联网发展的快速启动阶段（1995—2000年）

互联网在中国的发展很快进入空前活跃的阶段。此时，一大批中文网站（如新浪的前身四通利方、网易、ChinaByte等）迅速发展并获得成功，它们提供新闻报道、技术咨询、软件下载、娱乐休闲等ICP服务和虚拟主机、域名注册、免费空间等技术支持服务。到90年代末，电子商务开始成为热点，大量商务网站开通了网络购物服务，1997年国家将互联网列入国家信息基础设施建设，推动了互联网产业发展与国民经济信息化的进程。1999年3月，北京图书大厦网上书店开业，同月8848网站开通；4月，中国电子商务网开通，此后，雅宝、易趣、阿里巴巴、酷必得等商务网站相继开通。随着门户网站时代的到来，新浪、搜狐、网易在20世纪90年代末三足鼎立，成为中国三大门户网站；腾讯借助即时通信工具QQ，成功建立起庞大的用户群，亦步入网络媒体的阵营。至此，中国互联网经济逐渐崛起。

1999年4月至6月，经信息产业部批准，中国电信、中国吉通、中国联通三家公司先后开通了IP电话业务，同年8月，中国网通也获准经营IP电话业务。在此期间，国外兴起的"无线上网"热潮开始涌入国内，国外诺基亚7110、爱立信R380等上网手机纷纷抢滩中国大陆市场，很快，中国移动于2000年5月17日国际电信日正式推出了移动互联网，提供无线上网服务。随着一些领先的互联网企业进入纳斯达克股票市场，新兴的网络公司短短几年时间就能够达到几十亿甚至上百亿市值，在网络经济的冲击下，许许多多的传统产业开始落后于网络新兴产业。

● 全球互联网泡沫与中国网络媒体调整阶段（2001—2003年）

1999年7月，中华网成为在纳斯达克挂牌上市的第一只中国概

---

① 昨天篇：互联网的中国之路 [J]. 世界知识，2011，(11)：16.

念网络公司股，自此，2000年，新浪、搜狐、网易相继上市，互联网产业开始有了股市晴雨表。这次纳斯达克上市的浪潮也带动了中国各地的网站建设。

然而，2000年3月中旬，以美联储调高利率以及微软遭遇地方法院分拆事件为导火线，互联网危机爆发，一时间互联网经济像泡沫般瞬间破碎，一年多的时间，以信息高科技股为主的纳斯达克指数从2000年3月13日的最高峰5048.26点一路狂泻，缩水70%左右，2万亿美元的资产化为乌有。危机蔓延开来，并波及整个中国互联网产业，中国网络经济随之进入萧条期，大量网站倒闭与盘整，这一股席卷全球的网络寒潮持续了近两年。

大浪淘沙，互联网寒冬中，有两种模式支撑着网络经济不倒，一是网络与传统产业结合的互联网服务；二是在网络经济扩张中涌现的新技术与新产业增长点，如无线、宽带等。波折还促进了中国互联网与中国移动通信增值服务市场的连接。网络概念日渐清晰，整个产业付出几年时间与代价开始迎来新的转机。

● 中国网络媒体复苏与大发展阶段（2004—2010年）

2004年以来，经过反思以后的中国互联网企业重新崛起，不再是异想天开地造概念，而是顺应新技术发展按照市场的需求来运作，网络媒体产业进入大发展阶段。

网络泡沫破灭后，各门户网站重新认识新经济的本质，重新调整，不断推出新的网络应用与服务，培育网民有偿信息消费的观念，逐步确立起稳定的商业模式，如搜狐公司，新媒体、电子商务、通信及移动增值服务四位一体，门户网站开始多元化发展。"移动梦网"是互联网产业链形成的成功案例，一个内容供应商、接入服务商、系统集成商、应用开发商和软件商、传统行业、政府纷纷加入的互联网产业价值链基本形成，网络媒体产业也开始进入良性发展时期。

同时，一批产业巨人开始形成，从开始的新浪、网易、搜狐三家总市值约百亿美元的大企业，到第二梯队的盛大、TOM、携程网、中华网等，百度、腾讯、阿里巴巴开始飞速发展。2010年6月，谷歌旗下的DoubleClick公布了全球网站当年4月独立访问人数Top 1000排行榜，前20名中有七家来自中国：百度、腾讯、新浪、网易、淘宝、搜搜、优酷。

融合与资本创新

宽带网的建设大大改变了互联网的应用方式。特别是 2005 年后，宽带的普及、3G 的推广以及 Web2.0 的逐步应用，有力地推动了中国互联网乃至网络媒体产业的第二次发展浪潮。宽带应用使大容量视频、软件的传输得以实现，在线游戏、无线增值行业增长加快，互联网与传统服务的结合成为趋势，应用渗透到衣食住行娱等方方面面。Web2.0 用户创造内容，社区成长，形成了对虚拟世界市场价值的开发，构建了人们交易、交流、工作、生活、学习的全方位的虚拟空间。借助微博等自媒体，社会化媒体开始大发展。

同时，互联网产业带动无线网络、数字广播电视等众多产业的变革、转型与融合，影响了软件服务商、设备提供商、电信运营商、印刷出版者等媒体关系网络中重要参与者的战略规划与发展定位，掀起了一场浩瀚的多产业革命。

● 中国网络媒体快步迈入高速发展期（2011 年至今）

近年来，伴随着智能机的普及与 4G 网络的正式商用，移动互联网爆炸式发展，带来了新的技术和商业模式变革。手机成为第一大上网终端，个人互联网应用发展呈上升态势。即时通信、工具类应用继续领跑，新闻资讯类应用稳中有升，移动商务类应用多点爆发。微信在即时通信及移动社交领域成就了霸主地位，其他社交应用重新定位，谋求在移动社交细分领域占得一席之地。微信公众号推动了移动自媒体实践的深化。

2014 年，阿里巴巴、新浪等网络媒体巨头赴美上市，这给中国互联网产业、创业市场、投资领域、证券市场等多方面都带来巨大影响。2014 年中国网络广告市场规模已经达到 1540 亿元，其中百度与淘宝广告营收占了半壁江山，爱奇艺 PPS、奇虎 360、腾讯也表现突出。BAT 三家企业围绕商业生态系统构建的战略开始了频繁而积极的投融资活动，网络媒体企业平台化特征日趋显著，深刻地影响着市场的竞争格局，同时也刺激与驱动了产业的结构调整与升级。从进一步的趋势看，领军企业跑马圈地，马太效应将进一步增强。[1]

可以说，移动互联网时代在中国已全面到来，未来的网络媒体

---

[1] 崔保国. 中国传媒产业报告（2015）：2014 年中国 PC 互联网与移动互联网发展概要 [M]. 北京：社会科学文献出版社，2015：182.

将伴随着深度的媒介融合与产业融合而不断发展壮大，开始迈入新的时期。

6.1.3 对融合中的中国媒体产业生命周期的判断

通过对中国互联网发展历程的认真梳理，我们可以看到，网络媒体的产生发展与中国互联网发展过程基本同步但又不等同，结合产业生命周期理论的划分标准与对照各阶段相关特征，我们对融合中的中国媒体产业生命周期做如下划分。

媒体产业融合发展的初创期：1994—2003 年。产业经历了产业初建、快速发展、遭遇互联网泡沫、走出危机、逐步成型的过程。

媒体产业融合发展的快速成长期：2004—2010 年。产业的核心技术应用更加明朗、商业模式逐步清晰、竞争加剧、大型企业开始占据市场优势、产业格局基本形成，产业进入良性大发展。

媒体产业融合发展的高速扩张期：2011 年至今。之所以不称为成熟期，是因为本书认为这一阶段网络媒体产业无论是在技术形态、产业结构、产业组织还是市场竞争行为等各方面，都未能与成熟期的产业特征与企业行为完全相符，但又明显带有部分成熟期的特征，并与成长期有显著不同。特别是 2011 年之后的互联网逐渐向移动互联网平移，移动用户赶超了传统 PC 互联网，整个互联网领域的格局发生了很大变化。因此，本书认为目前实质上是整个媒体产业融合发展的成长后期，正处于走向成熟期的过程中，超越了成长期的状态但还未能达到成熟期的放缓增速接近高峰的程度，还有很多不确定的因素，未来的空间还很大，路还很长。

6.2 媒体产业融合发展初期的资本运营

6.2.1 网络媒体初创期的特征及典型企业

初创期的网络媒体产业，只有为数不多的创业公司进入，互联网新兴领域的技术应用有一个过程，商业模式的探索需要时日，技术应用与赢利模式均不成熟使大众对其缺乏认识了解，因而市场规模小，需求不足，技术研发的费用较高，产值比重低，管理不完善，进入壁垒低。

融合与资本创新

对应上述产业初创期的特征，中国网络媒体在 1994 年至 2003 年的发展状况基本与此吻合，属于产业的新生初创期。而在这一阶段最为典型的网络媒体企业就是门户类网站，其在这一阶段的发展颇具代表性。

门户网站的概念最早起源于互联网商业中的 ICP（Internet Content Provider），即网络内容提供商，与 ICP 相对应的是 ISP（Internet Service Provider），即网络接入服务提供商。在国外，以雅虎、美国在线为代表的门户网站是真正的 ISP 与 ICP 的融合。而在国内，电信企业基本垄断了接入领域的业务，所以所谓的门户网站实质上仅仅包含在 ICP 的概念里，甚至连内容提供都名不副实，因为商业网站在发展的初期没有国家新闻出版总署授予的采编权，所谓的内容提供并不是原创内容，而仅仅是在互联网上转载传统媒体信息罢了。当时，国内门户网站的基本发展路径就是成为用户浏览网络起点上的向导与指南，尽量在页面设置、内容编排上着力。后来随着 Web2.0 的推广应用，国内各大门户网站开始注重为用户提供个性化服务，如博客、播客、空间、社区等，也经历了一个演变发展的过程，本部分仅以其在初创期的发展作为主要研究对象。

新浪、网易、搜狐三家门户网站企业作为网络媒体产业初创期的典型企业，有着颇为相似的历程，它们的发展基本是同步的：新浪前身成立于 1993 年，1998 年 4 月在美国纳斯达克上市，2003 年整合成立新浪公司；搜狐成立于 1996 年，2000 年 7 月在美国纳斯达克上市；网易成立于 1997 年，2000 年 6 月在美国纳斯达克上市。随后，三家公司以各自不同的方式和切入点，迅速成为网络媒体发展初期左右中国互联网发展的三支重要力量，被称为中国三大门户。

经过多年的发展，三家的业务模式也是基本相似的。目前新浪作为一家在线媒体及增值资讯服务商，主要收入来源于广告、无线增值及游戏；搜狐由中国首家大型分类查询搜索引擎发展成为综合门户网站，主要收入来源于广告、付费搜索、无线增值服务、电子商务与游戏；网易则主要提供大型网络角色扮演游戏、全中文搜索引擎服务和电子邮箱服务与虚拟社区服务，主要收入来源于游戏、广告与无线增值服务。

作为网络媒体初创期的代表模式，门户网站依靠的是互联网自

146

身的超链接技术优势和海量信息的传播优势，Web1.0时代显示了其在远程通信、信息检索、客户服务等方面的潜力。但事实上，当时的门户网站仅仅发挥了大量转载传统媒体信息内容和分类整合传统媒体信息内容的作用，是互联网"门户"的位置，作为媒体的功能并未充分开发。

门户网站在产业发展的初创期，其商业功能被过分放大，极大地利用了投资者对互联网美好发展前景的种种想象，在风险投资基金的推波助澜下，借助源源不断的投资资金支撑了后续的开发与运作，圈钱、烧钱成为当时最主要的经营行为。这种建立在虚拟经济之上的网络商业运营，并没有清晰的商业模式，很快导致这一阶段之后的网络经济泡沫破裂，门户网站的原有模式也跌入低谷。[①]

6.2.2 初创期的风险投资模式

对于新生网络媒体而言，国家对其发展限制较少，从其诞生之日起开放程度就远远大于传统媒体产业，对社会资本特别是国际资本的高开放程度形成了产业发展的先天优势。甚至可以说，中国网络媒体发展实际上是从资本市场开始的。

正如上文所述，初创期的网络媒体在技术上有很大的不确定性，面临很大的投资风险，但互联网技术的商业功能与前景引发了全世界的关注，给人们极大的想象空间，产业未来在产品、市场、服务等策略上有很大的发展余地。基于此，这一阶段整个产业是依托财大气粗的国际风险投资基金来推动的。这个模式与路径实际上也是美国硅谷发展初期的模式，硅谷的高新技术公司基本上是在风险资金的支持下快速发展、成功崛起的。因此，国内门户网站从诞生之日起就在模仿复制国外门户网站的模式。

NASDAQ（纳斯达克）全名"美国证券交易商协会自动报价系统"，该市场最主要的特征是为高科技中小企业融资提供支持，且上市标准远远低于美国证券交易所和纽约证券交易所，纳斯达克板块在美国网络企业上市过程中引进风险资金的价值，吸引了大多数美国新创科技公司，风险资金的巨额投入使网络公司的股票不断上涨，股市财富效应带动一轮又一轮的风险资金集中到互联网领域，

---

① 张金海，林翔. 网络媒体商业模式的构建[J]. 现代传播，2012，(8).

创造了无数财富神话。这也为处于投资高风险期的中国门户网站提供了一条上市融资示范之路。

以三大门户网站为例，尽管过程各有不同，但它们在上市前都获得了国外风险基金的几轮投资，并依托这些资金的持续注入完成了公司最初的启动创业与发展。乘着全球互联网经济迅速发展的热潮，它们都是于 2000 年前后相继在纳斯达克上市的。2000 年 4 月新浪以首发 7820 万美元的募集股本总额成为国内第一家海外上市的门户网站；同年 6 月网易、7 月搜狐也分别以 6975 万美元和 5980 万美元的募集资金相继在纳斯达克上市。①

但国内门户网站刚刚上市，处于初创期的网络媒体就遭受重挫。它们经历了全球网络经济泡沫和资本市场惊心动魄的大动荡，中国网络概念股相继下跌并持续走低跌入低谷，很多网站大量裁员、被并购，资本市场对互联网创业公司的预期变得理智与审慎。在此情势下，国内三大门户网站开始了以赢利为目标的艰苦转型，经过三年的业务模式的调整与蛰伏，2003 年中国网络媒体产业渐渐回暖，纳斯达克也开始走出低迷，以网易股价暴涨为标志，这个一度濒临摘牌的公司 2003 年股价从不足 1 美元狂涨到 70 多美元，网易公司总裁丁磊也因此一举成为 2003 年中国首富。三大门户在资本市场上表现强劲，带动了技术股、网络股走出低迷，几乎同时在 2003 年 7 月提出纳斯达克二级市场再融资的申请，申请发行总额 2.4 亿美元无息可转债券。先行者们树立起来的榜样与一夜暴富的神话无疑是一支强心剂，2004 年，沿着前辈企业的资本之路，TOM 在线也成功在海外上市，成为互联网门户新势力。

后来的网络媒体企业及投资者们坚定了对纳斯达克上市融资道路的信心，直至今日，网络媒体产业的初创企业也是沿着纳斯达克的淘金之路前行的。以新浪、搜狐、网易为代表的门户网站伴随着互联网的发展经历了从初创起步、遭遇互联网危机再到积极进行业务转型这样一个曲折的初创阶段，发展道路虽然一波三折，但成功推动了中国互联网经济的起步与复苏。之后国内门户网站的竞争越来越激烈，随着 Web2.0 时代的到来，网络媒体开始逐步由初创期进入产业成长期。

---

① 赵枫，苏惠香．国内门户网站发展过程分析 [J]．现代情报，2005，(12)．

从上述典型门户网站发展之初走过的历程,我们可以看到,在网络媒体的初创期,最重要的资本运营模式就是:风险投资的注入以及在纳斯达克境外资本市场上的融资。这是由初创期的产业阶段性特征与中国国情、全球互联网产业热潮等多种因素所决定的。一是初创企业的启动必须依靠强有力的投资来实现与完成;二是初创产业的高风险使其只能寻求非传统的投资者与能够接受高风险的新兴资本市场,而互联网新技术的强大前景不断吸引风险投资的加入,两者一拍即合;三是国家还未来得及在政策层面对幼稚产业实行监控与市场规制,因此中国网络媒体的市场化非常彻底;四是初创企业恰逢全球性互联网浪潮到来,生逢其时。种种条件叠加起来,使中国网络媒体在短短十年间顺利走过了初创期,为未来发展融通了足够的资金,产业竞争力逐步形成。

6.3 媒体产业融合发展成长期的资本运营

6.3.1 网络媒体成长期的特征及典型企业

网络媒体进入成长期后,在整个经济系统的产业结构中作用与地位日益彰显,技术日趋成熟,商业模式逐步形成,随着消费者对新产品新技术的认知,需求迅速增长,市场规模快速增大,产业利润迅速增长,产业开始繁荣。此阶段的进入壁垒依然不高,但产业内的竞争加剧,这时企业开始跑马圈地迅速占领市场,出现主导市场的较大型企业。

对应上述产业成长期的特征,中国网络媒体在 2004 年至 2010 年的发展状况基本与此吻合,属于产业的快速成长期。而在这一阶段特别是快速成长初期,最为典型的网络媒体企业当属搜索引擎企业,其在这一阶段的发展颇具代表性。

搜索引擎技术最初用于解决互联网上的信息不对称问题,是为门户网站提供信息搜索服务支持的互联网信息技术应用工具,[①] 它有效地解决了互联网海量信息与用户需求之间存在的强烈信息不对称问题。成立于 2000 年的百度是最具代表性的中国搜索引擎企业,

---

① 概念来源于:http://baike.baidu.com/view/1154.htm。

它最初为搜狐、新浪等门户网站提供搜索服务基础技术支持。2001年，百度才开始从后台服务走向前台，不再依托门户网站，成为独立的提供搜索服务的网站。从此，作为一种新的媒介形态而非单纯的技术工具，搜索引擎开始进入中国网络媒体市场。随着搜索技术的功能不断完善，百度很快成为人们利用互联网资源最有效的工具与互联网的入口，以爆发式的增长速度成为中国网络媒体产业成长期的代表。到2010年，中国搜索引擎市场规模达110.4亿元（约合16.8亿美元），而搜索引擎占当时总体网络广告市场规模的34.4%，原本Google与百度基本垄断了整个国内搜索引擎市场，但随着Google退出中国，百度依托既有的资源与产品优势不断创新，在2010年的第四季度占据了中国搜索引擎市场73.4%的营收份额，① 保持领先。

与门户网站相比，搜索引擎有着更为清晰的商业模式，百度开创了竞价排名的赢利模式，尽管其实质还是一种广告服务，但与传统模式相比，搜索引擎已基本具备网络信息交互式平台的特征，基于Web2.0技术，实现了平台之上广告信息与用户之间的精准匹配，② 至此，网络媒体开始逐步向平台化发展。当然，此时的平台效应还没有充分张大，尚处于发展过渡阶段，还不能代表媒体产业融合未来发展的方向。

6.3.2 成长期的战略性投融资模式

网络媒体发展到这一阶段，市场前景趋于明朗，产品与服务从单一向多样化、优质化发展，市场广阔，拓展空间极大，因此也更加得到资本的青睐。随着技术的不断完善，新的产品形态频出，市场竞争加剧，而此时已快速发展起来具备了一定实力的网络媒体企业本身有了更充裕的资金，已不像初创时主要是融资的诉求，而是越来越多地开始进行投资活动，通过投资追逐新的技术、拓展新的业务范围，开始围绕企业的发展形成比较清晰的投融资战略。

与网络媒体起步阶段的初创企业一样，典型搜索引擎企业百度

---

① 《2010—2011年中国搜索引擎行业年度监测报告》，http://www.irese-arch.com.cn/Report/1527。

② 张金海，林翔. 网络媒体商业模式的构建［J］. 现代传播，2012，(8).

公司的资本之路仍然是从风险投资与纳斯达克开始的。但显然，在网络媒体的成长期，创业公司无论是融资能力还是融资金额都比产业初创期强得多。百度公司先是凭借搜索技术研发能力获得120万美元风险投资而得以创建，之后经过1000万美元的二轮融资与约1亿美元的三轮融资，在巨额的风险投资资金的持续支持下，得以迅速成长。2005年8月，百度公司成功在美国纳斯达克上市，成为首家进入纳斯达克成分股的中国公司，上市当天百度股价就上涨了354%，引起了全球资本市场的关注，很快进入了全速发展阶段。

在获得充裕的资金，公司进入良性发展阶段之后，百度公司的资本运作之路代表了网络媒体成长期企业资本运营的方向。与传统行业追求规模效应不同的是，网络媒体追求的是业务的延伸和互补、战略卡位、资源变现。百度一直秉承其"中间页"的投资战略，围绕搜索核心布局公司在互联网的未来。在投资并购中，百度并不注重财务上的投资收益，而是将投资并购作为有力的助推手段，服务于公司的核心业务与整体战略。无论是去哪儿、安居客，还是PPS、爱奇艺，这些投资对象大多具备一个共同特征，就是长期增长的前景与潜力，百度投资的方向与策略目标明确。同时，百度公司作为一个技术领先的网络企业，一直以来对技术研发投入很大。据统计，百度在深度学习、语音/图像搜索等技术研发上就投入了超过8亿元人民币。

在资本的助推下快速发展的BAT，羽翼渐丰、实力雄厚，筹措资金早已不是它们的重点，经过多年资本市场的历练，它们已经成为资本运作的高手，在资本市场上游刃有余。特别是2011年后，BAT开始建立投资基金，作为机构投资人开始了投资圈地的新竞赛，网络媒体的发展也开始步入一个崭新的阶段。

从上述典型搜索引擎企业在快速成长期走过的历程，我们可以看到，网络媒体在走过了初创期进入快速成长期后，从早期以满足融资需求为主的吸纳风险投资的资本模式，逐步向产业发展目标性、方向性更强的战略型投融资模式演变。在网络媒体的成长期，最重要的资本运营模式是：围绕企业的核心业务与优势，通过投资并购不断拓展延伸、开疆辟土，收购行业内有技术优势或互补优势的中小企业，快速扩大产业的规模，占领市场。这一阶段的产业资本运营行为是与新产品新服务的开发同步的，通过资本运营，产业

融合的格局初现，发展方向更为清晰与明朗，核心竞争力逐步形成，为下一阶段完整商业生态系统的搭建奠定了坚实的基础。

6.4 媒体产业融合发展高速扩张期的资本运营

6.4.1 网络媒体高速扩张期的特征及典型企业

如前文所述，产业生命周期理论的第三个发展周期是成熟期。如果产业处于成熟期，技术趋于成熟，市场需求缓慢增长或保持稳定状态，市场容量相对稳定，产业利润达到很高水平但赢利能力开始下降，产业集中度高，出现垄断。此阶段的产业特征、产业竞争状况及用户特点已经非常清晰和稳定，新产品开发更为困难，行业进入壁垒很高。这一阶段在技术创新推动下可以持续很长的一段时期。

显然，当下处于过渡阶段的网络媒体还未能充分满足上述条件，产业发展要真正进入成熟期尚需时日。2011年至今的网络媒体无论是在技术形态、产业结构、产业组织，还是在市场竞争行为等各方面，均未能与成熟期的产业特征与企业行为完全相符，还带有很大的不确定性，但又与之前的成长期有显著不同，显现部分成熟期的特征。特别是2011年之后的互联网逐渐向移动互联网平移，移动用户赶超了传统PC互联网，整个互联网领域的格局发生了很大变化。因此，本书认为，目前实质上是网络媒体成长期的后期，正处于走向成熟期的过程中，超越了成长期的状态但还未能达到成熟期的放缓增速接近高峰的程度，产业发展方向、产业特征、产业组织还在急剧变化中，仍有很多不确定的因素，未来的空间还很大，路还很长。此阶段产业发展特征介于成长期与成熟期之间，最突出的特征就是产业融合、媒介融合下的产业高速扩张，因此被称为高速扩张期，呈现越来越显著的融合发展特征。

这一阶段最为典型的企业就是在前两章讨论比较充分的平台型企业BAT。

在前文中我们已经得出结论：从近十年来BAT三家巨型企业的扩张实践来看，它们搭建平台、打造完整生态圈的扩张战略越发清晰。特别是自2012年以来，三者在移动互联网领域的竞争日趋激烈，尽管BAT都以实施平台扩张的战略来打造生态系统，却各有差异，形成了错势定位：百度搜索技术绝对领先而形成的 PC 上的流量分发能力，腾讯 QQ 客户端形成的全网用户覆盖和社交关系，阿里巴巴以淘宝和天猫为核心形成强大的电商平台。这些是它们各自的核心业务模块，BAT 以此为圆心开始版图扩张。网络媒体企业扩张的方向指示了互联网技术及其应用发展的趋势，隐含着技术创新的内生驱动；扩张的路线显示了新的产业价值取向，隐含着商业生态系统的互联网战略观；扩张的方式表明了平台企业的新的产业组织结构与生产运行方式，隐含着平台经济效应的经济学规律。而这一切，在实践层面，都是通过投融资行为来实施与实现的。

在产业组织平台化、产业生产模块化的发展态势下，网络媒体无论是企业组织的规模扩张，还是整个产业边界的扩张，都是在平台上不断开拓新功能的过程。以模块嵌入式的特殊模式来完成的机理本章不再赘述。

6.4.2 高速扩张期的资本模式创新

在高速扩张期，网络媒体领域的创新业务形态令人应接不暇，特别是在标志性的 2013 年，出现了一系列具有重要意义的创新突破：新浪、百度获得了第三方支付牌照；拥有 6 亿用户的微信推出了微信支付；支付宝钱包成为独立运作品牌并开启了离线支付功能；余额宝管理资产规模突破千亿元；百度金融实现了支持车贷、房贷、消费贷款、经营贷款以及信用卡搜索的功能……其中最引人注目的恐怕就是阿里巴巴的余额宝了。余额宝余热未消，人们还未来得及对其进行梳理与深入思考，2014 春节腾讯推出的微信红包又带来了新的课题。对此，学界一直以来虽有一定层面的观察与讨论，但学术性的及时反应与分析解读相对滞后。本书在这部分尝试从资本运营创新的角度做一些理论探讨。

表面上看，无论是余额宝还是微信红包，都是互联网领域移动支付的比拼，是亮眼的营销案例；更具有意义的是它们作为互联网跨界传统金融的成功尝试，拉开了未来电商、社交媒体与金融体系关联的序曲，或会带来未来商业模式颠覆式的改变。本书从另一个视角切入，发现其中深刻地隐含着更为重要与长远的信息：网络媒体未来发展的产业新图景已见端倪。我们越来越清晰地看到，网络媒体逐步搭建起了信息流、物流、资金流的平台模式。如果说之前的信息传播与社交、电子商务与物流在不断积蓄力量、奠定基础的话，微信红包这样的创新应用则爆发出信息流、物流与资金流最契合的可行路径。只有真正盘活了资金流，网络媒体的平台经济才能实现，而资本是其中最为重要的一环，也是最难突破的一环。余额宝、微信红包做到了盘活资金流，这恐怕是其中最重要的意义。

如果说网络媒体发展过程中初创阶段、成长阶段的资本运营模式，并没有突破常规的资本运营的整体范畴，仍是在我们所熟知的诸如风险投资、股市融资、并购重组、合作联盟等资本运营模式框架内展开的，那么随着网络媒体进入高速扩张期，资本运作的逻辑已开始超出既定的边界，发生了根本性的改变，这是真正意义上的资本运作模式演变。至此，媒体产业的平台功能充分彰显，一个全新的融合发展使新的产业发展空间随着资本运作的创新显示出巨大的生命力。

6.4.2.1 融合发展中媒体创新的爆发点——资金流

- 网络媒体的平台属性

武汉大学张金海教授在2012年就曾对未来中国网络媒体商业模式的构建提出这样的观点："信息流已不足以支撑网络媒体未来可持续发展，网络媒体将建立起整合信息流、资金流、物流'三流合一'的网络交互式平台商业模式，以获得持续发展动力。"①

如果说门户网站、搜索引擎是Web1.0时代网络媒体的典型代表，那么，淘宝、腾讯所搭建的交互式平台模式则指明了网络媒体发展的方向。基于Web2.0技术，特别是在移动互联的背景下，交互式平台可以理解为：在互联网基础平台之上搭建的，通过各种终端访问的，允许用户创造、交流内容并进行互动的在线平台及技术应用。它整合了互联网平台和移动数据平台，并可实现线上线下的充分互动。

网络交互式信息平台上首先汇聚的是海量的信息，网络的边际成本递减，用户越多成本越低，甚至趋于零，网络凭借信息平台的优势，将各类用户的行为聚合，进一步成为连接线上线下消费服务的平台。平台上信息流与物流相结合，催生了电子商务的爆炸式发

---

① 张金海，聂莉. 基于地理位置服务的交互式信息平台营销传播价值分析 [J]. 广告大观（理论版），2012，(8).

展。而网络市场的形成与运作,当然无法避开资金的流动,最基本的就是支付结算,这是确保网络平台电子商务顺利进行的基石。由此,我们也就很容易理解为什么像支付宝这样的服务必然是与阿里巴巴相伴相生的了。在交互式平台的进一步发展中,信息流是基础,物流是支撑,而资金流将成为核心。支付结算只是个开端,支付汇聚了一个巨大的资金池,交互式平台上汇聚的巨大的用户群体背后还蕴含着不可想象的资金潜能,一旦网络平台将其激发出来,真正提供全方位的"三流合一"的服务,最终用户的工作、生活,乃至整个人生都将纳入这个超级平台。

因此,近年来,移动终端微博、微信、电子商务等的规模,因移动互联网的发展正呈爆炸式的增长态势,信息传播行为、社交行为、消费行为乃至资金使用行为,几乎生活的所有层面的活动都越来越多地在移动网络交互式平台上进行着。

● 网络交互式平台的资金流

网络交互式平台上积蓄的资金流力量是巨大的。据统计,中国2014年第二季度第三方移动支付市场交易规模已达到13834.6亿元[1]。包括支付宝在内的多家第三方支付公司获得了跨境支付牌照,这意味着扩展境外及跨境支付市场已具备了政策基础。传统金融业为了应对冲击,以大银行组成联盟共同抵御第三方支付,银联与支付宝在第三方支付市场上狼烟四起,使我们可以明显地感受到网络支付所引发的震荡。

但正如上所述,在网络交互式平台上,资金流不是支付结算这么简单,支付只是一个入口,其背后有着更为巨大的潜能:无论是阿里巴巴集团的余额宝、淘宝平台的保险网销与基金网店,还是百度的"百发"理财计划……电子商务、支付在用户层面所形成的强大聚合力,可能早已使资金运转超出传统的范畴。

余额宝推出仅半年基金规模就超过了2500亿元,客户数超过了4900万户,成为国内最大的一只基金,资金池就像滚动的雪球,没有人能够准确预知它的边界。从支付宝到余额宝,就是简单的一步,轻易将无数的电子商务支付用户转变为货币基金的购买者。这样的创新,不但清晰地向我们预示着网络交互式平台的信息流、物

---

[1] 艾瑞网,http://report.iresearch.cn/content/2014/08/236077.shtml。

流与资金流开始实现对接，而且撼动了传统的金融理财体系。毫无疑问，在不久的将来，网络平台凭借其便捷性、价格优势以及在用户聚合力层面的明显优势，必将从当前比较单一的货币型基金与保险产品进一步拓展至其他的金融产品。

由此，我们看到这样的一幅图景：网络交互式平台攻城略地，在搭建起的信息平台、电子商务平台基础上吹响了资本运作的号角，通过第三方支付涉足传统金融的支付结算业务，进一步通过像余额宝这样的创新产品开始成功涉足资本市场的基金投资市场。资本不但推动网络交互平台自身的发展，更是改变整个网络媒体商业模式、重构产业格局的核心所在。

6.4.2.2 媒体属性与资本的完美耦合

● 基于媒体属性的网络媒体创新

如果说，余额宝的成功是电子商务汇聚的用户的力量爆发，信息平台、商务平台为此奠定了必要基础，这是远远不够的。至此，网络交互式平台的媒体属性并未得到充分的彰显，媒体的力量远远没有发挥出来。网络交互式平台只有真正将其媒体属性与资本运作对接起来，找到媒体属性与资本的完美耦合，资金的流动才能如行云流水。"微信红包"的创新为我们提供了成功案例。

"微信红包"本是腾讯公司在 2014 年春节期间推出的一个小应用，它的功能并不复杂，却非常巧妙，基于微信好友的社交平台，通过"微信支付"功能发放或接收红包。这样一个简单的商业创意却取得了意想不到的成功，网民的参与度与影响力超出腾讯的预期。无论是发放红包的支付还是收到红包后的兑现，都必须绑定银行卡，所以绑定微信支付的用户数量大增，仅在此新业务推出的两天时间里微信就绑定个人银行卡达 2 亿张。如果是传统金融体系下的银行，发展 2 亿储户的成本是高昂的，而腾讯利用其社交媒体的优势，几乎零营销成本，轻松获得大规模的增量用户，并借此通过社交媒体将手机支付的概念进行了全民推广。这无疑是一次非常巧妙而富有启示的创新。

微信红包的创新从传播效果上看，首先可以认作一个互联网产品营销的经典案例：微信红包带给我们很强的娱乐性和游戏性，看似简单，却有着对人性深刻的洞察，它充分调动了人们炫耀、懊恼、攀比的情绪，最大化地调动了用户行为，"使收发红包成为一场欲罢不能的社交游戏"。① 春节是中国人最重要的节日,春节社交最重要的仪式之一就是派红包、收利是。而从更深层次去看,微信红包又不仅仅是一个应景 App 小产品,因为微信社交互动平台非常巧妙地将社交、人情、娱乐与资本捆绑起来,使人们不但交流了感情、增强了社交黏性,还绑定了银行卡,迅速拓展了微信支付用户,沉淀了巨大的资金池。

• 媒体属性与资本耦合的机理

网络平台之上信息的流动个人主观性很强,要利用社会化网络系统从事商业化活动,必须根据其信息传播特征,在与消费者的互动中建立联系并获得商机。微信红包便是顺应自媒体的传播路径,将社交媒体的传播功能发挥到了极致。除了产品本身巧妙的细节设计外,其媒体属性的充分张大与利用是成功的关键。

实际上,网络红包的产品是淘宝最先开发的,但由于淘宝缺乏微信这种移动社交媒体的强大属性,并没能成功形成引爆点。阿里巴巴的支付宝是通过通讯录或对方支付宝账号的方式实现的,除非转账需要,否则没人会主动添加别人为自己的支付宝好友。微信则利用现有的好友关系网络,对应现实中的人际圈子,其本身就是日常交流的工具,人的主动传播显然有利于人群间信息的互动与扩散。② 微信作为一个由强关系建立的传播平台,具备社区属性,有信任基础。红包自古属于强关系纽带,微信平台自然就有先天优势,更何况微信还准确地抓取了如此恰当的时间节点。

由此可见,平台载体的特性决定了微信红包的成功。微信红包也许只是一个特殊的应景应用,但它所提示的是:仅仅将商业与用户连接是不够的,只有充分利用与张大网络平台的媒体属性才能真正将信息互动、营销传播与资本运作对接起来,才能真正实现网络交互式平台的信息流、物流与资金流完美合一。

6.4.2.3 融合中媒体资本运营创新模式

在传统金融学、管理学的理论框架下,所谓资本运营,即经济体将所拥有的各种形态的资本视为经营的价值资本,通过价值资本

---

① 参见绍三白《微信红包:一场欲罢不能的社交游戏》,http://www.iresea-rch.cn/。
② 参见《一个微信红包价值 1500 亿港币的启示——凤凰涅槃Ⅵ》,http://blog.sina.com.cn/s/blog_bd6959ec0101h617.html。

融合与资本创新

的流动、兼并、重组、参股、控股、交易、转让、租赁等途径进行运作，优化资源配置，进行有效经营，以实现最大限度增值的一种经营管理方式。在这一内涵下，我们理解的媒体资本运作行为一般指媒体的风险投资（VC、PE）、IPO、并购、资产重组、股权联盟等，这些都是在传统资本市场上完成的。而余额宝、微信红包等创新形态似乎已经超出传统资本运作的范畴，其实质是网络媒体资本运作的创新，且因为网络媒体的平台属性、媒体属性，这种创新不但改写了产业组织资本运营的内涵，甚至还改变了传统资本市场的运行。

无论是余额宝的试水，还是微信红包的创新，网络媒体仅仅拉开了资本运作的序幕。正如前文所述，支付结算只是资金流动的一部分，余额宝已涉足基金投资市场，还有无限可能的投资、融资领域等待开拓与创新。借助网络交互式平台，完全可以实现传统资本市场的资源配置功能，使交易成本更低，并更有效率。笔者对近期的网络媒体资本运营创新进行观察与分析，认为其大致可以分为以下几类模式，预示着未来网络媒体在资本领域的创新方向。

● 网络大众投资创新模式

创新点之一：平台之上真正的零门槛大众投资。

传统资本市场的基金投资最基本的门槛是 1000 元起购，银行理财推出的大多数产品起点是 5 万元，而余额宝的资金要求是 1 元钱；传统基金购买与赎回至少"T+1"日，交易日之外不能买卖，而余额宝 T 日到账，随时交易，流动性与银行活期无异。余额宝用户的平均年龄 28 岁，运行初期户均资金不到 2000 元，如果从传统投资的角度来评估，这是几乎可以忽略不计的"小散户"，是被银行、基金公司主动放弃的群体，但网络聚沙成塔，以小博大，把支付宝上的闲散资金汇聚起来，用户越多，成本越低，客户的门槛几乎为零。海量、小单小散的客户、频繁的交易与大数据技术结合，规避了传统基金主要购买者为大机构投资者所带来的大量基金赎回的风险，足够分散的用户行为以随机的方式呈现，反而在一定程度上规避了基金运行的不确定性，符合统计学的"大数定律"。

创新点之二：支付与理财的对接使消费与投资界限消解。

传统投资一般将货币基金视为现金管理工具而非投资工具，而余额宝巧妙地打破了传统消费与投资之间的界限。用户用余额宝上

158

的资金支付时等于进行了两步操作：第一步将基金投资的资金转化为消费的资金，第二步完成消费。在创新模式下，消费与投资联通了，基本上是无缝对接。而除货币基金外，其他类型的金融理财产品，甚至保险产品都可以以这种思路来运作，网络交互式平台使信息流、物流带动的资金流充分运动起来，海量用户带来的资金流为网络平台提供了源源不断的、稳定的资金库，用户可以基于原本无任何收益的闲置资金或低利率的储蓄获得收益，余额资金也可以财富化。

● 网络债权投资创新模式

中国金融市场的利率受政策管制，银行业垄断着间接融资，资金的借贷双方都有大量群体无法满足需求，这为网络平台上进一步的资本运作提供了广阔的空间。

创新点之一：平台之上资金供需双方的高效对接。

在一直以来受利率政策管制的中国金融市场，间接融资被银行业所垄断。一方面，国内民间有着非常广阔的小额信贷市场，小微企业、个体生产者的资金需求巨大，现行金融体系根本无法服务于这些小客户；另一方面，民间又积聚着大量的资金，在寻求合理的投资增值渠道，资金的供求矛盾突出，为网络平台上进一步的资本运作提供了广阔的空间。

P2P模式撮合个人投资者与借款人间的交易，跳过了传统的银行中介。投资者看好项目，把钱借给有需要的人，网络作为交易平台，资金的供求双方直接交易，利率随行就市，银行的作用仅是开立账户。投资者可将资金分成10份甚至20份，投资到不同的项目来分散风险。目前，国内比较知名的网贷平台有"人人贷"与"有利网"等，虽然在具体运营中的客户来源、担保方式与风险控制体系有区别，但本质上的运作是一致的，市场形成的年化利率均为12%左右，接近国际水平。2013年，在"人人贷"平台上共成交了近20亿元贷款，平均每笔借款4万—5万元，项目类型从生意需求到旅游购物乃至装修等消费需求，参与资金活跃，一个借款标的上线不到一分钟就被投资者分割干净。[1]

---

[1] 彭涵祺，龙薇. 互联网金融模式创新研究——以新兴网络金融公司为例 [J]. 湖南社会科学，2014，(1).

融合与资本创新

创新点之二：大数据基础上的资本挖掘。

与 P2P 相比，像阿里巴巴集团的阿里小贷则是网络债权创新的进一步拓展模式，可以把它看作 P2P + O2O 的模式，阿里利用自身 B2B2C 平台上积累的真实的海量客户行为和信用数据，通过深度数据挖掘和云计算，将客户在电商平台上的行为数据转化为企业与个人的信用评级，以此建立中小企业贷款数据库。这种建立在挖掘自有电商数据基础上的企业与个人的信用评级机制，其模式创新更顺理成章，内核也更加贴近信息流、物流、资金流合一的平台模式。

创新的网络交互式平台实际上已经在一定意义上取代了传统金融机构间接投融资的功能，实现了充分市场化的高效率的资本配置。

● 网络股权投资创新模式

从资本的角度来说，如果 P2P 是基于网络的新型债权投资的话，那么"众筹"模式则开启了另一种股权投资的新模式。

创新点：创业者与股权投资者充分信息对称下的对接。

我们知道，传统资本市场上的大投资机构往往只青睐少数企业与项目，小微企业获得风险投资的机会很小，而能够成为天使投资人的社会门槛也是很高的。众筹模式很好地解决了这个问题。众筹（Crowd Funding）即是通过网络平台向众人募集资金，类似于传统资本市场的创业投资 VC（Venture Capital）。对融资者而言，创业的小微企业可以通过众筹平台向多个投资者募集资金；对个人投资者而言，即使只有几万元也能够成为天使投资人。众筹的投资形式使资金分散、愿意小额注资并承担一定风险的个人投资者能够进行直接的股权投资，从而取得创业企业最早期的投资机会，当然更能够为小型企业的发展壮大注入资本血液。

目前，国内有"天使汇""大家投""创投圈"等知名众筹平台，在这些平台上，投资者、融资者双方的信息公开，自主寻求合作对象。网络经济、双边经济的特质，以及大数据、云计算的信息处理，使网络交互式平台上信息充分透明，解决了传统经济中信息不对称带来的市场效率失灵的问题。

● 服务平台型创新模式

创新点：基于网络专业数据优势的金融信息服务。

以融 360 为代表的服务性垂直搜索成为越来越多有资金需求的

用户进入网络平台的入口。这类平台为个人提供金融产品的搜索和比价服务，帮助消费者便捷获取费率更低的贷款、理财、保险等服务信息，免去用户到各家银行、小贷公司咨询调研的时间，方便快捷做出决策。

当下垂直搜索引擎、社交网络、大数据和云计算等的发展和广泛应用，大大降低市场信息的不对称性，无论借贷双方的交易还是股票、债券基金等的流通，都可能绕过银行券商等中介直接进行，理论上传统金融机构已经失去其原有的中介价值。可以说，创新的网络交互式平台已经在更高层次上完成了资源的最优配置，替代了资本市场的资金供与求的融通作用。我们从当前网络金融的五大细分板块（如表6-1），可以非常清晰地看到未来网络媒体资本运营创新所带来的与金融资本融汇的方向。

表6-1　网络媒体业务创新模式与网络金融的融汇[①]

细分板块	创新模式	特点
支付结算	第三方支付	独立于商户和银行，为商户及消费者提供的支付结算服务
网络融资	P2P贷款	投资人通过有资质的中介机构将资金贷给有借款需求的人
	众筹融资	搭建网络平台，由项目发起人发起资金需求，向网民募集项目所需资金
	电商小贷	利用电商平台积累的数据，完成小额贷款需求的信用审核并发放贷款
虚拟货币	虚拟货币	以比特币为代表的非实体货币
渠道业务	金融网销	基金、券商等金融或者理财产品的网上销售
其他	周边服务支撑	金融搜索、金融咨询、理财计算工具、法务援助等

由此可见，透过资本的视角我们发现：网络媒体通过创新，有着极大的资本运作的空间，可以说，未来最充满活力的创新点都会出现在网络交互式平台的资金流领域。网络媒体资金流必然撼动传统资本市场的运行模式，冲击传统金融体系的服务方式，进而将构

[①] 根据艾瑞咨询《2013年中国互联网金融行业年度热点盘点》内容整理。参见艾瑞咨询《2013年中国互联网金融行业年度热点盘点》，http://www.360doc.com/content/14/1015/14/7089394_417157050.shtml。

建起新的网络金融体系。

从上述典型平台型网络媒体企业在高速扩张期的资本创新分析，我们可以看到，处于高速扩张期的资本运营创新模式是基于网络交互式信息平台之上三流合一的资本创新模式。网络媒体充分挖掘平台上聚集起来的巨大资金流，并通过业务与产品创新的方式将其盘活运作起来，这种资本的运作可以视作内生的，与传统的投融资有着完全不同的内涵，是网络经济条件下资本运营模式的创新。如果说网络新媒体发展过程中初创阶段、成长阶段的资本运营模式，并没有突破常规的资本运营的整体范畴，仍是在我们所熟悉的资本运营模式框架内展开的局部演进，那么随着媒体融合的深入，进入高速扩张期，资本运作的逻辑已开始超出既定的范畴，发生了根本性的改变，是真正意义上的资本运作模式演变。特别是，这也意味着媒体产业开始实现平台化发展，平台上的三流合一开始激发出更大的产业发展能量，展示了更大的产业发展空间。网络媒体不仅仅是传统资本市场的参与者，通过创新，它还将成为新型资本市场的构建者、网络资本的操纵者，甚至网络媒体交互式平台将部分替代原有的资本市场的功能，并且这种替代趋势越来越显著，预示了融合媒体产业发展的更多的可能。

通过纵向的历史梳理与分析，媒体产业生命周期下的三个阶段呈现不同的产业发展特征，从典型的门户网站到搜索引擎再到平台化企业，伴随着网络媒体本身生命周期的演进，资本运营也发生了从风险投资模式到战略性投融资模式，再到基于网络交互式信息平台之上三流合一的资本创新模式的演进。资本运营演进的过程蕴含着产业发展生命周期的轨迹，同时作用于产业的发展进程，资本运营模式演进的过程也是产业核心竞争力逐步形成，产业的格局初现，直至平台化发展、完整商业生态系统搭建的过程。

本章小结　通过对中国互联网发展历程的认真梳理，我们发现网络媒体的产生发展与中国互联网发展过程基本同步但又不能等同，结合产业生命周期理论的划分标准与对照各阶段相关特征，本书指出当前媒体产业融合发展正处于高速扩张期，介于成长期与成熟期之间，超越了成长期的状态但还未能达到成熟期放缓增速接近高峰的程度，产业发展方向、产业特征、产业组织还在急剧的变化中，仍有很多不确定的因素，未来的空间还很大，路还很长。典型门户网站企业发展之初走过的历程揭示了在网络媒体的初创期，最重要的资本运营模式是风险投资的注入以及在纳斯达克境外资本市场上的融资。这一模式使中国网络媒体在短短约十年间基本顺利走过了初创期，为未来发展融合了足够的资本，产业竞争力逐步形成。典型搜索引擎企业在快速发展期走过的历程揭示了，在网络媒体的成长期，最重要的资本运营模式是围绕企业的核心业务与优势，通过投资并购不断拓展延伸、开疆辟土，收购行业内有技术优势或互补优势的中小企业，快速实现产业的扩张，占领市场。这一阶段的产业资本运营行为是与新产品新服务的开发同步的，战略性的资本运营使产业融合的格局初现，发展方向更为清晰与明朗，核心竞争力逐步形成，为下一阶段完整商业生态系统的搭建奠定了坚实的基础。典型平台型企业的发展历程揭示，处于高速扩张期的网络媒体充分挖掘平台上聚集起来的巨大资金流，并通过业务与产品创新的方式将其盘活运作起来，这种资本的运作可以视作内生的，与传统的投融资有着完全不同的内涵，是网络经济条件下资本运营模式的创新。在网络经济条件下，网络媒体不仅仅是传统资本市场的参与者，通过创新，它还将成为新型资本市场的构建者、网络资本的操纵者，甚至网络媒体交互式平台将部分替代原有的资本市场的功能，并且这种替代趋势越来越显著，预示了融合媒体产业发展更多的可能。

7
融合中资本创新的风险与产业规制重构

7.1 资本市场的新经济泡沫加剧产业风险

互联网相关产业发展的过程中一直伴随着新经济的泡沫，在 21 世纪初就遭遇互联网危机，尽管大浪淘沙后很快复苏并更加高速地发展，但这并不意味着互联网领域就不存在泡沫。相反，随着近年来移动互联网的不断升温，互联网技术在移动领域的广泛应用，包括大数据、云计算、虚拟现实等逐步的成熟与商业化，资本对新经济领域的狂热追捧，高行业估值可能会产生新的泡沫。

无论是国际资本市场，还是国内 A 股市场，互联网相关板块的公司被爆炒，网络公司股票较大的涨幅透支了行业估值。根据彭博金融终端的数据统计，截止到 2015 年 1 月，国内传媒娱乐行业的动态平均市盈率高达 44.75，而互联网行业的动态市盈率更是高达 123.51。即使是人民网、百视通这样的沪深 300 成分股，其市净率在 2015 年初也分别达到了 10.94 和 10.45。整体而言，网络新媒体产业的业绩增速和市盈率、市净率"双高"之间存在分反差，这加剧了整个行业估值过高的风险，甚至不排除泡沫出现的可能。其安全边际的吸引效应弱于权重蓝筹，体现在市场层面难免会造成低风险偏好的投资机构对网络媒体企业采取更加审慎与警惕的态度，特别是作为重组并购标的的初创小型网络媒体公司，其与估值不对称的利润增长速度以及无法完成业绩承诺的隐患，也会给并购评估、筹备和实施过程带来不确定性。作为投资者，在资本市场上对互联网相关企业的投资存在很高的风险。

因此，媒体产业在融合发展中，特别是在移动互联网领域新的角逐中，投融资行为需要更为冷静，对投资标的项目价值的甄别需要更为长远的眼光与清醒的判断。

7.2 资本推动的技术创新瓶颈制约产业发展

在资本运营的过程中，无论是投资并购、跨域经营，还是向海外市场的扩张，最终都会涉及核心技术的突破与领先，挑战很大，将可能引发新一轮洗牌。随着国内移动互联网竞争加剧，包括三大巨头在内的网络媒体企业近年来均重兵投入，最频繁的资本运作都发生在此领域，同时还在积极地开拓海外市场。但中国网络媒体企业普遍对核心技术和核心能力构建的投入不够，即使像在中国市场上呼风唤雨的 BAT，其最成功的产品尽管在国内领先，但因为是根据中国的市场特点做的应用创新和模式创新，当面对全球竞争时，尚缺乏基础的或原创的核心技术或能力，还没有制胜的绝对把握。

因此，对当下网络新媒体产业资本运作的方向而言，夯实国内市场，将资金更多地投入大数据运用、基于商业智能（BI）的客户行为分析、图像/视频搜索、人工智能等基础技术创新，打造原创而非模仿与复制的有竞争力的移动互联网业务，对网络媒体企业来说，可能才是突破技术瓶颈的明智之举。

7.3 网络资本的风险控制与体系建设

在传统经济条件下，企业组织一般是资本市场的参与者，通过资本市场完成投资融资，资本市场作为平台连接资本的需求方与供给方；在网络经济条件下，互联网平台企业不仅仅是传统资本市场的参与者，通过创新，它还成为新型资本市场的构建者，网络媒体交互式平台甚至部分替代了原有的资本市场的功能，并且这种替代趋势越来越显著。

当然，资本领域的创新毕竟与金融体系密切相关，与此相伴的是风险与监控。无论是理财还是投融资，首先要确保资金安全、信息安全，需要严谨专业的风险控制与管理，同时宏观经济和货币政

融合与资本创新

策的不确定性也会带来潜在的流动性风险,另外创新还面临着相应的道德风险与法律监管等一系列的问题。政策对于新生事物反应的滞后,使当前监管基本处于空白期,不确定的因素很多,加上创新本身也会有技术上的风险,存在一个不断完善修正的过程,这是我们在展望网络交互式平台发展前景时不能忽视的问题,更是互联网、金融、媒体产业融合中无法回避的问题。

网络资本涉及的金融业务种类繁杂,其中包含许多业务属性,现行传统监管机制下无法清晰界定这些业务的监管范围,极易造成混乱。从风险角度来看,一旦出现问题损失大,影响范围广,容易引发系统性金融风险(近年来P2P领域的严重问题与教训已给了我们警示)。一方面,资本创新依靠高效的互联网技术和便捷的服务模式,使传统金融体系存在的技术风险弱化;另一方面,网络资本创新的制度和技术不成熟会引发风险。虽然网络资本以其便捷的服务模式成为新兴的、迅速发展的金融参与形式,但是这并不能改变其互联网金融的金融本质,也不能改变其作为一种互联网技术所存在的缺陷,如网络技术不成熟引发安全漏洞问题,以及互联网金融的相关规范和监管体制导致责任危机,在出现问题时候各方容易规避责任等情况。

可以说,我国网络资本创新发展与不同步的监管体系建设间的错位,引发了一系列的风险问题。

互联网金融的发展对传统金融行业造成了极大的冲击,其形式的多样化让人目不暇接,处在蓬勃野蛮生长阶段的产业创新有以下风险。一是技术风险。即使有严密的技术加密管理,也无法完全阻止网络黑客的入侵,他们会对交易信息进行拦截、篡改等,导致很多重要的客户信息、资金数据等外泄,侵害了交易主体的合法权益。网络平台也会因为病毒的入侵而无法正常运作,加之技术的更新速度快,经营主体无法与其保持统一步伐,导致用户群的流失和经济效益的降低。二是法律风险。互联网金融是一个新型的、开放性的金融管理平台,在我国现有的法律体系中却没有明确的法律法规作为法律保障,交易双方或多方的权利、义务都不具化和清晰,容易让不法分子利用法律的空缺来谋取不法利益,威胁了互联网金融的健康发展,严重的话也会对社会的和谐稳定产生强烈的负面影响。三是监管风险。任何行业要想有序健康地发展,都需要一定的行业准则来进行保护和约束，因此需要相关部门根据这些准则进行监管。由于互联网金融在我国的发展还处于初级阶段，相应的监管与约束也显然不够成熟，这对互联网金融市场今后的发展来说，必然是一个特别大的风险，随时可能引起互联网金融市场的崩塌。

风险控制体系的建设迫在眉睫。一是完善制度建设。要从国家层面完善立法，给互联网金融确定边界和身份，让它在法律框架内走向成熟。国家和政府要从全局出发，用科学发展的眼光分析当下的经济格局、市场现状以及网络金融管理的各个平台的特点、潜在的风险等，对金融市场有全面、系统的了解，以此为基础制定科学的法律法规，明确各方权利和义务，为管理行为提供法律保障。二是优化管理平台。首先树立风险意识，对各类风险有全面的了解，优化完善互联网金融监管体系，拓展金融监管面，采用全新的监管模式，实施科学的动态跟踪管理，确保用户信息的完整、真实和机密性。其次，根据实际情况构建全新的信用体系，有效防止互联网金融交易过程中交易双方信息出现不对称情况，并加大对不法网络行为的惩处力度，最大限度地降低互联网金融的风险系数，提高整体运营经济效益。三是推动人工智能等新技术在防范互联网金融风险方面的应用。国家要加大技术特别是人工智能技术的研发力度，确保互联网金融的发展具有重要的技术支持，提高对风险因素的感知、预测和防范能力。同时优化利用大数据，借助信息化手段，提高网络平台的安全性，确保互联网金融发展处于良好的运营环境中，切实化解互联网金融风险。

7.4 产业边界与产业规制重构的挑战

• 快速扩张中的财务风险

当前融合产业领域发生的并购，动辄数十亿、数百亿的规模，主并公司通常会借助其他渠道的融资，融资成本较高，企业财务杠杆比例失当可能引发的财务风险加大。若并购后未能达到预期的效益，利润下降、收不抵支时，便会出现到期不能偿还债务本息的风险。快速扩张过程中因资金链断裂引发财务风险的先例很多。具体来说，企业在扩张特别是并购时会遇到的财务风险表现在以下两个方面。

一是对并购企业的价值评估风险。在现实中,通常是效率较高的企业并购效率较差的企业,如果收购方高估目标企业价值,以高溢价收购,就可能增加收购成本,同时加剧了并购后的风险。

二是企业并购时产生的融资成本和利息支出,进一步加剧了企业现金或者流动资产支出上的财务压力,为并购后企业的整合和未来发展造成财务风险。

互联网平台型企业近年来的快速扩张与兼并、并购行为中面临的最直接的风险就是上述的财务风险。企业在发展过程中要想做好风险防范,在资本运作之前,必须进行审慎而全面的评估与规划,特别是处理好收购公司的价值评估、资金来源与使用及并购后的整合问题。网络视频领域的优酷公司与土豆公司的并购就是非常好的案例,并购选择了适当的融资支付方式,双方有计划地充分做好前期的整合准备工作,较好地规避了财务风险,很有借鉴价值。

● 并购后的整合风险

在融合进程中,媒体产业的模块嵌入式平台扩张,无论是购买、兼并还是联合其他企业或资产,新的模块组织往往面临着扩张无效益的风险,即新的不适应可能导致组织整体或某部门赢利能力的下降。并购后新的业务模块的运行、新的组织的管理运营都会存在整合不畅的风险。特别是跨产业边界的、融合产业的或者跨国的并购行为,使整合的风险更大。这是资本运营过程中企业要面临的最大困难之一。

并购后的整合是个综合复杂体系,至少包括经营战略的整合、组织机构的整合、文化整合和业务整合几大方面。正如上文所述,如果并购的双方是跨产业或跨国度的,差异性大,协同整合的难度会更大。

BAT 在近年来通过并购不断进行着海外布局,也遭遇了跨国并购扩张后的困境。当然它们总体的海外资本运营的策略还是比较审慎的,其渐进式整合的经验是媒体产业面对整合风险可以借鉴的努力方向,但企业融合与跨文化管理仍然是大多数媒体企业必须补上的一课。

● 进入新的产业领域或市场区域的新风险

正如前文所述,近年来的投融资基本发生在更为深度的跨界融合领域,这远比发生在产业内部的资本运营情况复杂得多,涉及包括政策与法律风险、文化风险、信息安全风险、版权风险在内的更多风险。

政策与法律方面。本书在第3章提出，网络媒体不仅仅是传统资本市场的参与者，通过产品与业务创新，它还成为新型资本市场的构建者，甚至网络媒体交互式平台部分替代了原有的资本市场的功能，并且这种替代趋势越来越显著。如网络媒体企业向互联网金融领域的渗透，这些资本领域的创新毕竟与金融体系密切相关，与此相伴的是风险与监控。无论是理财还是投融资，首先要确保资金安全、信息安全，需要严谨专业的风险控制与管理，同时宏观经济和货币政策的不确定性也会带来潜在的流动性风险，企业还面临相应的道德风险与法律监管等一系列的问题。政策对于新生事物反应的滞后，使当前监管基本处于空白期，不确定的因素很多，加上创新本身也会有技术上的风险，存在一个不断完善修正的过程，这是我们在展望网络交互式平台发展前景时不能忽视的问题。

同时，媒体企业在进入新的地区时，其在国内的运营模式常常引发法律上的安全顾虑，如网络媒体企业在中国配合政策管制进行的内容过滤、监测等行为在国外市场上会遭受质疑，影响其全球形象和海外市场的拓展。

文化与信息安全、版权方面的风险，更多体现在产业全球化战略的实施过程中"中国"色彩的影响。中国企业面临如何制定信息安全战略、提升隐私保护能力、加快知识产权积累的严峻问题。网络媒体企业需要通过增加公司和产品的透明度来规避外界对信息安全和知识产权的质疑，敏锐而深刻理解当地文化特点和市场需求，开放平台架构等，有效地寻求适合自己的抵御风险的方法与路径。

- 海外拓展中的水土不服与全球化风险

随着BAT开辟海外市场，这几年借势国家战略进行海外传播布局、推进文化传播也逐步成为整个传媒产业又一新的竞争制高点。2014年7月，百度葡语版搜索引擎在巴西正式上线提供服务，成为中巴两国技术创新领域合作的一个重要标志，这个事件对网络媒体产业海外投资点位的选择有一定的借鉴意义。

BAT具有先天的国际化血统，国际化资本、国际化团队、开放的全球化互联网商业模式使其海外拓展有着先天的优势，但经过近十年的努力，BAT的海外拓展并非一帆风顺，相反遭遇了许多问

题。当前 BAT 的海外业务国际化成熟度并不高，目前的海外业绩只能算基本达标。究其原因，有时机、环境因素，也有战略上的问题。

在国内经济环境中成长起来的网络媒体企业，更适应国内特殊的保护政策。一旦离开熟悉的市场环境，真正直接面对超强的世界级竞争对手，其核心能力构建、国际化战略的制定水平、内在管理能力和外在竞争技能都有待提高。近年来过快的发展和过高的利润水平，掩盖了其原本存在的种种问题，在国内形成的在本土可以有效解决的信息安全、版权、政策与法律问题等在国际化环境中会遇到很大障碍，如竞价排名问题、网络内容侵权行为、网络信息泄露的隐患等，网络媒体产业要克服这些问题尚需时日。为此，网络媒体企业需要在扬长避短、打造核心竞争力的同时，转变风格与理念，通过制定更加合理、清晰的国际化战略，更加审慎地进行实现路径设计和海外市场的选择，来实现海外扩张，稳步推进媒体产业国际化的进程。

本章小结 传统媒体在快速扩张的资本运作中会遭遇财务上、整合上的诸多风险，而互联网时代的新兴网络媒体，除此之外有技术创新、新经济估值上的高风险。随着产业边界的不断突破，融合中的媒体产业间整合的复杂程度更高，新的产业领域或市场区域，带来的不仅仅是生产上的、市场上的风险，更多的还有法律、政策、文化上的风险，这给产业的规制带来严峻的挑战。尤其是融合中的网络资本创新，触碰到对风险控制有极高要求的金融领域，更需要在新的风险体系建设上有所突破。融合背景下，产业规制重构迫在眉睫。

8
资本创新经验观照下的广州媒体产业融合发展

8.1 广州媒体产业融合发展现状

当下，广州文化、媒体、互联网产业融合发展中面临以下一些主要现实问题。

资本有效配置效率不足。由于信息的不对称，市场化资本引导机制不足，资本与优质企业或项目无法有效对接，体现为急需资金支持的传媒文化企业投融资不足，而有些项目投资效益不高，重复投资，甚至打着文化产业的幌子浪费宝贵的资源。

媒体产业与文化产业所具有的"轻资产""高风险"的天然属性与资本的趋利避险之间的矛盾未能有效化解。

文化企业没有充足的有形资产作抵押，而无形资产（尤其是知识产权）的估值是世界性的难题，同时文化传媒企业成长伴随着政策上、市场上、信用上的高风险，收益具有不确定性，这些是文化传媒企业投融资的大难题。金融机构创新有限，没有针对文化传媒产业的成熟的内部信用评级制度；金融机构基于投资安全性的考量，对文化传媒产业"惜贷"，文化传媒企业在融资过程中困难重重，有限的有形资产难以撬动文化传媒企业所需的大量资金；产业资本对于轻资产项目估值的盲点，对政策性、成长性、高风险不确定性的顾虑，使其进入文化产业很审慎，或者快进快出。比如2016年直播发展情形好，态势猛，吸引资本注入，但2017年随着市场降温，直播业面临重新洗牌，资本进入速度迅速放缓。

社会资本对复杂多元、专业性极强的传媒与文化产业缺乏认

融合与资本创新

知，长期以来文化传媒产业以政府投入为主，运行于整体金融轨道之外。

总体上看，广州目前的文化传媒产业投融资能力不佳，这与其缺少一线的有实力与经验的本土文化传媒投融资公司、缺少国际专业文化投资机构介入有关。无论是传统金融机构还是传统产业资金对文化传媒产业均缺乏了解。作为新兴产业，文化传媒产业链条上牵涉环节繁多，业态丰富，潜能有待激发，社会对文化传媒产业的认知很多还停留在依附于体制意识形态阶段，资本进入带有政府背景的传统文产如传统媒体有一定的顾虑。

通过调查涵盖产业链条的各类型文化类企业我们发现，广州的市场环境对于初创型文产企业较有利，因为营商环境相对较为宽松，这是广州传统商贸文化的体现；但对于中型企业和大型企业吸引力不足，因为融资环境不理想，政府扶持力度不够，人才优势较北京、上海弱。

资本进入文化传媒领域面临诸多政策落实瓶颈。在调研中我们发现，即使理论上有政府扶持，政策落实仍存在种种突破性困难，如无法满足土地配给。目前文旅小镇是一个投资热点，不少大型企业对此感兴趣或正在向这一领域发展，但土地成为制约因素。像佛山三水区的"尼克文化旅游"这样的项目，2015年签约，而今天土地供给不足预计的1/10。又比如，对人才的引进，高层次人才落实比较容易，因为可以根据现有的人才引进框架制定对应方案，但是对于非高学历、高职称人才的引进需要突破，如对正能量的网红、游戏战队、网络作家等特殊人才，缺少相应的落户等吸引性政策。

传统文化传媒企业不善于运用金融工具来吸纳社会资本，而政府亦缺乏有效引导与整体战略布局。

无论是具有浓厚官方背景的事业单位或国有企业，如电视台、报社、出版社，还是广泛存在的民营中小文化企业，如形形色色的广告公司、影视制作公司等，都缺乏成熟的资本运营能力。而政府对整体文化传媒产业的引导缺少整体布局与战略。目前广东文化产业战略少、战术多，集中资金少、分散资金略多，大型企业受益多、小型企业受益少。政府在文创产业的初创阶段，政策扶持几乎空白。

8 资本创新经验观照下的广州媒体产业融合发展

　　以上是我们在调研中发现的当下广州文化传媒产业发展在资本方面的问题，这些问题既是文化传媒企业发展的痛点、传媒文化产业发展过程中的难点，亦是政府层面需要着力破解的关键点。

　　世界各国政府在扶持、刺激和撬动文化产业方面均扮演着非常重要的角色。卡西·布里克伍德提出，欧盟各国要重新制定文化产业政策，努力改善欧洲的社会结构，积极落实资助和扶持措施，在新兴文化产业领域创造就业机会，把新技术运用到文化活动中去。[1] 佛罗伦萨市文化发展中心研究认为，文化产业的发展取决于文化产业政策，而文化投融资政策是文化产业政策的核心内容。[2] 可以说，在绝大多数市场经济国家，政府在文化产业发展中的角色通常是比较间接的、服务型的。文化传媒产业领域主要交给市场来主导、以市场化运作来配置资源，包括对文化产业资本的资源配置——投融资。

　　在我国，以传媒业为核心层的文化产业总体上是建立在原来大的文化事业机制基础上的，从十多年前文化体制改革开始，有一部分经营性的文化领域逐渐转变为文化产业。在这样的大背景下，政府是占主导地位的，我国传媒文化产业的特征之一就是：以公有资本为主、政府主导型的产业机制。而出于文化安全的考量，我国对外资进入我国传统文化产业核心领域特别是内容领域有非常严格的控制，外资通常以直接融资的渠道进入一些新兴领域。因此，从投融资机制来看，我国文化产业投融资整体是以政府为主导的机制，在此基础上需要积极发挥市场机制的作用，尤其需要借鉴较成功的市场化有效配置资源的经验。

8.2　多层次资本市场与广州媒体产业融合发展

　　社会资本如何进入文化与传媒产业？如何撬动文化与传媒产业？政府该在何处发挥关键的作用？这些都是迫切需要解决的问题。借鉴国内外经验，我们认为，在总体战略思路上，需要从政府的服务引导、宏观布局两大层面着手。

---

[1]　〔芬兰〕卡西·布里克伍德. 文化产业投资与文化产业发展 [M]. 邱慧译. 上海：上海译文出版社，2005：9－10.

[2]　佛罗伦萨市文化发展中心编著. 佛罗伦萨文化实务 [M]. 北京：中国经济出版社，2004：2－3.

8.2.1 营造良好的产业融合投融资生态环境，为社会资本进入文化传媒产业打好基础（政府服务引导）

广义的产业投融资生态环境是指政府为促进产业发展提供的稳定政策支持、设施便利、法律保障，不单单包括投融资方面，还涉及产业融合发展的其他方面，因为产业健康发展是吸引资本投入的前提。政府需从规划规制安排、税收优惠、平台建设等多方面，为营造良好的传媒产业投融资环境而努力。

8.2.1.1 首要政策基础是土地设施政策的倾斜

第一，地方政府应将文化产业用地与普通产业商业用地区分开来，考虑文化产业的公益性，加大在土地政策上对文化产业的支持力度，包括增加文化产业土地的供应份额，把重大文化园区、文化项目和公共文化基础设施等建设用地，纳入城市建设用地总体规划来分步骤地增加；第二，优先安排重点文化企业项目和园区用地，积极扶植重点文化产业项目和重大文化产业园区，保障其选址定点和规划安排；第三，减免土地出让金，对兼并、破产后改制的新的文化企业，其土地处置可返还50%的土地出让金；第四，由事业性质改制为经营性质的文化企业，其原有的政府出让地，应允许依法办理土地变更手续，对其土地使用税、房产税、土地出让金等税费给予减免。

8.2.1.2 税收政策支持亦至关重要

虽然经过多年探索实践，文化产业税收扶持政策体系初步建立，涉及增值税、营业税、企业所得税、房产税、印花税等多个税种，但仍需优化。

一是出台更具针对性的分层税率，体现政府产业发展的导向。税收优惠政策应成为地区产业发展的风向标，明确体现政府的战略导向，对不同种类的文化产业和不同社会效益的文化产品以及文化服务实行差别化的税率。对不同文化单位、不同文化产品实行不同的税率以调节文化资源配置，引导文化产业朝着符合国家利益的方向发展。

比如互联网叠加文产，其中以广州目前在全国占有绝对优势的"网络直播""游戏""动漫"为中心点，对以"互联网泛娱乐产业"为核心圈的相关企业予以更优惠的税收政策。又如，根据文化产品层次不同,对高雅严肃性文化项目实行低税率,对通俗商业性文化项目实行相对较高税率;根据文化消费对象不同,对面向少年儿童教育文化项目,给予税率上的优惠;根据赢利能力不同,对娱乐性等暴利行业征收高额的消费娱乐税,而对博物馆、群众艺术馆、文化馆等非营利或微利公益文化项目实行税收减免。像广州近年推出的全民艺术月、爵士音乐周等高雅文化项目,政府不仅仅在税收上对其予以扶持,更应将原来补贴企业的部分(以强制企业赠票的形式)直接用于补贴文化消费者(凡广州市民每年发放一定额度的免费票),使政府补贴真正落到消费者手上,并以此推动与培育文化消费。

二是要增强以税收扶持文化传媒产业的实效性。目前,虽然政府针对文化传媒产业出台了很多税收优惠政策,为文化传媒产业发展注入了动力,但是,在很多方面税收政策实效性欠佳。首先,总体上文化传媒行业的税负普遍较重,现行的增值税在一定程度上存在对文化创意产品的重复征税问题,且没有对无形资产实行进项抵扣;其次,税收优惠政策主要适用于文化传媒企业成立初期1—3年,而文化传媒产业成长周期较长,需要5年以上才能发展成熟;再次,对文化传媒产业从业者缺少适当的税收优惠,文化传媒产业是知识密集型产业,人才在企业发展中至关重要,广州市若出台较大力度的文化传媒产业从业者个人所得税优惠政策,无疑将会吸引更多人才从事文化传媒产业相关工作。

8.2.1.3 建立市场培育机制

民间资本进入市场,有多个维度要衡量,比如市场的自由度、行业的规范性等。但资本的最终目的是赢利,因此,市场消费是关键。培育市场包括培育消费者和培育从业者。

从2016年的全国城市居民家庭人均文化娱乐消费情况来看,广州人均文化娱乐支出已达4991元,占城市家庭人均消费支出的13.1%,位列全国第一,文化消费的基础很好。广州的民间市场一向活跃,一些小型的文创个体户自有其发展的土壤与生态,其文化产品往往是个性化的、差异化的、非批量性的,甚至是非复制性的,对于活跃区域文化氛围、提升区域文化产业动能和文化市场氛围具有不可替代的作用。

因此,政府在扶持龙头企业的同时,要给予小型文化工作室、

小型文化商铺甚至独立文化人充分的市场环境,包括仿照专业一条街的商业形态引导形成文创一条街,或专业文创社区。像广州原珠影地块上开发的星光珠影城,本应以文化地产来建设运营,积聚文化创意业态,形成自己的特色,但最终因没有政府引导,沦为毫无章法的美食一条街,严重浪费了原本非常宝贵的珠影文化资源。这样的例子在广州不是少数,需要引起政府的足够重视。政府应重新盘活原本非常丰富的文化资本,营造更好的文化消费氛围。

8.2.1.4 建立多层次人才引入和培育机制

李思屈提出的发展"3P型文化产业"理念(见表8-1),具有一定的代表性,即强调提升文化产业发展的创意力、影响力和文化资本转换力(Creative Power, Influencing Power and Cultural Capital Transform Power,简称为3P)。其中,人才指数归为创意力首屈一指的指标。

表8-1 3P模型及其指标体系定义

层次	要素系统及符号		指标系统及符号		操作系统内容
创意力	人才指数	C1	文化创意阶层指数	C11	文化创意从业人数占整个从业人数的百分比
			人力资本指数	C12	25—64岁人群中拥有学士或以上学位的人数比例
			科技人才指数	C13	每千名工人所拥有的从事研究性工作的科学家与工程师的数量

传媒文化产业的核心竞争力是持续创新能力和资源整合能力。在持续创新和资源整合中,"人"都起着至关重要的作用。因此,也有专家认为,文化创意产业的竞争是对"人才"的竞争。人才本身就是社会资本,同时也是撬动社会资本进入最好的资源之一。

与京沪深相比,广州市的人才引进力度仍较弱,尤其表现在对创新人才的引进资金奖励力度较弱。举例来说,对于引进海外高层次人才的政策,广州市百名高端外国专家引进项目奖励为20万元,而深圳市"孔雀计划"给予海外高端人才80万—150万元奖励补贴,北京市海外人才聚集工程给予100万元一次性奖励,浦东新区"百人计划"提供50万元一次性奖励及50万元的安家补贴。各地相较显然有较大差距。重视人才,调整策略,建立多层次引入与培育机制是广州市政府需要做的。

一是人才分类引入和孵化策略。创意产业的核心是人才，是人才智慧的动能聚集。在调研中，相关企业负责人提到的一个事实很值得思考，欢聚时代YY当年从珠海迁到广州，其实不是珠海市政府扶持力度不足，而是珠海的人才供给严重不足：当时珠海市IT精英的总量都不能满足YY快速发展的人才需求。

调研中我们还发现，以虎牙为代表的大型文化企业目前对人才有数量和质量的双重需求。去北京、上海抢夺高端人才已经成为日常工作。但是文化创意类人才往往不属于高职称、高学历人才，没有特别的人才吸引配套政策。

事实上，广州近年来并非不重视人才引进，甚至也有一些大手笔，如2017年11月广州接连签下季国平、钱时信、濮存昕、张和平、邹静之、杨晓阳、郭润文、范扬、董书兵、潘志涛十位文艺顾问和廖昌永、雷佳两位文化形象大使，他们都是国内音乐、美术、戏剧、影视等领域文化界的顶尖人才。2017年5月广州出台《广州市优秀文艺人才培养扶持计划（2017—2020年）》，将人才培养作为推进国家中心城市建设全面上水平的智力支撑和保障。围绕培育青年文艺人才的目标，广州先后实施了广州国家青苗画家培育计划、戏剧孵化计划等，累计培育青年画家百余名，13人次入选全国美术大展，38人次在省内获奖，一批优秀青年编剧、导演、演员走向前台。广州对成就卓越、德艺双馨的本土文艺领军人才授予"广州市文艺终身成就奖"荣誉称号，树立广州文学艺术优秀榜样等。

但问题是，这些计划主要着力于高端人才或优秀人才，文化传媒产业不仅需要传统意义上的高端人才，还需要大批新型的技能型人才，比如游戏设计人员、网络直播技术开发人员。因此，更强有力的规模性人才吸引政策会刺激更多大型文化企业落户广州。

此外，还应鼓励中大型文化企业与高校建立合作机制，定向培养人才。

二是人才提升策略。调研显示，小型艺术公司或工作室从业者有着对所从事艺术的热爱，有着对自己所从事领域的憧憬，但也认为自己在某些方面存在不足，希望能够有再学习的机会。需求主要包括两大类：一为产业学习需求，多数小型艺术机构的从业者有艺术学习和从业的背景，但没有市场运营及把艺术产业化的知识背

景，因此希望进行这方面的学习，以便加快产业化进程；二为高端学习交流机会，因为机构很小，所以没有能力与高端艺术机构或产业取得对接，没有学习先进经验尤其是国际相关产业经验的机会，因此希望政府或相关机构能够搭建这样的交流平台。

2018年7月31日，天津召开"天津网络作家村暨泛文学文化小镇"项目调研论证专题协调会，两个月内作家村挂牌，制定住房、落户、子女入学等专项政策。作家村内还配有私人理财师和律师解决日常问题。这些经验都非常值得学习借鉴。

8.2.1.5　搭建三个公共服务平台

信息不对称一直是困扰资本进入文化传媒产业的一大难题。在文化传媒产业投融资实践中，投资者持币观望找不到合适的项目、文化企业难以寻觅到有意向的投资者的现象时常发生。在市场经济中，政府的主要责任是为经济主体营造良好的运营环境。因此，政府当务之急是在投融资双方之间搭建桥梁，充当文化与资本联姻的"媒人"，建立投融资双方信息互通的平台，使投资者实现资本升值，文化企业获得资本助力，实现投资者与文化企业的互利共赢。

第一个是文化传媒产业投融资公共服务平台。目前政府建立的"广州文化网"远远不能满足文化传媒产业投融资双方的迫切信息需求，当务之急是设立专门机构或授权现有机构（如广州市文化金融服务中心）建立并组织运行功能齐全的网络公共服务平台，整合各方资源，连接职能部门、银行、企业多方。搭建的文化传媒产业投融资公共服务平台主要宗旨是促进文化与金融有机对接。平台主要实现以下功能：第一，信息发布，适时更新文化传媒产业投融资领域的政策法规、最新资讯、文化项目、融资产品等信息；第二，在线业务办理，主要受理信贷申请、补贴申报、产权交易等业务；第三，提供配套服务，主要包括项目推介、上市推荐、业务咨询等服务。文化传媒产业投融资公共服务平台力图解决文化企业与资本市场信息不对称问题。

一直以来，银行对文化传媒产业认识有限，缺乏贷款经验和行业信贷标准，贷款条件苛刻，审核程序复杂，加大了文化企业申请贷款的成本，延误了文化企业的发展时机。因此，文化传媒产业投融资公共服务平台首先开通的功能应是"文化企业信贷申报评审系统"。这个互联网在线服务系统可以借鉴广东省委与浦发银行"文化＋金融"合作的模式，委托广州银行或者委托已有文化传媒产业金融基础数据的浦发银行进行专项开发，成为文化信贷的平台，吸纳银行进驻，而开发系统的广州银行或浦发银行与政府合作共建文化银行，真正建立起文化企业与银行机构之间的联系和有效沟通，建立起便捷的文化传媒产业信贷渠道。文化企业可以通过系统窗口查看系统中银行机构所提供的信贷产品，并选择合适的银行提出贷款申请。企业贷款申请提交后，首先要由各地文化部门审核推荐，然后专业财务评估机构会做出评估分析报告，最后把有发展潜力、与国家政策相符的项目向参与合作的银行推荐，从而弥补银行的信息缺失，增强对文化企业的信任，提高文化企业申请贷款的成功概率。

第二个是文化传媒产业信息沟通与信息交互平台。强大的信息沟通功能与信息交互功能是文化传媒产业健康发展的基础。

我们可以借鉴国外的经验。苏黎世政府创办了"创新苏黎世"（Creative Zürich Initiative）和"创意星期三"（Creative Wednesday）两个网站。企业可以在这里向外界展示自己的产品和理念；网站还提供本地各类创意项目的信息、文化交流活动安排及相应的网址链接。政府主导建设的公共服务除了对接企业与金融，还应对接整个产业与市场的各方参与者。

调研中我们发现，很多中小文化企业、一线从业者对政府推出的利好政策并不了解，无法找到了解信息的渠道，因此搭建信息沟通平台至关重要。与上述文化传媒产业投融资公共服务平台一样，政府应设立专门机构或授权现有机构（如广州市文化金融服务中心）整合各方资源搭建信息沟通与交互平台，包括建立人才交互体系，组建"艺术人""文化人""评论人""产业人""媒体人""投资人"等人才交互系统，促成日常性的信息交互、资源交互、产业交互、资本交互，使之成为广州市文化传媒产业体系的重要组成部分。

第三个是文化产权交易平台/所。自2009年国内首个文化产权交易平台——上海文化产权交易所揭牌以来，很多地区都建立了文化产权交易所，但文交所发展模式至今还不统一，目前主要分为两类：一类是以上海文交所为代表的专业化综合性服务平台，具有产权交易、项目投资、艺术品份额交易等功能；另一类是以天津、郑州文交所为代表的艺术品份额交易平台。建议广州以上海模式为模板建立文化交易平台。

尽管广东省有南方文化产权交易所，但广州是省会城市，还是有必要建立独立的广州文化产权交易所。可以借鉴南方文交所，由广州市委宣传部直接领导，广州市金融办进行业务监管，搭建以国资主导具有行业公信力的交易服务机构。文交所的主要股东应由广州市龙头文化传媒集团组成。

文化企业具有"轻资产"的特征，其无形资产价值很难在金融机构得到有效论证、评估。通过文化产权交易所的评估认证，文化企业可以得到资金支援，资本与文化企业的桥梁得以搭建，文化企业与资本实现多层次、立体式对接。文交所平台可以与金融机构、市内外重点文化企业、国内外知名投资机构建立紧密合作关系，形成遍布全国、辐射全球的投融资网络。文交所应具有以下功能。第一，交易平台。通过信息发布平台和电子交易系统，广泛征集卖家和买家，充分发现市场价格，提高文化产权交易效率。第二，投融资平台。面向投资人，设计开发符合文化交易特性的产品，为各类文化企业及项目提供融资支持。第三，企业孵化平台。提供文化企业改制、重组、融资等完善的服务，提高孵化效率，加速其成长。第四，产权登记托管平台。提供文化产权登记，办理各类文化产权托管，提供交易见证、过户、质押登记等服务。

8.2.1.6 构筑文化传媒产业城市带与建立文化传媒产业自贸区

目前，深圳文博会是唯一一个国家级、国际化、综合性文化传媒产业博览交易会，约6000个文化传媒产业投融资项目在此展示、宣传和交易。可以尝试在广交会专门成立文化交易博览中心，形成广深呼应，形成文化传媒产业城市带，同时辐射东莞、中山、佛山。

2011年3月11日，北京国际文化贸易服务中心在首都国际机场附近的北京天竺保税区成立，从艺术品仓储、物流入手，与全球最大的艺术品仓储运营商瑞士欧亚投资公司合作，并建立艺术品鉴定修复中心。保税区利用"入境不入关"的优势，可以享受"免证、免税、保税"的特殊政策，大大降低文化生产与文化贸易活动的运营成本。

广州作为中国南方最重要的航运与商贸中心，完全可以在广州南沙自贸区内或广州开发区内的"保税区"进行文化保税区的尝试，由海关特殊监管。"文化保税区"是新形势下传统对外贸易领域"保税区"的创新和转型，增设对外文化贸易不缴纳进出口税区域，先将其存入特定区域，并可在该区域内进行加工、装配、制造、展览、包装、拆装、贴标、转换、改装、取样及不同原料混合等工作，这有利于促进国际文化贸易以及文化传媒产业发展。

8.2.2 因地制宜做好本土文化传媒产业的战略性布局（政府宏观布局）

文化传媒产业布局受到地理区位、自然条件、人口、社会经济等多种因素影响。因此，要因地制宜，结合地区优势，同时考虑国际分工与国际产业转移带来的机遇，通盘考察产业的空间联系、产业结构的适时转换和经济成长，发挥优势，形成文化传媒产业与其他产业的互动效应，增强辐射其他产业的效应，增强文化传媒产业发展后劲。

8.2.2.1 抢占中国"创意之都"高地，吸引全球投资

环顾全球有一些传统的以创意闻名的城市，被人们称为"创意之都"的，通常有美国纽约、德国柏林、意大利米兰、英国伦敦、荷兰阿姆斯特丹、西班牙巴塞罗那等，这些城市"获此殊荣"，是各种文化、历史、经济等元素长期积淀的结果。而新兴的创意之都"曼彻斯特"的经验尤其值得借鉴。

曼彻斯特是英国近代工业革命的发源地，是世界上第一座工业化城市。19世纪五六十年代，曼彻斯特的工业开始向棉产品深加工和棉纺织机械制造转变。曼彻斯特进入发展极盛时期，成为英国骄子，赢得"世界工厂"的美名。20世纪七八十年代，外部经济环境的变化使曼彻斯特被迫走上转型之路。80年代曼彻斯特政府提出了打造"创意产业之都"的口号。"英国媒体城"是欧洲第一个专门以媒体为核心的聚集区，英国第一个科技园区"曼彻斯特科技园区"等不仅吸引了全球投资，而且成功把曼彻斯特从"棉都"变为"创意之都"。

在国内，某一领域的创意之都还是不少的，有十几个城市成功入选"全球创意城市网络"。这是联合国教科文组织于2004年推出的，入选意味着这些城市在国际化进程中保持和发扬自身特色的工作被承认。目前，中国上榜的城市有：电影之都青岛，音乐之都哈尔滨，民间手工艺之都苏州、杭州、景德镇，设计之都深圳、上海、北京、武汉，媒体艺术之都长沙，美食之都成都、顺德、澳

融合与资本创新

门。诸多城市均意识到文化传媒产业的重要性，从"十一五"规划起把文化创意产业列入其中，并一直推出各种政策支持文化传媒产业发展，但时至今日，中国并没有哪一个城市真正被认可为"创意之都"。广州具有文化、科技、经济、消费等方面的优势，因此，如果广州能够高举创意大旗，完全可能成为中国乃至世界的"创意之都"。"创意之都"将直接吸引资本市场的关注，推进广州在文化、工业、科技等领域的协同、联动、并进式发展。

"创意之都"应该致力于打造创新政策吸引、创意氛围浓厚、创意人才充足、创意产业汇集、创意产品丰富和创意消费有力的区域，同时知识成果和知识产权要能够受到很好的保护。

8.2.2.2 打造文化传媒产业品牌，撬动国内外投资

文化传媒产业的发展不仅仅是文化产品化、产品批量化这么简单的逻辑，也不是文化与资本叠加，不是能生产产品就能形成产业。要形成规模性的产业，需要有广泛的市场认同和影响，其中品牌的创造与树立扮演着极为重要的角色。

一是打造城市文化传媒产业品牌、区域性集群品牌形象，拉动各种资源涌入。

文化创意产业是创造性经济、符号经济，也是品牌经济。文化产品需要品牌，文化企业需要品牌，国家、区域、城市也同样需要文化品牌。比如法国、意大利的时尚产业品牌，美国的影视产业品牌，日本的动漫产业品牌；好莱坞成为电影的代名词，硅谷成为IT创新的代名词；利物浦的名片是足球和音乐，曼彻斯特通过30年的努力从"棉都"变为"创意之都"……在国内，"电子商务"已经成为杭州的品牌；长沙形成电视产业品牌，进而提出电视湘军、出版湘军、演艺湘军、动漫湘军一系列区域产业品牌；上海正在提出打造电竞之都。区域文化传媒产业品牌是地区文化的重要载体，是区域文化传媒产业的重要象征，是区域产业长期推动的结果和推动区域产业可持续发展的重要资源。

20世纪90年代，南方、广州、羊城三大报业集团曾经是广州文化传媒产业的重要标志，但如今，广州作为一个一线城市，区域性文化传媒产业没有突出的标志性品牌，这不利于广州文化传媒产业的整体发展和吸引优势资本。通过分析国内外先进经验和广州文化传媒产业现状，本书提出"集中性多品牌"策略，即在几个重点

领域形成广州的品牌认知度和影响力，也就是个性鲜明、定位准确的区域性集群品牌形象和影响力。目前，广州在互联网泛娱乐、动漫、游戏等领域都有很好的基础，建议塑造区域性集群品牌形象，其作用是：一、增强区域产业吸附力，吸引产业投资、风险资本、人才资本、同类产业、上下游产业等；二、使区域企业形成竞合关系，形成规模市场，协同营销；三、形成增值效应，能够大幅度提高产业增值能力，实现利润最大化；四、拉拢消费者资源，形成区域性消费力。

在英国，很多艺术家为了保持艺术的个性，不愿意把个人的文化产品做成规模产业，但是这种个性化文化产品在英国的广泛存在，恰恰塑造了伦敦创意之都的品牌。因此，在确定和塑造广州文化传媒产业品牌的过程中，同样需不拘一格、视野独特，从不同维度思考品牌塑造路径，打造仅属于广州的、具有广州个性的文化传媒产业品牌。

二是"广州+文产品牌"策略，塑造区域品牌吸附力，拉动各种资源涌入。

一方面，将广州与代表性区域文产品牌捆绑传播，即"广州+企业或产品品牌"，通过多种传播途径，形成对二者的整体印象和认知。比如提起阿里巴巴，人们首先会想起"杭州"，反之亦成立，提起"杭州"人们立刻会想起阿里巴巴和它的电子商务帝国。如此高的品牌粘连和认知是越来越多的互联网产业向杭州聚集的重要原因。

广州在文产领域有不少知名企业或产品，仅仅互联网领域就有网易、腾讯微信总部、酷狗音乐、UC手机浏览器、虎牙直播、YY等，但是这些品牌目前并没有哪一个形成跟"广州"这一地域品牌强力的粘连。品牌的联系度不高，一来会直接影响产业的吸附力和聚合力，不能充分发挥优势品牌的产业带动作用；二来会导致企业的地域荣耀感和对城市的忠诚度不足。

另一方面，政府通过媒体及其他多种途径共同传播品牌形象的同时，也是在助推企业或产品品牌。品牌对于文化传媒产业具有特别的意义。首先，大部分文化产品消费边际效用递减，比如人们看一场话剧后如果觉得非常好再看第二遍，但第二遍的刺激性往往低于第一遍，当然游戏等个别产品会有例外。在这种情况下，企业品牌的持续吸引力尤为重要，也就是说，虽然人们不再看某一个话剧，但仍会认同"某某剧院"出品的话剧,"开心麻花"这一品牌就形成了这样的长期吸附效果。品牌知名度高的企业在任何时间都有融资的优势。可口可乐公司总裁曾说,如果一把火烧了可口可乐公司,第二天站在门口的会是银行的信贷员。因为"可口可乐"这一品牌还在。其次,文化产品具有非必需性消费和强情感性的特点,文化产品的消费过程本身就是接触、体验和评价的过程,也就是情感蓄存的过程,具有很强的主观性。因此,情感的积极体验尤为重要,一旦形成积极认同和情感粘连,也就形成了品牌认知,形成习惯性消费。

三是推动大型品牌迅速成长,拉动多种产业融合,形成多维度资源汇聚。

文化传媒产业本身就是一个拉动型产业,具有拉动周边产业发展的特点。品牌建立了消费者信任度、降低了消费者的选择时间和难度。一个好的文化传媒产业品牌不仅能促进核心产品的发展,也能促进延伸产业的发展,还能推动更广范围的辐射。

迪士尼就是典型案例。凭借米老鼠和唐老鸭等一批卡通形象,迪士尼不断延伸上下游多个产业链,从核心的影视娱乐,发展到旅游等不同领域和诸多产品(见图 8-1)。

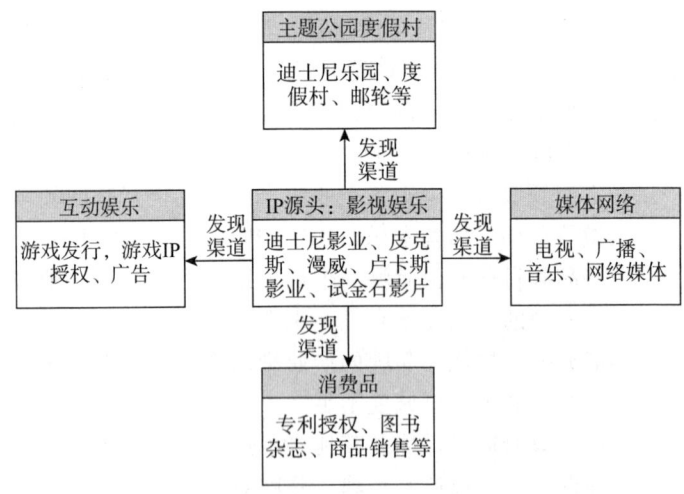

图 8-1 迪士尼经典产业链下的品牌与产业融合

8.2.2.3 推动产业组合、产业聚合,资本相互借力融合

(1) 融合中的"文化传媒产业+"策略

这里的产业组合是指不同类别文化传媒产业之间或者文化传媒

产业与非文化传媒产业之间，相互配合形成发展动能。这种产业模式可以有效推动各类投资要素与文化传媒产业的融合，打破行业、产品间的界限，实现跨界组合，目的是实现叠加效益和双赢。这种组合是多角度、多空间、多逻辑的，需要打破很多固有的观念与认知，其行为本身就是创意。文化传媒产业的特殊性决定其可以联合的领域很广泛，充满创意空间，文化＋旅游、文化＋工业产品、文化＋餐饮等。英国谢菲尔德市曾在20世纪80年代尝试建立"文化工业特区"，将设计、印刷、知识科技及软件、音乐及灌录、广播、摄影、电影、录像和电视制作、新媒体、演艺、建筑及测量等制作和服务集中于同一地区，使各个行业、企业之间相互刺激和支持，取得了很好的效果。

广州的"方所书店"是典型的成功个案。方所由"例外"服饰品牌创始人毛继鸿投资建设，集书店、生活美学、咖啡、展览空间与服饰时尚等于一体。大众对其认知一般首先是独立书店，通过以书店为主体的文化传媒产业创造高雅品质和氛围，进而直接连接"例外"服饰，达到了广告难以企及的品牌传播效果。服饰品牌的收益反过来促使打造更好的文化品牌。这种组合模式目前已经被推广至上海、成都、重庆，"书店"带着"服饰"飞跃，"服饰"滋润"书店"发展。

"文化＋"能够吸引多种产业资本的融合，加大文化传媒产业融合发展空间，也有利于推动很多传统行业的升级转型。这种产业组合的关键有两点：一是组合性交流机会和交叉机遇，这是能够发生组合的前提；二是组合性理念和政策，这是产业方向的指引。第一点可以通过政府或协会的信息交互平台完成；第二点需要政府加强对应性引导和刺激，比如设立"文化传媒产业＋"产业扶持资金、"文化传媒产业＋"奖励资金。

（2）产业聚合"大型文产＋"策略

产业聚合，就是由众多市场主体向少数市场主体、小型规模主体向大型规模主体并行演进的过程。美国哈佛大学商学院著名学者迈克·波特曾经指出，一个国家是否具有国际竞争优势，与该国的优势产业是否形成所谓"产业集聚"有很大的关联性。对于一个城市，对于处于青春期的文化传媒产业更是如此。国内产业聚集的代表是以阿里巴巴为核心聚集而成的电商产业。产业聚合的各种意义

在杭州有突出的体现。首先，上下游产业资源的再次聚合。距离杭州城区百余里的桐庐，借力杭州的电商，中通、圆通、韵达、汇通、天天快递等在此地聚集，桐庐帮占领了中国快递行业的半壁江山。其次，资本的聚集、投融资的资源带动。目前阿里资本、经纬中国、IDG 资本等纷纷扎根杭州。再次，人才资源的聚集。杭州目前已经是中国电商人最充足的城市。最后，产业的迅速创新与发展，如全国首个无人超市落户杭州，实现线上线下结合，再次领跑全国。

产业聚合是需要一定的条件的，其中知名度很高、实力超强型企业是核心。如果已经拥有此类企业，需要继续对其扶持；如果没有，可以采用引入的方式，西安曲江引入 WE 电子竞技俱乐部，就是其准备强势发展电竞的有力举措。广州目前拥有一批有影响力的文化传媒产业公司，主要集中在互联网泛娱乐领域和文化制造业，如虎牙、YY、酷狗繁星、珠江钢琴、珠江灯光、利丰音响等。政府需要对这些特大型企业做政策上的进一步刺激，充分发挥它们聚合源的价值。

8.2.2.4 构建规模化产业链，优化产业布局，打造文化传媒产业集群地

不同产业或同一产业不同行业相互渗透、相互交叉，最终形成一体的产业融合（Industry Convergence）是必然趋势。

一是规模产业、全链式产业。广州目前还没有像迪士尼这样文化传媒产业扩散式发展的多产业链企业。迪士尼是集动漫、服装、玩具、出版、影视、网络等于一体的美国文化传媒产业航母。但广州有国内知名的动漫企业，有成功的主题乐园——长隆。

一方面构建全产业链的生产模式，另一方面构建全产业链的体验模式。实现资源优化配置，产业短途对接，边际产业带动。

在调研中，爱拍创始人陈学艺表示，天河区的互联网企业集聚程度高，创业的综合成本在国内堪称最低。"很多互联网公司可以由一条线串起来，甲乙方合作经常就在一个园区内完成。"

二是政府要确定广州市文创产业的具体发展方向，发展有潜力的重点领域，形成产业聚合，避免大而全却无力。根据目前广州文产现状和未来产业发展前景，建议集中发展互联网叠加文产，其中以广州目前在全国占有绝对优势的"网络直播""游戏""动漫"为中心点，以"互联网泛娱乐产业"为核心圈，以开办"互联网

娱乐节"等来推动聚合。

而且目前新兴互联网娱乐产业势头强劲，具有一定的社会资本青睐性。例如，融资获得种子轮，游戏行业需要约17个月，快于行业平均所需的20个月；天使轮，游戏行业需要11个月，快于行业平均需要的13个月；PreA/A/A+轮，游戏行业需要27个月，而行业平均需要33个月；到F上市前/IPO阶段，游戏行业需要100个月，行业平均需要121个月。

又如，可以建立"直播小镇"，带动节目制作、内容制作、影棚建设等相关产业发展，最终带动整个产业的发展。

三是合理布局，集中布局。在美国，影视产业基本集中在好莱坞，这样可以形成区域品牌效应，形成产业间的合作互补。在确定品牌领域的过程中要不拘一格、视野独特，从不同维度思考品牌塑造路径，打造仅属于广州的又具有广州个性的文化传媒产业品牌。

8.3 以投融资资本创新拉动并撬动产业融合发展

目前，国家在文化传媒产业发展中的投融资力度总体在加大，投融资方式越来越市场化是大趋势。当下，文化传媒产业已经进入资本运作的时代，我们更需要研究如何用政府资金发挥杠杆作用，以更成熟的市场化机制、娴熟的金融工具更好地引导社会资本进入，让社会资本最终发挥作用。

8.3.1 融资模式创新

从融资角度看，社会资本注入文化传媒产业无非两大途径：一是通过金融机构的间接融资，二是通过多层次资本市场的直接融资。

8.3.1.1 引导文化传媒产业通过创新增强在多层次资本市场上的活跃度

有效的多层次直接融资包括上市融资、风险投资、债券融资等。相较于新设立企业，参与并购重组是社会资本进入文化企业的便捷方式，对资金额度没有过高要求，可以尽可能广泛吸收来源于方方面面的闲散资本。同时，这种方式避免了新设企业、兼并重组前的调查论证、选址、人事安排等一系列环节，节省投资者的时间

成本和资金成本。

除了鼓励与引导相关产业在资本及产权流动的运作中娴熟地运用兼并、重组、合作等专业化的资本经营基本方式以外，充分利用多层次资本市场不断进行方式上的创新，对于文化传媒产业的直接融资也尤为重要。这几年，我国直接融资非常活跃，表现为文化企业在股票市场上市的速度越来越快，数量也在不断增加。债权融资也越来越活跃。比如针对中小企业的集合债，许多地方在努力尝试。还有私募、风投，在文化传媒产业中非常活跃，大投资的影视作品越来越多，影视演员的身价暴涨等成为社会十分关注的问题；还有视频网站，如优酷、土豆，大量的风险资本进入驱使其收购影片的力度增大。借鉴国内外成功经验，资本创新的步伐可以更大些，比如尝试信贷融资创新、无形资本运营创新等，而当下引入战略投资进行阶段性股权融资的方式被广泛运用，效果良好。具体有以下两个策略建议。

一是以孵化型投资与财务型投资推动文化企业 VC 资本运营方式发展。种子天使投资与 A 轮融资在初创企业中占最大的比重，近年发展迅猛的天使基金为小型网络创业媒体带来了资金与活力，成为推动新媒体发展的一支重要力量。2014 年中国股权资本市场上，中国机构天使投资共发生 766 起，涉及金额 5.27 亿美元，TMT 产业是天使追逐的热点，其中网络媒体新占了七成。[①] 而占市场领导地位的巨型企业对有发展空间与价值的小型企业也通常采用财务型入股而非大规模并购，以孵化型投资的方式进行内生培育。上述的天使投资与孵化型投资都属于 VC（Venture Capital）方式，与战略型投资不同，投资方一般并不参与公司的内部运作与管理，这是非常适合瞬息万变的高风险的全新业务领域的投资模式。当创新企业的盈利模式还不清晰、市场方向还不明朗时，这种投资起到企业成长与科技成果转化孵化器的作用。VC 方式下成熟的融资、投资与退出过程，同时也为中小型开发者的产权流动提供了高效而低成本的转换机制，灵活多样的并购方法更好地促进其资产优化组合，使其具备较充分的流动性和投资价值。

二是尝试以战略型投资催生"上市公司 + PE"资本运营新方

---

① 张向东，谭云明．中国传媒投资发展报告（2015）[M]．北京：社会科学文献出版社，2015：127．

式。针对已经形成一定规模，产生了稳定现金流的非上市文化传媒目标企业，可以通过私募股权的方式来进行权益性投资，与上述的VC不同，PE（Private Equity）模式更加专注于企业的控制权，即所谓战略型投资。这种投资催生了"上市公司+PE"资本运营新方式，即有实力的上市公司（可能是产业内也可能是产业外的企业）与专业PE公司合作成立并购基金，专注于目标企业的股权收购，在获得目标企业的控制权后对其进行一定的重组改造，持有一段时间后出售。这种从硅谷首创传入国内的资本运营新模式近年来已成为中国新媒体投融资的重要模式之一。如当代东方与华安基金共同发起的并购资产管理计划，奥飞动漫与广发证券直投子公司广发信德的合作都是运用这一模式的典范。

8.3.1.2 建立文化企业信用评级制度、担保体系，推动文化金融产品创新

前文提到，文化传媒产业最大的痛点便是银行信贷的困难。相对于上市、发行债券等直接股权融资的方式，银行贷款的间接融资成本最低，是企业在融资时的首要选择，文化传媒产业的发展和繁荣离不开银行的支持。然而，正因文化传媒产业在资产构成、运营方式、盈利模式、金融需求、风险预期等方面与其他产业存在较大差别，现行的银行借贷机制在为文化传媒产业提供金融服务时，面临着一系列的困难和障碍。但是，在现有的体制框架下，通过金融产品创新，还是有一定的为文化企业提供金融动力的可行空间。

一方面，风险大、抵押能力弱是文化企业特别是中小文化企业的致命缺点，需要通过商业银行积极的信息生产来缓解这一问题，当务之急是建立科学有效的信用评级制度。这个金融体系内的信用评级制度只能由商业银行根据自身的实际情况来完成，实际操作中，商业银行可以参照《新巴塞尔协议》提出的内部评级法，并结合商业银行的实际状况，充分考虑文化传媒产业特殊性，建立商业银行对文化企业的评级制度。但政府在此需要助一把力，比如与广州银行签订战略协议，政府推动商业银行的特色文化银行的建设，敦促与引导商业银行大力发展文化金融服务、增加文化金融创新的动力与活力。关键是政府推动商业银行去做这件事，专门针对文化传媒产业设立文化信贷事业部门。商业银行确定内部评级要素，对文化企业融资项目进行分类，通过专业化的授信工具解决项目风

融合与资本创新

评价、项目价值评价以及版权价值评价等文化融资项目信贷准入问题。比如在贷前阶段，深入考察文化企业的商业运作模式及项目主创团队等产品价值要素，组织包括项目风险评价、项目价值评价、版权价值评价等内容的融资项目评价，从专业角度估测出项目的风险程度和市场价值；在贷后阶段，银行信贷人员进行融资项目监理，对文化创意企业的项目进度、预算执行等情况重点监控，形成定期项目监理报告，并采取严密的融资项目资金监控措施。同时，建立专门针对文化传媒产业金融服务的考评体系，加强信贷风险管理，积极促进文化传媒产业发展，形成正向激励机制。

另一方面，完备的信用评级体系除了银行内部评级体系之外，还应包括外部市场化的社会评级机构。外部市场化的信用评级机构对银行内部评级体系进行补充与监督，内外两种体系相互作用可以形成良性循环，使商业银行面对的信息不对称问题得到很大程度的缓解。政府应该鼓励并推动社会化、独立的评级机构成长。目前的信用评级机构存在公信力不强、核心竞争力有限、缺乏增值服务等问题，这与金融市场的成熟度密切相关。外部信用体系的建成非一日之功，但仍需通过政府引导传达行业发展的信息，扶持独立评级机构的成长。

当然，要真正解除金融机构对于高风险的顾虑，政府要投入真金白银。借鉴国外文化传媒产业的成熟经验，政府可以在财政投入的文化传媒产业发展基金中分出一部分成立文化传媒产业信用担保基金，专门针对文化企业（书籍出版、音像制作、杂志出版）的融资需求，向金融机构提供担保服务。目前，政府设立的文化传媒产业发展资金如果直接投入具体项目无异于杯水车薪，应有侧重地利用资金，以政府文化发展专项资金的一部分设立信用担保基金，为符合条件的文化企业申请银行贷款提供担保，去撬动保证金几倍的银行贷款资金。通过申请政府推荐、信用担保机构评估和银行内部分析评估三重评审机制，把控银行信贷资金的安全。这既可以弥补我国信用担保机构的缺陷，又可以发挥财政资金的杠杆作用，有效增加对中小文化创意企业的资金供给。

在上述政府推动的信用评级制度、担保体系的保障下，文化金融产品创新才有动力。政府制定对银行的补偿机制，并鼓励银行对文化金融产品进行广泛深入的开发。

针对文化企业融资特点，比较行之有效的金融创新有版权质押贷款、预售合同融资、电影资产证券化、打包授信贷款等。北京银行是目前全国第一个也是唯一对文化传媒产业前端进行产品开发的商业银行，其金融创新很有借鉴价值。

北京银行推出的"创意贷"是一款以版权质押为文化创意企业提供融资支持的金融产品。近年来，北京银行以版权质押方式与华谊兄弟、光线、博纳、中影集团等传媒文化企业开展合作，电影的版权质押贷款都获得很好收益，银行根据文化创意产品供应链上的真实贸易背景和供应链主导企业的实力和信用水平，以企业预售合同所产生的现金流为直接还款来源，配合银行短期金融产品和封闭贷款操作进行单笔或额度授信方式的融资业务。

预售合同融资由于有发行合同保证，并有完片担保公司提供的担保，可以有效防范完工风险和销售风险。借款人将贷款资金存入贷款银行，完片担保公司充当保证人，在制片过程中进行循环报账，严格控制项目进行过程中资金的使用，有效分散了银行风险。

相较于银行只对一个项目授信，打包贷款可避免一个项目出状况而导致的整个投资的失败，有效分散银行的风险。在授信额度内，文化企业可以按照实际情况调配每部片子所需资金，省去了另外筹集资金的麻烦，给予企业一定的灵活度和腾挪空间。

8.3.2 私募股权投资基金的应用创新

8.3.2.1 联动资本创新模式

从投资角度看，如何联动各类资本进行有效投资是关键。各种资本联合投资的方式不同于补贴和奖励，政府可以以少量资金为前期资金直接介入，作为杠杆撬动方撬动后面的社会资本投资。比如，蓝狐动漫投资一部4000万元以广州文化为背景的动画片，政府出2000万元，企业出2000万元，或政府、蓝狐、第三方资本各出一部分，打磨高端精品。这一方面可以调动企业积极性，另一方面可以以这样的方式宣扬本土文化。多出这种精细化制作的大手笔作品，会吸引更多社会资本投向动漫产业。处于艰难发展中的中国动漫行业，目前缺少精细化制作，缺少IP，撬动资本是关键。

投资融资，一体双面，互为关联。联动资本涵盖了投资与融资结构。研究发现，通过政府的资金支持，实现创意产业规模化、集

融合与资本创新

成化发展，是苏黎世文化传媒产业发展的重要策略；美、英、韩都形成了多元化的投融资方式，投融资渠道具有多样性。应发挥财政资金引导作用和杠杆作用，吸引和撬动更多的民间资本投入文化传媒产业。保证民间资本进入文化传媒产业的渠道畅通，建立上市融资、风险投融资、债券融资等多元化、多层次融资路径，健全担保、无形资产抵押、保险等风险分散机制，实现资本与文化传媒产业的顺利对接。

在此方面，美、英、韩三国有两点经验尤为宝贵。一是探索财政资金的高效率投入方式。比较普遍的选择是采用投资基金的方式，以有限的财政资金吸引更多的民间资本，按照科学的评估方式，选择投入企业，变资助为投资。二是关注中小文化企业的融资方式，有意向其倾斜。中小文化企业轻便、灵活是文化创意产业的灵魂所在，但在现实中中小文化企业的融资难问题尤为突出。世界上很多国家成立了为中小企业提供直接融资或融资担保的机构。这需要学习和借鉴。我们以上海的迪士尼的投融资联动为例说明其具体推动模式（见图8-2）。

图8-2 上海迪士尼投资结构

8 资本创新经验观照下的广州媒体产业融合发展

上海迪士尼项目的投资结构由三个部分组成（见图8-3）。

上海国际主题乐园有限公司，中美双方持股比例分别为57%和43%；上海国际主题乐园配套设施有限公司，中美双方持股比例分别为57%和43%；上海国际主题乐园和度假区管理有限公司，中美双方持股比例分别为30%和70%。

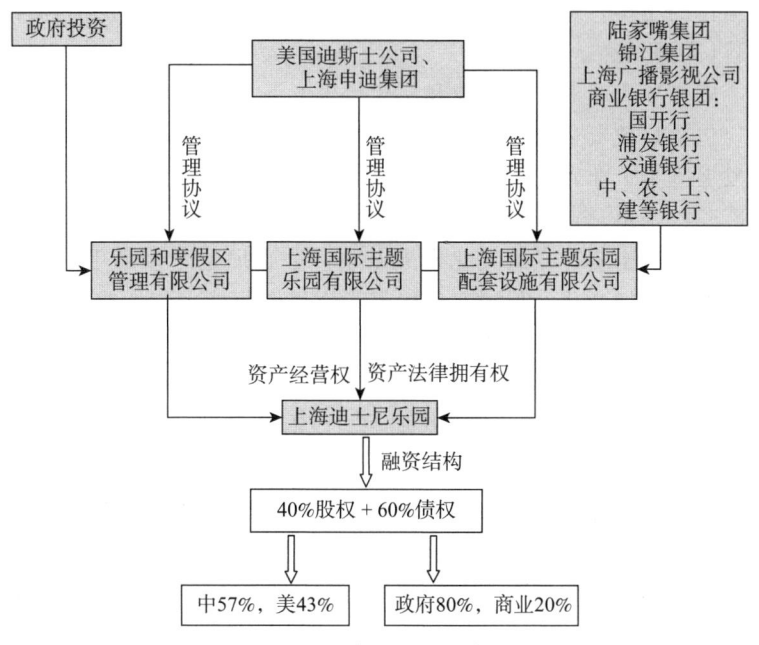

图8-3 上海迪士尼融资结构

该项目投资达245亿元人民币，所有投资中40%的资金为中方和迪士尼双方共同持有的股权，其中中方政府占57%，迪士尼占43%。其余占总投资60%的资金则为债权，其中政府拥有80%，另外20%则为商业机构拥有。

如果说，上海迪士尼因有外资注入而运作更成熟，那么西安曲江文化项目的联动融资策略更具有本土意义。该项目通过土地融资吸引了万科、中海、金地等一线房地产开发商投资曲江；与银行金融机构合作，通过发行中期票据、企业债、融资租赁等形式进行了企业融资；协助文化传媒产业融资。2008年5月23日，由西安曲江新区管委会独资组建的西安曲江文化传媒产业投资担保有限公司成立，和多家金融机构签订《贷款担保协议》，取得授信额度近30

193

亿元，为新区多家公司提供流动资金贷款和履约担保。

8.3.2.2 政府主导的同时，鼓励多层次市场化运作的文化传媒产业基金蓬勃发展

借鉴基金运作模式对文化领域进行投资已经成为国际通行的做法。政府、以银行为代表的传统金融机构、私募股权基金是文化基金运作的主体，构成多样化的文化发展基金体系，并且发挥各自不可替代的职能。

以专项资金对文化事业和文化传媒产业进行组合投资的运作方式，包括财政资金支持，中央或地方政府、金融机构主导成立的文化发展基金，非政府机构主导的以文化传媒产业为主要投资对象的私募股权基金。

由政府出资建立的文化发展专项资金必须是"多面手"。它既可以承担弘扬文化、保护文化遗产等公益性职能，包括前文提到的分割一部分建立专项信用担保基金，又可以引入市场这只无形的手，通过成立营利性专项基金，提高投资文化传媒产业的效率。近年来，财政的投入力度在不断加大，既有公共化、公益性的投入，也有投资性的投入。

更重要的是要重视文化传媒产业私募股权基金，即那些对非上市文化企业进行股权投资的专项资金，包括私募、PE 等。通常，完全市场化的文化传媒产业投资基金有三大构成，政府要关注这三大块。

一是要引进专业的文化传媒产业投资机构。这些机构通常有外资机构背景或财团背景，如 IDG、红杉、云峰基金，近年来异常活跃，投资了不少成功的文化项目，如"印象"系列。地方政府应大力吸引专业产业投资机构，如 2017 年广州全球财富论坛就是推介本土大项目、吸引有实力的文化传媒产业投资机构的最好平台。

二是鼓励一些大型文化企业进行产业内投资。产业发展到一定阶段，积蓄了足够的体量与实力，产业内资金的盘活与运作便成为资本运营非常重要的一部分。企业在发展的不同阶段，其投融资的规模会呈现不同的规律性变化，步入成长期之后的企业，经营活动产生的现金流开始高速增长，企业净资产为正，为支撑更快速的发展，企业会将经营活动产生的现金流与筹资活动产生的现金流一同投入新的投资活动。因此，我们常常会发现，公司并购、重组密

集，上市公司投资活动产生的现金流呈现高速的增长，大型企业纷纷加大投入，不愿放过任何一个有价值的投资机会，投资频繁而常态。产业资本的有效运转推动着这些巨型企业更高速地发展扩张，同时也为众多产业内初创小型企业注入活力。有实力的企业成立诸如阿里资本、腾讯产业共赢基金这样的产业投资基金，全方位地充分利用产业资本。如华谊兄弟上市后，通过投资，迅速开展扩容计划，建院线，进而向手机移动终端、游戏发展。

三是为传统产业资本大量进入新兴产业领域提供便利。与早年机构投资者主要为风险投资机构、海外产业资本不同，近年来围绕文化传媒产业的投融资开始出现这样的趋势：传统产业越来越意识到转型的压力，实力雄厚的传统产业开始涉足新兴文化传媒产业，通过合作甚至并购尝试转型，甚至像万达这样的传统商业地产商，如今大力发展文化地产，投入31亿元，收购了北美的第二大院线AMC，在业界引起了很大反响。另外与早期主要投资创新型公司不同，互联网等新媒体产业也越来越多地收购、投资传统传媒企业，新旧媒体企业合作融合成为当前产业资本运营的一股重要潮流与趋势；继而一些来自制造业、农林牧渔传统或周期性行业的公司，也通过投资并购涉足文化新兴行业。跨界并购成为文化传媒产业资本市场中最突出的特征与趋势之一。

资本以产业投资基金的形式实现高速有效运转，这个趋势是非常值得政府关注与重视的，有意识地鼓励与引导产业投资基金以市场化方式进入文化传媒产业是对政府财政投入最有力的补充。如充分利用地域优势，与总部在深圳的腾讯等平台型巨型企业以战略合作的方式运作文化传媒产业基金等。

8.3.3 针对不同类型或处于不同生命周期阶段的企业制定不同的分阶段资本战略

政府可以制定分阶段的文化传媒产业投融资政策，覆盖不同阶段的文创从业者、文创企业。

调研发现，资本主要集中于大型文化企业，中小微文化企业生存比较艰难。对于中小微企业、初创期的文化企业而言，无论是通过银行贷款的间接融资还是在资本市场上通过上市、发行企业债券等方式进行的融资，都非常困难。对于国有的大型文化企业，做大

做强，实现融合扩张的路径迥异于中小企业。政府应有扶持中小微企业的针对性措施，亦应有针对不同发展阶段企业的投融资政策。在企业不同的发展阶段，应采取不同的扶持政策（见表8-2）。

对于初创企业应鼓励以风险投资模式为主，以财政文化投资专项基金孵化为辅。一是初创企业的启动必须依靠强有力的投资；二是新兴产业的高风险使其只能寻求非传统的投资者与能够接受高风险的新兴资本市场，而新兴产业的强大前景不断吸引风险投资的加入，两者一拍即合。

对于小微规模，但有核心品牌资产、知识产权或市场潜力的企业，除了引导风险投资资金进入，更应鼓励产业资本投入。我们在调研中发现，在实体书店领域，商业地产与文化小微企业的合作有较多成功的案例，传统产业资本的投资不为赢利，而是看中文化企业的软资产所带来的品牌效应、文化提升与对主体业务的辐射作用。小微企业依托大企业快速发展，亦解决了自身资金匮乏的后顾之忧。

对于处于快速成长期的中型文化企业而言，早期以满足融资需求为主的吸纳风险投资的资本模式逐步向产业发展目标性、方向性更强的战略型投融资模式演变。政府对处于高成长阶段的企业，应鼓励银行以"低成本债券融资"的方式进行帮扶。发挥多层次资本市场作用，鼓励在新三板、创业板挂牌，鼓励产业资本进入。

对于已有一定规模或趋于成熟的文化企业，最重要的资本运营模式是：围绕企业的核心业务与优势，通过投资并购不断拓展延伸、开疆辟土，收购行业内有技术优势或互补优势的中小企业，快速扩大产业的规模，占领市场。这一阶段的产业资本运营行为是与新产品新服务的开发同步的，通过资本运营，产业的格局初现，发展方向更为清晰与明朗，核心竞争力逐步形成，为下一阶段完整商业生态系统的搭建奠定了坚实的基础。

表8-2 文化传媒企业发展阶段形态及其资本策略

阶段	形态	策略	特征
初创	松散个人艺术创作、工作室	自由成长、专项基金孵化	不确定性
小微型，有潜力	逐步形成核心业务与竞争力	风险投资（VC）、产业资金	市场潜力

续表

阶段	形态	策略	特征
中型，快速成长	有一定市场势力	风险投资（PE），鼓励新三板、创业板挂牌，鼓励金融机构扶持	关键期，可进可退
大型，趋于稳定	融合、并购扩张	资本市场、金融市场等成熟的资本运作	形成规模经济、范围经济
知名	集团化、跨国化	国家产业发展战略	趋于垄断

总之，初创期依托风险投资与通过孵化器或政府支持的资金平台；成长期依托社会资本、金融资本联动；成熟期更多依托市场机制，通过金融市场、资本市场运作。政府通盘考虑，在全产业链挖掘大型企业，深度扶持中型企业，大力帮扶小微型企业，对于成长期的企业要予以更多的政策倾斜。且在文化传媒产业发展过程中政府不可以永远扶持文化企业，要在适当时机退出，从"政府主导"转向更多的"政府服务"。

8.4 PPP模式在广州媒体产业融合中的应用分析

对于文化公共服务或公共产品的供给，政府部门或公共部门和私营部门共同合作的PPP融资模式是较好的创新模式。PPP融资模式能够发挥政府部门和私人部门的优势，通过引入社会资本缓解政府部门资金缺乏的问题，鼓励社会资本参与，逐步放开准入公共领域，促进文化传媒产业结构多元化，通过共担风险、共享收益的模式，发挥双方的优势，达到合作共赢的目的。

理论上，在文化领域力推PPP模式，为社会资本进入开拓了崭新的渠道，加之PPP模式有政府信用背书，对于要求回报稳定、风险相对较小的社会资本而言是较优的选择。但在具体操作中目前国内文化传媒产业PPP模式的项目实施质量并不高。

8.4.1 PPP项目融资模式概述

8.4.1.1 PPP融资模式适用范围和优势分析

PPP融资模式逐渐受到关注，是因为它弥补了传统基础设施建

设和资源开发过程的局限。概括起来主要优势有以下几个方面。

一是 PPP 融资模式很好地发挥了政府部门和私营部门的优势。该模式通过引入社会资本减轻了政府部门资金缺乏的压力。通过共担风险、共享收益的模式，发挥双方的优势，达到合作共赢的目的。

二是有利于降低投资项目的成本。私营部门进入项目的主要目的是获得更高利润，并在项目的建设前期参与投资决策，这样的市场化方式可明显提高决策效率，且会采用各种方式控制项目成本，以获得更大利润。

三是可提高公共项目建设和服务水平。传统公共基建项目多是由政府独资完成，此时引入民间资本一方面可更好地提高施工建设的质量和效率，另一方面私人投资机构可参与项目运作，对政府部门进行有效监督，降低寻租行为发生。

四是风险得到合理分配，资源配置得到优化。风险共同分担、收益共享的模式，使公私两方的利益捆绑在一起，共同为项目的收益最大化而努力，谁对项目风险的控制能力更强就由谁进行控制，而不是将风险僵硬化地直接分配给某一方。

8.4.1.2　PPP 模式与公共产业的关系

PPP 除了以上应对中国当前宏观环境的价值，对于文化传媒产业领域的重要意义还表现在四个方面。

第一，缓解财政在文化领域投入的压力，为文化传媒产业"超常态"发展续航。从目前来看，文化领域的财政支出绝对数量会保持增长，但增长幅度有限。根据国家"十三五"规划纲要文化传媒产业平均每年增长要达到 15% 以上，在政府财政投入稳步增长的基础上，更需要有社会资本的进入，增强创新驱动发展能力，带动整个文化传媒产业的提质增效。

第二，成为多元多层次文化金融架构的重要补充，完善文化传媒产业支撑体系。现阶段文化金融合作创新进入大发展时期，以国有资本为主导，吸引并带动各类资本有序进入文化传媒产业，建立健全、多元、多层次的文化资本市场是中国文化传媒产业金融支持体系的市场愿景。社会资本进入文化传媒产业的需求迫切，国家在文化领域力推 PPP 模式，为社会资本开拓了崭新的进入渠道。由于 PPP 模式有政府信用背书，对于要求回报稳定、风险相对较小的社会资本而言是较优的选择。

第三,鼓励社会资本参与,逐步放开准入,促进文化传媒产业结构多元化。PPP模式坚持"放管服"改革方向,注重调动社会力量,降低制度性交易成本,吸引各类投资进入范围更广的文化领域,是更好满足消费者多层次、多样化文化需求的重要途径,能促进文化传媒产业结构的多元化。PPP模式契合过去准入门槛较高、但政府又不能完全放松管控的领域,颇具代表性的如文博领域。2016年底出台的《"互联网+中华文明"三年行动计划》提出"鼓励社会力量与文物博物馆单位深度合作,开展文物价值挖掘创新,分类进行文博知识产权分析研究和应用前景的市场评估"。PPP模式可以充分发挥不同市场主体的自身优势,促进各类创新要素在文博产业及文博创意产品开发领域集聚,形成核心竞争力。

第四,加快政府文化传媒产业治理方式转型,释放数字创意产业等新兴产业主体发展活力。PPP模式的理论基础之一为交易成本理论,通过对不同交易机制下的成本分析我们发现,私人产权可以使交易成本在竞争环境下得到降低。如果在公共服务领域引入私人产权,竞争机制就有可能使交易只需要付出较低的成本。因此要提高公共部门绩效,提升公共服务质量,就必须打破政府部门在公共服务供给领域的垄断地位,引入市场竞争机制,并依托公私合作机制,通过市场的力量降低交易成本,提高公共服务的供给效率。公共文化领域由于专业性更强,细分领域更多,数字创意产业的兴起导致依托政府在微观经济领域调控已经无法适应互联网时代市场的需求。因此引入PPP模式,联手社会资本、数字科技企业通过数字共享、数字技术、数字传播等技术要素及专业管理输出,有利于提高政府对文化传媒产业的治理水平,助推新兴文化传媒产业发展。

8.4.2 PPP模式应用于广州公益性、公共性文化传媒项目分析

8.4.2.1 文化传媒产业PPP模式存在的主要问题及现状分析

虽然文化传媒产业推行PPP模式初步取得了一定的发展成效,但是由于相关制度体系及服务环境还不够完善,PPP模式在文化传媒产业中的应用还处在不成熟的阶段,仍然遇到诸多发展问题,在一定程度上制约着文化传媒产业PPP模式的发展。广州市文化传媒

产业推行PPP模式存在的问题主要体现在以下几个方面。

一是文化传媒产业PPP模式的制度和环境尚不完善，社会资本参与文化传媒产业投资的积极性有待提升。目前，由于文化传媒产业属于特殊行业，社会资本进入新闻传播等文化传媒产业受到的限制仍较多，现有社会资本参与PPP模式的相关制度体系尚不完善，不利于充分发挥社会资本对文化传媒产业发展的积极推动作用，迫切需要进一步完善文化传媒产业PPP模式的相关制度体系。与此同时，由于社会资本参与投资文化传媒产业面临的政策和投资风险较大，其投资收益有着较大的不确定性，导致其投资信心不足，参与文化传媒产业PPP项目投资的积极性仍有待提升。

二是文化传媒产业投资的公益性与社会资本的逐利性之间的平衡关系尚不明晰。政府引导社会资本参与投资的文化传媒产业项目主要集中在公共文化产品和服务等领域，这些领域具有公益属性，社会资本参与投资时，要兼顾公共文化产品和服务的公益性特点。但社会资本参与市场投资正是由于其逐利性，在考虑公益性的同时，只有达到和保证一定的赢利要求，才能有效激发社会资本更好地参与和投资文化传媒产业项目，提供更多的公共文化产品。但是，如何平衡社会资本参与文化传媒产业投资的公益性与逐利性之间的关系，如何合理界定和明晰这两者之间的关系，是值得深入考虑的问题。

三是文化传媒产业PPP模式的相关项目评价体系尚不完善。从目前的发展情况来看，尽管政府部门出台了一系列推广PPP模式的政策和文件，有效推动了PPP模式的广泛运用，但是PPP模式在文化传媒产业的项目评价体系尚不完善，仍存在诸多问题，文化传媒产业PPP模式的项目实施质量受到较大影响。同时，PPP模式的运用程序较复杂，并且PPP项目的评价内容较多且专业性要求较高，在目前我国PPP模式发展仍不够成熟且相关政策法规仍不够完善的背景下，有关PPP项目评价体系的完善仍需时日。

四是文化传媒产业PPP模式的宣传和推广仍需进一步加强。目前，国家正在积极推广PPP模式，并将其广泛应用到基础设施等各个领域，也受到了社会各界的广泛关注。但是，由于文化传媒产业投资受到相关政策限制仍然较多，因此，文化传媒产业尚未成为社会资本关注和参与投资的重点领域，其社会关注度仍有待提高。并且,网络、电视等媒介对文化传媒产业PPP模式的宣传报道仍然不多,主要以政府的相关政策发布和宣传报道为主,社会各界的关注度总体不高,有待进一步加强。

8.4.2.2 促进广州文化传媒产业PPP模式发展的对策及建议

策略一:进一步放开文化传媒产业投资领域和范围,设计好准入路径和方案。

根据《广州市文化广电新闻出版事业发展第十三个五年规划(2016-2020)》,应大力激活市场主体,保持投资的稳定,加强薄弱环节建设。具体措施主要有以下几个方面。

第一,进一步放开基础设施投资领域和范围,精选一批易于管理运行、投资方式灵活、适合社会资本投资的项目投入市场。除特殊领域以外,文化领域积极向社会资本开放,打破地区、所有制、内资外界限和行业垄断。精心谋划文化领域的PPP试点项目,编制PPP项目的实施方案。比如文化特色小镇的建设、历史街区改造、文化旅游资源开发等就非常适合开发设计PPP项目。

第二,PPP项目必须规划清晰,明确政府指引,设计好准入路径和方案。按照基础设施的行业领域划分,分类设置社会资本的准入条件、时限、程度及方式,制定市场化运作模式、服务价格指导体系及项目绩效评估等配套实施细则。

第三,积极探索负面清单的管理模式,出台实施公开透明的权力清单制度。进一步优化政府的投资方向,改进投融资资本使用方式,通过补助、注资、担保、补贴、贴息等方式支持社会资本参与重点文化基础设施的建设;合理区分经营性项目、准经营性项目和公益性项目及政府与市场的边界,政府作为投融资主体,主要投资公益性项目领域、部分社会效益和环境效益较强或具有自然垄断性的准经营性项目,市场中的社会资本作为投融资主体,可依法投资公益性项目领域、部分竞争性准经营性项目以及竞争性经营性项目。

策略二:针对广州市文化创意企业中以中小企业为主、融资贷款困难这一问题,完善文化传媒产业PPP模式的投资环境和制度,为社会资本参与文化传媒产业PPP项目投资提供制度和资金保障。

一方面,需要加强对文化传媒产业PPP模式的制度设计,从项目论证、合作伙伴选择、定价、协议规范和签订、风险承担、投资

收益、政策补贴等不同层面完善制度，积极营造良好的政策环境，确保文化传媒产业 PPP 项目能够按照规范、合理的制度安排来实施和推进，推动文化传媒产业 PPP 模式的可持续发展。另一方面，要完善 PPP 项目的相关公共文化产品和服务的价格调节机制和资金补偿机制，根据项目运营状况动态调整实施价格和资金补偿，确保文化传媒产业 PPP 项目的正常运转，同时也为社会资本参与 PPP 项目投资提供坚实的制度和资金保障，更好地吸引社会资本参与文化传媒产业 PPP 项目投资。

策略三：厘清社会资本参与文化传媒产业投资的公益性与营利性之间的关系，找出社会资本投资与收益之间的平衡点。

要进一步厘清社会资本参与文化传媒产业 PPP 项目投资的公益性与营利性之间的关系，既要考虑文化传媒产业 PPP 项目自身的公益性特点，充分发挥其满足人民群众丰富精神和物质文化需求的作用，又要看到社会资本所具有的逐利性特质，在合适的时间周期内满足和确保一定额度的资金回报。实现社会资本的公益性与营利性平衡，需要依据项目的投资额度及其投资回报率来综合考量，在两者之间找到合理的平衡点，更好地吸引社会资本参与文化传媒产业项目。同时，为了实现社会资本投资和收益之间的平衡，吸引社会资本更好地参与文化传媒产业，需要对文化产品和服务进行合理定价，这既能体现其公益性质，又能鼓励社会资本更好地投资。

策略四：加强社会资本参与文化传媒产业 PPP 项目投资的项目论证和评价，选择合适的合作伙伴，提高项目投资质量。

一方面，要加强对社会资本参与文化传媒产业 PPP 项目的投资论证。为确保项目的投资质量，需要加强对社会资本的资格和能力审核，进一步分析社会资本参与 PPP 项目投资的财务承受能力，选择符合资格和投资资质的社会资本参与投资，避免无效投资和低水平建设，提高各方资金投资效益，形成良性循环。另一方面，在文化传媒产业 PPP 项目投资中，应依据一定的招标采购程序，对社会资本的投资和参与资格进行具体界定，综合评判合作伙伴的资质和实力，从而选择最优的合作伙伴；同时，还要加强对政府和社会资本合作项目的绩效评价，从运营管理、公共服务状况、资金回报、满意度等层面加强项目绩效评价，确保政府和社会资本合作项目的正常运行和良好效果。

策略五：强化项目成本控制机制。成本控制是项目运行管理中的重要内容，也是项目在建设和运营过程中必须关注的重点。

第一，科学编制项目实施方案。主要是采用科学方法编制和拟定项目的工作目标、成本预算、计划方案、供应计划、应急措施等，通过协调质量和费用的关系，掌控好进度目标。根据项目界定、项目顺序、项目工期进行分析和规划，控制和节约项目时间，保证项目在预定时间内能够顺利完成。

第二，实行成本分配与成本控制，解决整合、分配产品和服务等问题。主要是运用成本会计等方法，预定成本限额，按照额度支出相关费用，与实际成本相比较，衡量建设和运营的绩效，降低成本，实现成本的最小化。具体工作包括定期检查项目实际支出与预算计划的一致性，如产生收支偏差，应根据偏差的大小及产生偏差的原因，采取相应的补救措施，调整控制成本支出，将项目实际成本控制在预算范围。

第三，注重投资回报补偿，形成可持续的"融资-使用-偿还"机制。主要是提升科学的投入与产出水平，解决投融资价格倒挂问题；同时完善社会资本的退出机制，保护社会资本投资合法权益。

策略六：加大文化传媒产业PPP模式的宣传力度及人员培训力度，推动文化传媒产业PPP模式的推广和应用。

一方面，要加大文化传媒产业PPP模式的宣传力度。通过邀请各大中型企业到当地进行考察和交流，加深大中型企业对当地文化传媒产业PPP模式及相关扶持政策和投资回报状况的深入了解，调动各大中型企业参与投资的积极性；同时，借助网络、报纸、电视等媒介加强对正在运行的文化传媒产业PPP项目及相关扶持政策的宣传和推广，吸引更多的企业参与。另一方面，加大对文化传媒产业PPP项目相关工作人员的培训力度。通过举办和组织各种PPP项目培训班，增强工作人员对PPP模式及相关实务操作的认知和熟练程度，以便更好地开展文化传媒产业PPP项目工作；同时，还可以通过建立相关PPP项目培训专家库，更好地为文化传媒产业PPP模式的推广提供技术支持和保障。

本章小结 广州文化、传媒、互联网产业发展中面临着非常多

亟待解决的问题与矛盾,在前面研究的基础上,以资本创新经验为观照,本章提出相关的政策建议。在政府服务引导层面,营造良好的产业融合投融资生态环境,为社会资本进入传媒文化产业打好基础;在政府宏观布局层面,因地制宜地做好本土传媒文化产业的战略性布局。当然,更重要的是以投融资资本创新来拉动产业融合发展,包括融资模式创新、私募股权投资基金的应用创新、针对不同生命周期阶段的企业制定不同的分阶段资本战略、PPP模式的应用等。

9
结　语

——资本创新预示着媒体产业融合发展的未来

　　本书在对融合中的媒体产业及其资本运营的新特征进行深入分析的基础上，论述了媒体产业组织平台嵌入式扩张与资本运营动因，阐述了融合媒体产业规模与资本运营效应，并实证检验了资本运营对媒体产业发展的正效应，阐释了媒体产业融合发展生命周期进程中的资本运营模式演进及其创新。之前的假设均得到检验，即：网络经济条件下资本是产业发展的最重要内生变量；当前频繁、大规模的资本运作行为与媒体产业发展间存在关联性，具有协同效应，且会带来比较显著的正效应；媒体产业是一个正处于结构性融合过程中的产业，其本身就隐含着媒介融合、产业融合的趋势，而且这种持续发展中的融合往往是通过资本运营来完成的，发生在媒体产业的资本运营不是简单孤立的，而是有着更为深刻与长远的产业发展内涵；传统经济条件下原有的资本运营相关理论分析框架对媒体产业而言虽然仍然适用，但网络时代媒体融合进程中的资本运营具有新的特征与规律，需要补充新的内涵。

　　由此我们得出如下结论。

　　● 网络新媒体的业务与产品创新模式改写了传统资本运营内涵

　　网络新媒体有着不同于传统媒体的先天优势，其平台属性中隐含着双边市场、网络外部性的经济学逻辑，具有极大的创新空间与伸展性。网络媒体充分利用双边市场的特性，通过搭建基础平台，建立起用户规模优势，利用网络正反馈实现从增值服务到媒体服务再到生活服务的超级综合平台覆盖。这个过程中充分挖掘平台上聚集起来的巨大资金流，并通过业务或产品创新的方式将其盘活运作起来，这已不是传统意义上的资本运营，这种资本的运作可以视作

是内生的，与传统的投融资有着完全不同的内涵，是网络经济条件下资本运营模式的创新。如果说网络媒体产业发展过程中初创阶段、成长阶段的资本运营模式，并没有突破常规的资本运营的整体范畴，仍是在我们所熟悉的资本运营模式框架内展开的局部演化，那么随着网络媒体进入高速扩张期，融合进一步深入，资本运作的逻辑已开始超出既定的范畴，发生了根本性的改变，是真正意义上的资本运作模式演进，资本运营的内涵需要改写。

● 资本运营创新使产业发生市场角色的演变

在传统经济条件下，企业组织一般是资本市场的参与者，通过资本市场完成投资融资，资本市场作为平台连接资本的需求方与供给方；而在网络经济条件下，平台化、生态化发展的融合媒体已不仅仅是传统资本市场的参与者，它还将凭借其平台优势创新性地"嵌入"与各种场景相配的商业元素，创造出巨大的商业价值，从而成为新型资本市场的构建者、网络资本的操纵者，甚至网络交互式平台将部分替代原有资本市场的功能，并且这种替代趋势越来越显著。

当然，在资本领域的创新毕竟与金融体系密切相关，与此相伴的是风险与监控。无论是理财还是投融资，首先要确保资金安全、信息安全，需要严谨专业的风险控制与管理，同时宏观经济和货币政策的不确定性也会带来潜在的流动性风险，该领域还面临着相应的道德风险与法律监管等一系列的问题。政策对新生事物反应的滞后，使当前监管基本处于空白期，不确定的因素很多，加上创新本身也会有技术上的风险，存在一个不断完善修正的过程，这是我们在展望网络交互式平台发展前景时不能忽视的问题。

● 资本运营演进的过程蕴含着产业发展生命周期的轨迹，同时作用于产业的发展进程

即使在传统经济条件下，资本运营推动产业发展也是被验证的事实，而对于新的媒体产业而言，资本运营的特殊意义更在于：资本运营演进的本身蕴含着产业融合发展的过程，媒体资本运营模式演进的过程也是新的产业核心竞争力逐步形成、产业的融合格局初现直至平台化发展、完整商业生态系统搭建的过程。资本运营的模式是产业发展生命周期的印证，它们互相交织，这是两者关系中最本质的内核。

平台之上积聚的网络资本,已不是传统意义的企业或产业资本;平台上资本运作的模式也已不是传统意义上的资本运营;更重要的是,非传统意义的资本运营平台的功能发生了质变,加快了产业融合发展的演进,媒体与资本耦合,这些过程是交织在一起的。至此,媒体产业更加显现我们所定义的汇聚了信息流、物流与资金流的网络媒介平台的综合体的融合特质。

● 媒体的资本创新将推进产业融合

在媒体资本运营的创新过程中,平台的无限延伸性使原有的产业边界被打破,业务的创新使媒体产业的边界发生改变。我们清晰地看到的社交媒体、电子商务与金融已经开始发生融会,这必将进一步推进媒体与金融等产业的深入融合。或者可以这样来理解,互联网时代的媒体产业是一个正处于结构性融合过程中的产业,其本身就隐含着媒介融合、产业融合的趋势,而且这种持续发展中的融合往往是通过资本运营来完成的。

在可以预见的未来,随着网络交互式平台的不断创新,网络金融对于传统渠道的优化将进一步持续,传统金融渠道的市场份额将进一步压缩,互联网生态本身也将内生更多新型的金融需求,潜移默化地改变着传统的支付、理财、借贷的资金运作方式。未来最充满活力的创新点都会出现在网络交互式平台之上的资金流领域,媒体产业将撼动传统资本市场的运行模式,冲击传统金融体系的服务方式,进而新的网络金融体系将构建,产业融合得以实现。在未来融合发展的产业新图景中,媒体在资本领域将大有可为。

而当下阶段,文化、传媒、互联网的融合正在进行,融合进程中的媒体产业必须顺应这种趋势与力量,资本创新是融合的关键词。

最后,借用凯文·凯利那句著名的互联网箴言来结束本书——颠覆性的创新往往来自边缘。对于互联网世界而言,一切皆有可能。

参考文献

一 中文著作类

[1]〔德〕马克思.资本论:第1卷[M].北京:人民出版社,1979.

[2]〔美〕马歇尔.经济学原理(上卷)[M].上海:商务印书馆,1997.

[3]〔美〕弗兰克·赖利.投资学(第6版)[M].北京:机械工业出版社,2005.

[4]〔日〕植草益.产业组织[M].上海:筑摩书房,1982.

[5]〔日〕青木昌彦,安藤晴彦.模块时代:薪酬与结构的本质[M].上海:上海远东出版社,2003.

[6]〔美〕迈克尔·波特.竞争优势[M].北京:华夏出版社,2005.

[7]〔美〕克里斯·安德森.长尾理论[M].北京:中信出版社,2006.

[8]〔美〕科斯.企业的性质[M].上海:上海三联书店、上海人民出版社,1990.

[9]〔美〕J.弗雷德·威斯通等.兼并、重组与公司控制[M].北京:经济科学出版社,1998.

[10]〔美〕艾莉森·亚历山大.传媒经济学:理论与实务[M].北京:中国人民大学出版社,2008.

[11]〔美〕吉莉安·道尔.传媒所有权[M].北京:中国传媒大学出版社,2005.

[12]〔美〕哈罗德·L.沃格尔.娱乐产业经济学:财务分析指南(第8版)[M].北京:中国人民大学出版社,2013.

[13]〔美〕克里斯·安德森.免费:商业的未来[M].北京:中信出版社,2009.

[14]〔美〕唐·泰普斯科特,安东尼·D.威廉姆斯.维基经济学:

大规模协作如何改变一切［M］．北京：中国青年出版社，2007．

［15］〔美〕琳达·S. 桑福德，戴夫·泰勒．开放性成长——商业大趋势：从价值链到价值网络［M］．北京：东方出版社，2008．

［16］〔美〕小艾尔弗雷德·钱德勒．规模与范围：工业资本主义的原动力［M］．北京：华夏出版社，2006．

［17］〔美〕柯林·霍斯金斯．媒介经济学：经济学在新媒介与传统媒介中的应用［M］．广州：暨南大学出版社，2005．

［18］〔美〕约瑟夫·熊彼得．资本主义、社会主义与民主［M］．北京：商务印书馆，1972．

［19］〔美〕保罗·莱文森．新新媒介［M］．上海：复旦大学出版社，2011．

［20］〔美〕派恩．大规模定制：企业竞争的新前沿［M］．北京：中国人民大学出版社，2000．

［21］〔美〕Robert G. Picard．媒介经济学（Media Economics.）［M］．台北：台湾出版社，2003．

［22］徐康宁．网络环境下的企业兼并与营销研究［M］．南京：南京大学出版社，2005．

［23］周林．企业并购与金融整合［M］．北京：经济科学出版社，2002．

［24］干春晖．并购经济学［M］．北京：清华大学出版社，2004．

［25］周鸿铎．传媒产业资本运营［M］．北京：经济管理出版社，2003．

［26］胡正荣．媒介市场与资本运营［M］．北京：北京广播学院出版社，2003．

［27］董璐．传媒并购新论［M］．上海：复旦大学出版社，2006．

［28］兰培．传媒并购与融资：理论、实务、案例［M］．北京：中国社会科学出版社，2008．

［29］赵小兵，周长才，魏新．中国媒体投资：理论和案例［M］．上海：复旦大学出版社，2004．

［30］胡建绩．产业发展学［M］．上海：上海财经大学出版社，2008．

［31］杨大凯．投融资学［M］．上海：上海财经大学出版社，2006．

［32］谷秀娟．现代投融资：理论、工具与策略［M］．上海：立信

会计出版社，2007.

[33] 支庭荣. 西方媒介产业化历史研究［M］. 广州：广东人民出版社，2004.

[34] 王桂科. 媒介产业经济分析［M］. 广州：广东人民出版社，2006.

[35] 曹鹏，王小伟. 媒介资本市场透视［M］. 北京：光明日报出版社，2001.

[36] 赵曙光，耿强. 媒介资本市场——应用导向的分析［M］. 长沙：湖南人民出版社，2003.

[37] 殷俊等. 新媒体产业导论——基于数字时代的媒体产业［M］. 成都：四川大学出版社，2009.

[38] 童清艳. 传媒产业经济学导论［M］. 上海：复旦大学出版社，2007.

[39] 官承波，翁立伟. 新媒体产业论［M］. 北京：中国广播电视出版社，2010.

[40] 石本秀，蔡郎与. 新媒体经营管理［M］. 北京：中国传媒大学出版社，2012.

[41] 陶爱萍. 网络产业的结构、行为与绩效研究［M］. 安徽：合肥工业大学出版社，2010.

[42] 朱彤. 网络效应经济理论——ICT产业的市场结构、企业行为与公共政策［M］. 北京：中国人民大学出版社，2004.

[43] 陈宏民，胥莉. 双边市场：企业竞争环境的新视角［M］. 上海：上海人民出版社，2007.

[44] 徐晋. 平台经济学：平台竞争的理论与实践［M］. 上海：上海交通大学出版社，2007.

[45] 李怀亮. 新媒体：竞合与共赢［M］. 北京：中国传媒大学出版社，2009.

[46] 谷虹. 信息平台论——三网融合背景下信息平台的构建、运营、竞争与规制研究［M］. 北京：清华大学出版社，2012.

[47] 张小强. 网络经济的反垄断规制［M］. 北京：法律出版社，2007.

[48] 韩耀，张春法，曹宝明. 网络经济学：基于新古典经济学框架的分析［M］. 南京：南京大学出版社，2006.

[49] 贺宏朝．平台：培育未来竞争力的必然选择［M］．北京：机械工业出版社，2005．

[50] 黄升民，周艳．互联网的媒体化战略［M］．北京：中国市场出版社，2012．

[51] 刘琦琳．免费经济：中国新经济的未来［M］．北京：商务印书馆，2011．

[52] 王菲．媒介大融合：数字新媒体时代下的媒介融合论［M］．广州：南方日报出版社，2007．

[53] 王谢宁．互联网双边平台的企业行为、模式与竞争策略［M］．大连：东北财经大学出版社，2012．

[54] 张静敏．互联网络的经济学分析［M］．北京：中国金融出版社，2010．

[55] 姜奇平．后现代经济：网络时代的个性化与多元化［M］．北京：中信出版社，2009．

[56] 周振华．信息化与产业融合［M］．上海：上海人民出版社、上海三联书店，2003．

[57] 刘明．中国传媒上市实践与探索［M］．北京：中国人民大学出版社，2011．

[58] 黄金．媒介融合的动因模式［M］．北京：中国书籍出版社，2011．

[59] 薄琥．媒介社区化聚合［M］．北京：中国传媒大学出版社，2011．

[60] 吴成丕．金融革命：财富管理的互联网竞争［M］．北京：中国宇航出版社，2013．

[61] 刘友芝．现代传媒新论［M］．武汉：武汉大学出版社，2006．

[62] 张小蒂，倪云虎．网络经济［M］．北京：高等教育出版社，2002．

[63] 周滢．内容平台：重构媒体运营的新力量［M］．北京：中国传媒大学出版社，2012．

[64] 汪向东．面向互联网时代的"新经济"［M］．北京：三联书店，2003．

[65] 王润珏．产业融合趋势下的中国传媒产业发展研究［M］．北京：中国书籍出版社，2011．

［66］张金海，黄玉波．我国传媒新一轮扩张态势，中国媒体发展研究报告［M］．武汉：武汉大学出版社，2005．

［67］崔保国．2015 年中国传媒产业发展报告［M］．北京：社会科学文献出版社，2016．

［68］崔保国．2017 年中国传媒产业发展报告［M］．北京：社会科学文献出版社，2017．

［69］崔保国．2018 年中国传媒产业发展报告［M］．北京：社会科学文献出版社，2018．

［70］张向东，谭云明．中国投资发展报告（2015）［M］．北京：社会科学文献出版社，2015．

［71］梅宁华，宋建武．中国媒体融合发展报告（2015）［M］．北京：社会科学文献出版社，2015．

［72］中国互联网产业发展研究报告［M］．北京：中国统计出版社，2016．

［73］胡正荣．全球传媒产业发展报告（2015）［M］．北京：社会科学文献出版社，2016．

［74］胡正荣．全球传媒产业发展报告（2016）［M］．北京：社会科学文献出版社，2017．

二 外文类（著作、期刊论文）

［75］Alna B.，Albarran：Media Eeonomies. Iowa State University Perss，1996.

［76］Picrad，R. G.：The Economies and Fincaning of Media Companies. NewYork：Fordhma University Press，2002.

［77］Kai Chen：Dynamic competition of two-sided platforms：differentiation, pricing, and strategies Thesis. Stanford University Perss，2008.

［78］Armstrong，M.：Competition in Two-Sided Markets. Mimeo，University College，London Perss，2004.

［79］Magiu，A.：Two-sided platforms：pricing and social efficiency. DEI，2005.

［80］Evans D. S.：The antitrust economics of multi-sidedplatform industries. Yale Journal on Regulation，2003.

［81］Ronald H. Coase：The Federal Communications Commission, Jour-

nal of Law and Economics 2, 1959.
[82] Katz M. , Shapiro C. : Network externalities, competition and compatibility. American Economic Review, 1985.
[83] Lacy, S. : The effect of growth of radio on newspaper competition, 1920 – 1948. Journalism Quarterly, 1987.
[84] Porter, Michael: Strategy and the Internet. Harvard Business Review, March, 2001.
[85] Rochet, J. and Tirole, J. : Tying in two-sided markets and the honor all cards rule. International Journal of Industrial Organization, 2008.
[86] Weyl, Eric G. : A price theory of multi-sided platforms. American Economic Review, 2009.
[87] Anderson, P. S. and S. , Coate. : Market provision of broadcasting: a welfare analysis. Review of Economic Studies, 2005.
[88] Kind, H. J. , T. Nilssen and L. Sorgard. : Advertising on TV: under-or over-provision? . Mimeo, Norwegian School of Economics and Business Administration, 2005.
[89] Rochet, J. C. and J. Tirole : "Platform Competition in Two-Sided Markets". Journal of the European Economic Association, 2003. 1.
[90] Evans, D. : Some empirical aspects of multi-sided platform industries. Review of Network Economics, 2003. 9.
[91] Fullerton, H. S. : Technology collides with relative constancy: The pattern of adoption for a new medium. Journal of Media Economics, 1988. 1.
[92] Herning, S. C. : Slouching towards the ordinary. New Media and Society, 2004. 6.
[93] Schiff, A. : Open and closed systems of two-sided networks. Information Economics and Policy, 2003. 15.
[94] Lacy, S. and Noh, G. : Theory, economics, measurement and the Principle of Relative Constancy. Journal of media Economics, 1997. 10.
[95] Jeon, D. , S. and Rochet, J. : The pricing of academic journals: a two-sided market perspective. University of Toulouse, IDEI work-

ing paper, 2006.
[96] Weyl, Eric G.: A price theory of multi-sided platforms. American Economic Review, 2009. 100.
[97] Economies, N. and Tag, J.: Net neutrality on the Internet: a two-sided market analysis. NYU Center for Law and Economics, Working Paper, 2007.
[98] Armstrong, M. and J. Wright: Two-sided markets, competitive bottlenecks and exclusive contracts. Mimeo, 2005.
[99] Roson, R.: Auctions in a two-sided network: the case of meal vouchers. Mimeo, CaFoscari University of Venice, 2004.
[100] Rochet, J. and Tirole, J.: Defining two-sided markets. Mimeo, IDEI, University de Toulouse, 2004.

三 论文类（期刊论文、论文集、学位论文、报纸）

[101] 苏朝勃, 石莉萍. 传媒并购加速动因的经济学思考 [J]. 财务与金融, 2012, (5).
[102] 胡峰, 程新章. 马克思和新制度经济学关于企业并购动因的解释: 分析与比较 [J]. 学习论坛, 2003, (4).
[103] 汤文仙, 朱才斌. 国内外企业并购理论比较研究 [J]. 经济经纬, 2004, (5).
[104] 张维等. 企业并购理论研究评述 [J]. 南开管理评论, 2002, (2).
[105] 喻国明. 传媒产业与资本市场"两情相悦" [J]. 新闻记者, 1999, (12).
[106] 谢耘耕. 中国传媒资本运营若干问题研究 [J]. 新闻界, 2006 (3).
[107] 喻国明. 略论资本市场与传媒产业结缘的机遇、操作方式与风险规避 [J]. 新闻与传播研究, 1999 (12).
[108] 孙正一, 农秋蓓, 柳婷婷. 我国新闻媒体资本运营初探 [J]. 现代传播, 2002, (1).
[109] 张春强, 戴钧. 传媒业资本运营的方式与思路 [J]. 武汉科技大学学报（社会科学版）, 2006, (10).
[110] 赵曙光. 浅析我国媒介产业的资本运营 [J]. 传媒观察,

2002，（2）.

[111] 段永刚. 我国媒介产业的资本运作［J］. 新闻与传播研究，2001，（6）.

[112] 叶文，李伟剑. 传媒上市公司经营状况分析［J］. 青年记者，2007，（6）.

[113] 张金海，张燕. 传媒上市公司的关联交易及其对公司价值的影响［J］. 新闻界，2008，（8）.

[114] 姚德权，陈晓霞. 传媒上市公司资本结构与绩效相关性研究［J］. 国际经贸探索，2008，（12）.

[115] 胡志勇，王首程、李向伟. 我国传媒上市公司经营绩效剖析［J］. 广州大学学报，2007，（8）.

[116] 庞万红，赵勋. 传媒上市公司运营绩效分析［J］. 中国报业，2009，（2）.

[117] 邓建商. 中国传播与文化产业上市公司经营绩效实证研究［J］. 现代商贸工业，2009，（4）.

[118] 于正凯. 技术、资本、市场、政策——理解中国媒体融合发展的进路，新闻大学，2015，（5）.

[119] 郭全中. 媒体融合转型中的资本运作——从SMG的百视通吸收合并东方明珠的案例谈起［J］. 新闻与写作，2015，（4）.

[120] 郭全中. 资本、技术和创投三位一体的融合道路——对浙报集团融合创新实践的分析［J］. 新闻与写作，2015，（8）.

[121] 梁智勇. 中国新媒体上市公司股权结构分析及其资本运作新动向［J］. 新闻大学，2013，（3）.

[122] 闻学，肖海林，史楷绩. 境外资本进入中国网络媒体市场：方式、机制、规模和分布［J］. 中央财经大学学报，2013，（9）.

[123] 刘学文，王铁军. 我国新媒体产业上市公司竞争力评价研究［J］. 出版研究，2014，（2）.

[124] 于正凯. 网络媒体的三种产业驱动力——由人民网上市引发的思考［J］. 新闻传播，2012，（6）.

[125] 官承波，翁立伟. 网络媒体产业的中国模式审视［J］. 中国广播电视学刊，2011，（4）.

[126] 周笑. 新媒体产业格局及发展趋势解析［J］. 电视研究，2011，（1）.

[127] 张丹, 高丛. 腾讯、阿里巴巴、百度三巨头并购热潮动因分析 [J], 财会研究, 2014, (9).

[128] 乐婷. 互联网企业并购动因与战略研究——基于阿里巴巴并购行为绿色财会 [J]. 2015, (10).

[129] 翁静飞. 从阿里巴巴并购狂潮看大数据时代下企业的购战略 [J]. 财经界, 2015, (15).

[130] 张永安, 吴屹然. 基于新视角的商业模式创新路径研究——以腾讯公司为例 [J]. 经济体制改革, 2015, (5).

[131] 王心蕊. 阿里巴巴成功的财务管理与资本运作案例剖析 [J]. 科技创业月刊, 2015, (8).

[132] 陈禹, 高丛. 互联网公司战略投资与业务发展的关系——以腾讯公司为例 [J]. 电脑与电信, 2012, (2).

[133] 姜奇平. 哪种平台将超越现在的BAT [J]. 互联网周刊, 2015, (7).

[134] 肖文杰. 只有互联网金融有可能诞生下一家BAT [J]. 中国企业家, 2016, (6).

[135] 柴晶晶, 吴昊天. 基于改进TOPSIS法的上市传媒公司竞争力综合评价研究 [J]. 科技和产业, 2015, (8).

[136] 侯寓栋. 企业并购的财务风险研究——基于优酷土豆公司合并的案例分析 [J]. 中国集体经济, 2015, (10).

[137] 郭全中. 传媒业上市公司发展现状及趋势——以2014年为例 [J]. 新闻爱好者, 2015, (9).

[138] 王朝辉. 企业扩张理论的分析框架及其应用 [J]. 经济与社会发展, 2008, (5).

[139] 罗仲伟. 网络特性与网络产业公共政策 [J]. 中国工业经济, 2000, (10).

[140] 乌家培. 网络经济及其对经济理论的影响 [J]. 学术研究, 2000, (1).

[141] 程贵孙, 陈宏民, 孙武军. 双边市场视角下的平台企业研究 [J]. 经济理论与经济管理, 2006, (9).

[142] 余晓阳, 张金海. 传统媒体的数字化转型与新媒体的平台化发展——基于双边市场理论的经济学分析 [J]. 新闻界, 2012, (3).

[143] 杨东，郑双十．新经济条件下相关市场界定的法律问题［J］．中国工商管理研究，2011，（7）．

[144] 程贵孙，陈宏民，孙武军．双边市场视角下的平台企业行为研究［J］．经济理论与经济管理，2006，（9）．

[145] 程贵孙．平台型网络产业的微观结构、特征及竞争策略［J］．华东师范大学学报（哲学社会科学版），2010，（11）．

[146] 董新龙，林金忠．序贯外部性及其传导机制研究［J］．经济学家，2011，（4）．

[147] 刘卫华．网络外部性、双边市场与第四方物流运作探析［J］．商业时代，2011，（8）．

[148] 谷虹，黄升民．融合产业没有王者只有盟主——互联网平台运行机制的四个基本向度［J］．现代传播（中国传媒大学学报），2012，（4）．

[149] 石涛，陶爱萍．报酬递增：特殊性向普遍性转化的分析［J］．中国工业经济，2007，（4）．

[150] 王斌．链与网：媒介竞争和媒介视角的转换［J］．国际新闻界，2009，（8）．

[151] 李太勇．网络效应与进入壁垒：以微软反垄断诉讼案为例［J］．财经研究，2000，（8）．

[152] 李怀，高良谋．新经济的冲击与竞争性垄断市场结构的出现——观察微软案例的一个理论框架［J］．经济研究，2001，（10）．

[153] 蔡雯．媒体融合：面对国家战略布局的机遇及问题［J］．新闻与传播研究，2014，（6）．

[154] 陈建栋．资本融合：媒体融合发展新路径［J］．中国报业，2015，（7）上．

[155] 李海舰，原磊．论无边界企业［J］．中国工业经济，2005，（4）．

[156] 陈佑荣，苏银苓．我国媒介产业化研究综述［J］．当代传播，2007，（5）．

[157] 朱乾龙，钱书法．基于网络经济的技术创新与市场结构关系分析［J］．产业经济研究，2009，（1）．

[158] 张永安，吴屹然．基于新视角的商业模式创新路径研究——

以腾讯公司为例[J]. 经济体制改革, 2015, (5).
[159] 曹蓓. BAT 的扩张逻辑[J]. 中国品牌, 2015, (7).
[160] 张会恒. 论产业生命周期理论[J]. 财贸研究, 2004, (6).
[161] 张金海, 林翔. 网络媒体商业模式的构建[J]. 现代传播, 2012, (8).
[162] 张金海, 聂莉. 基于地理位置服务的交互式信息平台营销传播价值分析[J]. 广告大观(理论版), 2012, (8).
[163] 刘思婷. 微信的网络经济学分析[J]. 商场现代化, 2014, (3).
[164] 彭涵祺, 龙薇. 互联网金融模式创新研究——以新兴网络金融公司为例[J]. 湖南社会科学, 2014, (1).
[165] 陈端. 移动互联时代: O2O 入口布局[J]. 北大商业评论, 2014, (6).
[166] 王丽莎, 贾小刚. 百度公司利用风险投资状况探析[J]. 时代金融, 2012, (4).
[167] 刘友芝. 媒介资本运营的政策环境分析[J]. 当代传播, 2006, (11).
[168] 张春华, 樊士德. 现代传媒产业资本运营的误区及对策[J]. 新闻传播, 2006, (10).
[169] 赵枫, 苏惠香. 国内门户网站发展过程分析[J]. 现代情报, 2005, (12).
[170] 李华军. 阿里巴巴商业生态系统演化及其投融资战略协同[J]. 财会月刊, 2015, (21).
[171] 曹洪香. 公司并购绩效评价最基本的实证方法研究[J]. 企业活力, 2009, (8).
[172] 邢会强. 阿里巴巴的资本战略[J]. 国际融资, 2014, (11).
[173] 喻国明, 姚飞. 媒体融合: 媒体转型的一场革命[J]. 青年记者, 2014, (8).
[174] 夏大慰. 面对新经济时代的产业经济研究[C]. 上海: 上海财经大学出版社, 2001.
[175] 第 6 届世界传媒经济学术会议报告[C].
[176] 王丹. 产业融合背景下的企业并购研究[D]. 上海: 上海社会科学院, 2008.

[177] 郑明高. 产业融合发展研究 [D]. 北京：北京交通大学，2010.
[178] 郑剑峰. 网络产业的市场结构、竞争策略与政府规制研究 [D]. 北京：北京邮电大学，2010.
[179] 张燕. 中国传媒上市公司投融资问题研究 [D]. 湖北：武汉大学，2009.
[180] 林翔. 互联网时代媒体经济发展研究——基于平台经济理论 [D]. 武汉：武汉大学，2013.
[181] 詹询. 我国网络传媒的文化产业经营研究 [D]. 成都：四川大学，2005.
[182] 董颖. 略论中国传媒产业中的资本运营——以湖南"电广传媒"为例 [D]. 重庆：重庆大学，2007.
[183] 余亚仕. 网络股上市但梦想与现实 [N]. 北京日报，2000-8-8.
[184] 杨博. 中概股整体表现活跃 [N]. 中国证券报，2015-11-20.
[185] 慕丽洁. 中概股去年总体回报17% 今年将延续私有化浪潮 [N]. 21世纪经济报道，2016-1-6.

四 主要参考网上资源

[186] 艾瑞网：http://report.iresearch.cn/.
[187] 中国互联网络信息中心网站（CNNIC）：http://www.cnnic.cn/.
[188] The Jordan Edmiston Group 交易数据库.
[189] WIND 万德数据库.
[190] RESSET 锐思数据库.
[191] 国泰安数据库：http://www.gtarsc.com.
[192] 国家统计局数据中心：http://www.stats.gov.cn/tjsj/.
[193] 中国财经信息网：http://www.cfi.net.cn/.
[194] 上海证券交易所：http://www.sse.com.cn/.
[195] 深圳证券交易所：http://www.szse.cn/.
[196] 中国上市公司资讯网：http://www.cnlist.com/financial/.
[197] 福布斯中文网：http://www.forbeschina.com/.
[198] 经济观察网：http://www.eeo.com.cn/.
[199] 财经网：http://www.caixin.com/.

[200] 和讯网：http://www.hexun.com/.
[201] 投资界：http://news.pedaily.cn/.
[202] 36氪：http://36kr.com/.
[203] 虎嗅网：http://www.huxiu.com/.
[204] 东方财富网：http://www.eastmoney.com/.
[205] 证券之星：http://www.stockstar.com/.
[206] 移动学院：http://www.580114.com/.
[207] 人民网：http://media.people.com.cn/.

图书在版编目(CIP)数据

融合与资本创新：平台型企业实践对广州媒体产业发展的启示 / 聂莉著. -- 北京：社会科学文献出版社，2019.4
（羊城学术文库）
ISBN 978-7-5201-4232-8

Ⅰ.①融… Ⅱ.①聂… Ⅲ.①传播媒介-产业发展-研究-广州 Ⅳ.①G219.276.51

中国版本图书馆 CIP 数据核字（2019）第 023564 号

·羊城学术文库·
融合与资本创新
——平台型企业实践对广州媒体产业发展的启示

著　　者 /	聂　莉
出 版 人 /	谢寿光
责任编辑 /	张建中　王　蕾
出　　版 /	社会科学文献出版社·社会政法分社（010）59367156 地址：北京市北三环中路甲29号院华龙大厦　邮编：100029 网址：www.ssap.com.cn
发　　行 /	市场营销中心（010）59367081　59367083
印　　装 /	三河市尚艺印装有限公司
规　　格 /	开　本：787mm×1092mm　1/16 印　张：15.75　字　数：248 千字
版　　次 /	2019 年 4 月第 1 版　2019 年 4 月第 1 次印刷
书　　号 /	ISBN 978-7-5201-4232-8
定　　价 /	78.00 元

本书如有印装质量问题，请与读者服务中心（010-59367028）联系

▲ 版权所有 翻印必究